마태복음(성경, 이해하며 읽기)

Reading in understanding the Bible

마태복음(성경, 이해하며 읽기)

발 행 | 2022년 12월 1일
저 자 | 장석환
펴낸이 | 장석환
펴낸곳 | 도서출판 돌계단
출판사등록 | 2022.07.27(제393-2022-000025호)
주 소 | 안산시 상록구 이동 삼태기2길 4-16
전 화 | 031-416-9301
이메일 | dolgaedan@naver.com

ISBN | 979-11-979752-1-9

https://blog.naver.com/dolgaedan

마 태 복 음

장석환 지음

CONTENT

성경, 이해하며 읽기 시리즈를 시작하며.

성경은 하나님의 음성입니다.
말씀에는 하나님의 뜻(지)과 마음(정)과 의지(의)가 담겨 있습니다.
마음과 의미가 전달되지 않는 대화가 무의미하듯이
성경을 이해하지 않고 읽으면 성경을 읽는 것이 아닙니다.
뜻을 이해하며 읽으면 마음이 전달됩니다.
마음이 전달되면 행할 힘과 용기도 심어집니다.

모든 사람이 성경을 이해하며 읽을 수 있도록
너무 많지도 않고 적지도 않은 설명이 필요하다 생각하였습니다.
디자인을 포기하고
책 크기와 글씨 크기를 크게 하였습니다.

성경을 조금 더 능동적으로 읽으십시오.
하나님께서 왜 이런 말씀을 하셨을지를 생각하면서 읽어야 합니다.
그래서 짧은 주석 형식으로
구절 설명과 의미를 전달하고자 하였습니다.
단어의 의미와 문맥의 의미 그리고 배경 문화를 설명하였습니다.
능동적으로 생각하면서 읽으면
성경이 살아 움직이는 것을 느낄 것입니다.

매일 말씀을 준비하고 잠자리에 들때마다
가슴이 벅차서 잠이 제대로 오지 않았던 적이 많습니다.
설교를 들었던 믿음의 공동체와 내가 읽은 수많은 책의 저자들 모두
공동 저자입니다.
이 책이 하나님을 실제적으로 만나는 행복의 통로가 되기를

하나님께 영광되기를 기도합니다.

서론

\# 성경과 함께 읽으십시오. 성경을 읽어 가면서 해당 구절 설명을 읽어야 좋습니다.

1. 특징
신약의 첫 자리에 위치한 마태복음은 그 자리가 적절하다. 마태복음의 첫 단어는 사실상 '게네시스(시작)'이다. 창세기를 생각하게 한다. 창세기의 영어명이 '제너시스'이다. 마태복음은 예수님이 창조하시는 세상을 말한다. 죄로 무너진 세상을 다시 새하늘과 새땅을 창조하시며 그 백성을 회복시키시기 위해 이 땅에 오셨다. 제2창조다. 천국의 시작과 회복이다. 그 나라로 사람들을 부르신다.

2. 저자
마태는 예수님의 12제자 중 한 명으로 세리라는 직업을 가지고 있었다. 마태는 유대인을 주 대상으로 하여 말씀을 기록하였다. 그래서 '하나님 나라'를 말할 때 하나님을 경외하는 마음으로 '하나님'이라는 단어 대신 '하늘'이라는 단어를 사용하였다. 성경에서 '천국'이라는 단어가 사용된 유일한 책이 마태복음이다.

3. 천국
마태가 사용한 '천국'이라는 단어는 오늘날 본래 단어인 '하나님 나라'보다 더 많이 사용한다. 완전히 대체되어 '하나님 나라'라고 말하는 이들은 거의 없고 대부분 '천국'이라고 말한다.
'천국'이라고 말하는 것도 좋다. 그러나 마태가 사용한 이유처럼 경외의 마음으로 사용해야 한다. 그런데 '천국'이라는 단어가 잘못 사용되는 경우가 많다.

천국이라는 단어를 들으면 무엇이 연상되는가? '죽어서 가는 곳'을 생각하는 경향이 많다. '하늘에 있는 나라'를 생각하는 사람이 많다. 그러나 천국은 하늘에 있는 나라가 아니다. '하늘'이라는 개념도 우리 눈에 보이는 하늘이 아니라 '하나님 나라'를 상징하기 위해 사용하는 경우가 대부분이다. 그런데도 여전히 천국을 '죽어서 가는 하늘에 있는 나라'로 생각하는 사람이 많다.

천국을 생각하면 '새하늘과 새 땅'을 생각하는 것이 더 맞다. 우리가 죽어 영혼만 가는 곳은 '임시 장소'고 우리가 살아갈 영원한 천국은 부활하여 육과 영이 함께 사는 곳이다.

천국을 '하늘에 있는 나라'로 생각하면 마태 사도가 마음 아파할 것이다. 천국은 '하나님 나라'를 말한다. 천국은 하나님께서 통치하시는 나라다. 지금 이 땅에 예수님이 오심으로 특별한 방식으로 천국이 시작되었고, 영혼이 가는 임시적인 하나님 나라가 있으며, 육이 부활하여 영원히 살게 될 영원한 나라로서 하나님 나라가 있다. 주님 재림하실 때 바로 이곳이 새하늘과 새 땅으로 바뀌어 영원한 천국이 된다.

1장

마태복음을 크게 세 부분으로 나누면 첫째, 구주(메시야)의 오심과 그 나라의 시작(1:1-4:16). 둘째, 예수님의 사역과 구주와 임한 천국에 대한 사람들의 다양한 반응(4:17-16:20). 셋째, 예수님의 사역의 완성으로서 십자가와 부활(16:21-28:20)이다.

1:1 위대한 선언이다. 이 구절을 헬라어를 살려서 번역을 시도해 보면 '시작(계보)에 관한 책. 예수 그리스도, 다윗의 자손, 아브라함의 자손의'이다. 1절의 헬라어는 동사가 없는 문장이다. 이것은 강조하기 위한 장치다. 제목의 역할을 하기도 한다. 구약 성경의 제목을 후대 사람들은 주로 첫 단어나 두 번째 단어로 정하였다. 신약은 저자나 수신자로 많이 정하였다. 만약 신약도 구약과 같은 기준으로 정하였으면 마태복음은 '시작'이 되었을 것이다. 시작(계보. 헬, 게네시스)으로 번역한 헬라어 단어는 우리가 창세기(Genesis)로 번역하는 헬라어 단어다. 마태복음 1장 1절의 두번째 단어에 위치한 이 단어는 독자들에게 창세기를 생각하게 하려는 의도였을 것이다.
그리스도의 나심은 창세기의 세상 창조와 많이 흡사하다. '그리스도의 나심'은 제2창조다. 어떤 면에 있어서는 창세기의 세상 창조보다 더 놀랍다. 세상 창조보다 그리스도의 성육신이 훨씬 더 어렵고 하나님의 깊은 사랑을 잘 반영한다.
1절은 예수님이 세상에 나셨는데 예수님의 3가지 특성을 말한다. 첫째는 그리스도, 둘째는 다윗의 자손, 셋째는 아브라함의 자손이다. 예수님은 그리스도(메시야)로서 오셨다. 죄로 인하여 타락하여 죄의 영향 속에 살고 있는 그들을 구원하시기 위해 하나님께서 약속하신 구원자다. 예수님은 다윗의 자손으로 백성들의 진정한 왕으로 오셨다. 예수님은 아브라함의 자손으로 하나님께서 아브라함 자손들에게 주시는 믿음의 복을 주시기 위해 오셨다.

1:6 다윗 왕. 이름이 나오는 사람들 중에는 왕이 많이 있으나 오직 다윗에게만 '왕'이라는 칭호를 사용한다. 이것은 다윗의 위대함보다 다윗을 넘어 예수님의 '왕 되심'을 말하기 위함이다. 다윗은 이스라엘 역사에서 가장 선한 왕이었다. 그러나 그도 부족한 점이 있었다. 다윗은 우리아의 아내에게서 솔로몬을 낳았다. 다윗이 간음하여 솔로몬을 낳았다는 것을 모르는 사람이 있을까? 다윗이 참으로 선한 왕이어서 이스라엘 백성들은 이후에 오실 메시야를 '다윗의 자손'으로 생각하였다. 하나님께서 그렇게 약속하셨다. 그러나 다윗의 자손은 다윗을 뛰어 넘는다. 그래서 이제 다윗처럼 허물 있는 왕이 아니라 허물없는 왕이 오시는 것이다. 예수님의 족보에 나오는 이름 중에 특이하게 여성이 5명이나 포함되어 있다. 다말, 라합, 룻, 밧세바, 마리아. 그 중에 4명이 이방인이다. 마리아만 빼고 모두 이방 여인이었다. 모두 슬픈 과거가 있는 여성이다. 이방인이고 슬픈 과거가 있는 이들을 다윗의 자손으로 오시는 분이 완벽하게 구원하시고 회복하실 것이다.

1:17 열네 대. 아브라함부터 예수님까지의 역사를 3단락으로 나누어서 각 '열네 세대'라고 말한다. 그런데 조금만 자세히 보면 이것은 역사기술이 아니라는 것을 알 수 있다. 아브라함부터 다윗까지는 1000년의 기간이고 나머지는 각각 약 500년의 기간이다. 기간이 두 배나 차이 나는데 어찌 세대 수가 같을 수 있겠는가? 또한 우리가 조선 시대 왕의 순서를 외우고 있듯이 이스라엘 사람들은 그들의 왕을 잘 알고 있을 텐데 '다윗부터 바벨론으로 잡혀 갈 때까지'에서 왕의 이름들이 빠져 있다.

3단락으로 나누는 기준도 보라. '아브라함-다윗'까지 열 네 대요, '다윗-바벨론 포로'가 열네 대요, '바벨론 이후-예수'가 열 네 대이다. 다윗을 강조하기 위해 다윗은 앞뒤에 다 포함되어 있다. 또한 열 네 대라는 것도 그렇다. 분명히 열 네 대가 아닌 데 왜 열 네 대라고 할까? 그것은 수사적인 것이다. 14가 다윗의 이름(자음의 숫자 값을 합한 값)을 의미하기 때문이다. 그렇게 이 족보에는 다윗이라는 이름을 강력하고 분명하게 담고 있음을 상징적으로 말하기 위해 열 네 대를 사용하였다. 예수께서 다윗의 자손으로 곧 하나님 나라의 왕으로 오시는 것을 강조하여 말하는 것이다.

1:18 잉태된 것이 나타났더니. 마리아는 자신의 임신을 알고 바로 엘리사벳을 방문하여 3달 동안 있다 돌아왔다. 이제 임신한지 4달이 되어가니 마리아의 배는 누가 보아도 임신이라는 것을 알게 되었을 것이다. 요셉의 약혼녀 마리아가 배가 불러 돌아왔으니 얼마나 말이 많았을까? 작은 동네에서 마리아의 임신은 매우 뜨거운 뉴스가 되었을 것이다. 약혼자인 요셉의 자식일까, 아니면 다른 남자의 아이일까? 마리아의 임신한 아이가 요셉의 자식이라도 문제다. 둘은 약혼하여 법률적으로 부부이지만 그래도 동침하면 안 된다. 그러니 가만히 있으면 요셉이 나쁜 사람이 된다.

1:19 요셉은 의로운 사람이라. 그는 '의로운 사람'이었기 때문에 율법을 어기고 불륜으로 임신한 것으로 보이는 여인과 결혼할 수 없었다. 법대로 그는 파혼해야 했다. **그를 드러내지 아니하고.** '그녀를 수치스럽게 드러내는 것'을 뜻한다. 본래 불륜으로 아기를 임신하였으면 돌로 쳐 죽일 수 있다. 그러나 그렇게 하지 않고 조용히 이혼장까지 써 주어 이혼하고자 하였다.

1:20 다윗의 자손 요셉아. 이 호칭은 예사로운 호칭이 아니다. 어쩌면 요셉이 '다윗의 자손'으로서 오시는 구원자에 대해 평소에 묵상하던 사람이 아닌가하는 생각이 든다. 그래서 천사는 요셉을 단지 '요셉아'라고 부르지 않고 '다윗의 자손'임을 말한다. 그리고 이어서 나오는 말씀은 '다윗의 자손'으로서 메시야로서 오시는 이에 대한 말씀이다. 매우 중요한 구절이다. 다윗의 자손인 요셉이 예수님을 자신의 아들로 받아들일 지 말 지가 결정되는 순간이다. 만약 요셉이 예수님을 자신의 아들로 받아들이지 않는다면 예수님은 다윗의

자손이라는 것과 거리가 멀어진다. **마리아 데려오기를 무서워하지 말라 그에게 잉태된 자는 성령으로 된 것이라.** 고민으로 잠 못 이루는 날이 이어지던 어느 날 하나님께서 메신저를 보내서 요셉의 꿈에 말하게 하셨다. 마리아가 다른 남성과 밤을 보낸 것이 아니라 성령으로 잉태되었다는 것을 상상이나 할 수 있었을까? 지금도 비기독교인들이나 자유주의자들은 동정녀 임신을 비웃는다. 요셉의 경우는 이전에 본 적도 없고 믿는 이도 없는 상태에서 처음 그것을 들었다.

1:21 이름을 예수라 하라. 아기는 성령으로 잉태되었으나 요셉이 그의 이름을 지음으로 그가 아기의 정식 아버지가 된다. 아기의 이름을 '예수'라 하라고 전한다. 이름을 명사로 정확히 음역하면 헬라어로는 '예수스'이다. 그리고 히브리어나 아람어로는 '예수아'다. 근래에 '예수아'로 불러야 한다고 강하게 주장하는 이들을 보았다. 어리석은 주장이다. 고유명사는 무엇으로 불리는지가 중요한 것이 아니라 그 이름이 누구를 지칭하는지가 중요하다. 고유명사를 옮길 때는 항상 여러 음역이 가능하다. 중요한 것은 이름의 뜻이다. '여호와가 구원하신다'이다. 이 이름을 가진 사람들이 당시에 매우 많았다. 그러나 이제 이름 만이 아니라 실제로 그렇게 구원하실 분이 오셨다. 그 이름이 아니라 그 분을 받아들이는 것이 중요하다.

1:22 이 모든 일이 된 것은 주께서 선지자로 하신 말씀을 이루려 하심이니. 그에게 주의 사자가 전한 것은 꿈 속에서 이루어진 일이지만 현실에서 전해진 것이나 마찬가지로 매우 명확하게 전해졌다. 나는 요셉이 어떻게 이런 기묘하고 받아들이기 어려운 말씀을 받아들이고 순종하게 되었는지 의아하다. 요셉은 하나님의 말씀을 잘 아는 사람이었기에 주의 사자가 전하는 하나님의 말씀을 익히 알았으며 그 말씀의 성취에 대해 말할 때 그 내용에 수긍할 수 있었던 것 같다. 여전히 여러가지 이해되지 않지만 그가 알고 있는 말씀 안에서는 맞는 말이었기 때문에 주의 천사를 하나님께서 보내신

천사로 받아들이고 순종한 것으로 보인다.

1:23 처녀가 잉태하여 아들을 낳을 것이요 그의 이름은 임마누엘이라 하리라 하셨으니. 이사야 7:14의 인용구이다. 이사야 성경의 히브리어 단어는 '처녀'가 아니라 '젊은 여성'이다. 그런데 70인역(구약 헬라어 번역 성경)은 그것을 '처녀'로 번역하였다. 신약성경은 구약을 인용할 때 주로 70인역을 사용한다. '성령으로 잉태한 것'에 대해서는 이미 앞에서 이야기하였고 이곳에서 중요한 것은 '임마누엘'이다. 이사야 성경에서 중요한 것은 '임마누엘'이다. 이사야에서 그 본문은 앞으로 1-2년 내에 하나님의 특별한 구원이 있을 것을 말한다. 그 임박한 시기와 하나님의 구원에 대한 이야기가 예수님 안에서 특별하게 성취된다. 이사야에서 이스라엘 백성을 구원하시는 하나님으로 인하여 '임마누엘'이 이루어지지만 진정한 임마누엘은 영원한 구원을 위하여 성자 하나님이 이 땅에 사람의 몸을 입고 오신 성육신이 아니고 무엇이겠는가? 예수님이 오심으로 완전한 임마누엘(하나님이 우리와 함께 하신다)이 성취된 것이다.

1:24 주의 사자의 분부대로 행하여 그의 아내를 데려왔으나. 요셉의 고민은 길지 않았다. 이번에는 짧고 굵게 고민하였던 것 같다. 당시 약혼하고 보통 일 년 후에 결혼하였다. 요셉이 꿈을 꾼 시점이 약혼하고 일 년이 된 시점이기에 데려와서 결혼을 하게 된 것인지 아니면 임신하였다는 소식에 보호하고자 일찍 결혼을 하게 되었는지는 모른다. 그가 꿈에서 천사를 통해 하나님의 말씀을 듣고 바로 행동에 옮겼다는 것은 분명하다.

2장

2:1 동방으로부터 박사들. 여기에서 흔히 범하는 두 가지 오류를 고쳐야 한다. 동방 박사 몇 명이 왔을까? 흔히 세 명이라고 말한다. 선물의 종류가 세 종류이기 때문에 나온 생각 같다. 그러나 선물이 3종류라고 동방 박사가 3명이 왔다는 생각은 너무 유치한 추론이다. 아마 더 많은 사람들이 왔던 것 같다.

동방 박사들은 점성학을 하는 사람들로 때로는 그들 종교의 제사장으로 또는 마술사로 또는 왕궁 지혜자로 있던 사람이다. 그들이 비싼 예물을 가져오고 헤롯을 만난 것으로 통해 볼 때 직위가 높은 사람들이었고 대규모 방문단이었던 것으로 보인다. 그들은 별을 연구하여 세상을 해석하는 사람들로 어느 날 아주 특이한 별을 관측했던 것으로 보인다. 그 현상을 아주 존귀한 사람이 태어난 것으로 해석하였다. 강한 확신 속에 자신들끼리 의논을 하였을 것이다. 너무 특이한 일이었기에 그들은 결국 대규모 방문단을 만들어 출발하였다. 1400km가 넘는 거리다. 열심히 걸어도 3달 이상 걸렸을 것이다.

2:2 유대인의 왕으로 나신 이가 어디 계시냐. 그들이 별을 보았을 때 유대인의 왕이 나셨다는 사실을 확신하였고 유대인들이 그것을 모를 리가 없다고 생각하였다.

2:3 소동한지라. 동방박사의 말은 헤롯과 예루살렘의 지도자들의 마음과 생각에 소용돌이를 일으켰다. 그렇지 않아도 이 당시 헤롯은 나이를 많이 먹어 왕위에 대해 정신병처럼 보일 정도로 집착이 강하였다. 그러니 왕의 마음과 그것을 지켜보고 있는 사람들의 마음에 커다란 동요가 일어났던 것이다. 참으로 아쉬운 것은 그러한 동요가 유대인의 왕으로 오신 분을 환영하고자 하는 동방박사들의 순수한 마음에 반해 그들은 정치적인 생각으로 가득하였다. 헤롯에 의해

대제사장이 되고 성전관리에서 중요한 위치를 차지한 사람들은 자신의 안위를 생각하였을 것이다.

2:6 너는 유다 고을 중에서 가장 작지 아니하도다. 직역하면 '유다의 지도자 중 결코 작은 자가 아니다'이다. 베들레헴이라는 마을을 의인화한 표현이다. 미가 5장 2절 인용이다. 미가가 말씀을 기록하던 때 베들레헴은 유다에서 작은 마을이다. 헤롯 때도 작은 마을이었다. 그러나 중요도에 있어서는 결코 작지 않으니 그곳에서 '다스리는 자'가 나올 것이기 때문이다. 미가의 그 본문이 메시야의 탄생에 대한 말씀임을 성경을 연구하는 서기관들은 모두 당연히 아는 그런 말씀이었다.

베들레헴은 다윗의 출생지이기도 하다. 그리고 메시야로 오시는 다윗의 후손의 출생지로 예언되었다. 동방박사의 방문에 서기관들은 베들레헴이 유대인의 왕의 출생지라고 정확히 맞추었다. 그렇게 그리스도의 오심은 모든 사람들이 알 수 있는 것이었다. 비록 헤롯과 그의 신하들이 나쁜 의도로 그리스도의 탄생지를 찾고 있지만 이미 성경에 기록되어 있기 때문에 그 장소가 숨겨질 수 없었다.

2:11 집에 들어가. 동방 박사에 대한 대표적인 오해 또 하나는 그들이 예수님이 탄생하신 날에 방문하였다는 생각이다. 동방 박사들이 '집'에 들어갔다고 말한다. 외양간에 들어간 것이 아니다. 최소한 예수님이 태어나신 날에 온 것이 아니다. 그 기간에 대해서는 나름대로 추측할 수 있다. 헤롯이 2살 미만 아기를 다 죽인 것을 통해 볼 때 동방 박사가 별을 처음 본 시점이 2년 조금 안 된 때라고 추측할 수 있다. 그런데 그것은 그들이 별을 처음 보고 방문단을 꾸리는데 너무 긴 시간이다. 그래서 1년 정도로 생각하는 사람도 있다. 나는 3개월 정도라고 생각한다. 그들이 별을 보고 방문단을 바로 꾸려서 출발하였으면 3개월 정도 걸렸을 것이다. 특이한 별을 보고 바로 출발하는 것이 일반적 상식이다. 그것은 요셉 식구가 베들레헴을 떠나지 않고 여전히 그곳에 있었던 이유이기도 할 것이다. 산모가

산후 조리를 다 못했기 때문에 출발하지 못하고 베들레헴에 있었다고 생각할 수 있다.

예수님은 태어나셨을 때 목자들이 증거하였다. 그리고 3개월 이상 아무 일도 없이 지나갔다. 그런데 마침 마태는 3개월 이후 동방 박사가 방문한 것을 전함으로 예수님이 그리스도로 오심을 더 분명하게 전달하고 있다. 아주 먼 거리에 살던 동방박사들이 왔다는 것은 매우 대단한 사건이다. 그들이 걸어온 거리와 시간 그리고 선물과 필요 경비 등을 생각하면 그들이 얼마나 아기 예수님을 만나고 싶어했는지를 잘 보여준다. 예수님은 모든 사람들의 구주로 오신 분이다. 예수님은 동방 박사들의 경배를 받으시기에 전혀 손색이 없으시다. 또한 그들의 방문은 메시야를 '이방 나라에서 사람들이 와서 경배한다'는 말씀을 잘 반영하는 것이기도 하다. 이 말씀은 어찌 보면 성취가 가장 어려운 부분이다. 대체 어린 아이를 위해 누가 먼 거리에서 올까? 그런데 그 일이 이루어졌다. 참으로 놀라운 성취다.

2:13 헤롯이 아기를 찾아 죽이려 하니. 동방 박사들의 방문은 요셉과 마리아에게 매우 큰 놀라움과 기쁨을 주었을 것이다. 그러나 요셉의 가족에게 매우 큰 위험을 가져왔다. 요셉은 예루살렘에서 무엇이 이루어지고 있는지 몰랐다. 그러나 하나님께서 천사를 보내셔서 위험을 알리셨다. 헤롯은 당시 나이가 70이 다 되었다. 그러나 '헤롯의 아들 보다는 차라리 그의 돼지가 낫다'는 말이 나돌 정도로 그는 병적으로 잔인하게 부인과 자녀들까지 죽였다. 유대인의 왕이 태어났다는 말에 그가 가만히 있을 리가 없다.

2:14 밤에 아기와 그의 어머니를 데리고 애굽으로 떠나가. 밤중에 떠났다는 것은 매우 위험하다는 것을 느꼈음을 말한다. 돈도 별로 없었을 것이나 동방 박사들이 전해준 예물이 도움이 되었을 것이다.

2:15 애굽으로부터 내 아들을 불렀다. 이 말씀은 메시야에 대한

말씀이기 보다는 모세 시대 때 이스라엘의 역사에 대한 이야기다. 예수님께서 애굽으로 이사하신 것이 이스라엘이 출애굽한 것의 성취와 이어지는 것일까? 이스라엘의 역사는 모두 구원역사다. 하나님께서 그 백성을 구원하시는 과정이다. 예수님은 구원 역사의 완성으로 오신 분이다. 출애굽 사건은 예수님의 구원 사역을 미리 보여주는 것이다. 이 땅에 오신 예수님은 자신의 삶을 통해 구약의 사건을 재연하시며 구원의 성취로 이끌고 계신다. 구약의 모든 사건들은 구원의 과정으로서 어떤 면에서는 모든 것이 정확히 예수님의 구원사역을 보여준다. 그래서 어떤 것이든 예수님의 구원사역과 연결될 수 있다. 때로는 메시야 예언으로 직접적으로 연결되고 때로는 예표적으로 연결되며 때로는 구원이라는 목적으로 연결된다.

2:16 헤롯이...두 살부터 그 아래로 다 죽이니. 동방 박사들이 별을 처음 보았다는 그때를 기준으로 하여 두 살 아래의 아기들을 다 죽이는 극악 무도한 일을 저질렀다. 베들레헴은 작은 마을이기 때문에 이때 죽은 아기가 20명 정도되었을 것이다. 그래도 어찌 그렇게 모든 아기들을 죽일 수 있을까? 헤롯의 성품을 알면 이해가 된다. 그는 죽기 전에 여러 특이한 유언을 남겼다. 그 중에 하나가 '자신이 죽으면 명망 있는 다수의 유대인들을 죽이라'는 것이다. 자기가 죽으면 자기를 싫어하던 유대인들이 기뻐할까 봐 명망 있는 유대인들을 죽여서 그들 때문에 자신이 죽은 날 사람들이 울게 만드려는 속셈이었다. 그러니 어린 아기 20명 정도 죽이는 것은 그에게 쉬운 결정이었을 것이다.

2:19 헤롯이 죽은 후에. 요셉의 애굽 생활은 아마 1년 미만이었을 것이다. 헤롯이 병으로 죽었다. 헤롯의 죽음이 주전 4년 3월이기 때문에 예수님의 탄생은 주전 6년 정도로 보는 것이 맞을 것 같다.

2:22 아켈라오가 그의 아버지 헤롯을 이어. 헤롯이 죽고 헤롯의 나라는 세 부분으로 분할되어 그의 세 아들들이 통치하였다. 그 중에

큰 아들인 아켈라오가 헤롯의 적자라 할 수 있다. 그가 가장 중요한 유대지역과 사마리아 지역과 이두매 지역을 통치하였다. 그리고 그의 아버지 헤롯 대왕의 포악한 성정을 그대로 빼 닮았다. 그의 포악함 때문에 10년 후에 로마에서 그를 폐위시킬 정도였다. 아켈라오의 포악함을 알고 있던 요셉은 그의 통치 지역을 벗어나 헤롯 안티파스가 통치하고 있고 자신의 고향이기도 한 나사렛으로 돌아갔다.

2:23 **나사렛**. 나사렛은 인구 500명 정도 되는 작은 마을이었다. 북이스라엘에 속하여 있었고 앗수르에 의해 마을이 파괴되었다가 주전 300년경 포로귀환한 이들이 다시 세운 마을이다. 이 마을은 경제적으로나 정치적으로 어떤 면에 있어서도 중요한 마을이 아니다. 이름없는 마을이다. 그런데 호연지기에는 딱 안성마춤의 장소다. 나사렛 마을은 북쪽으로 10분 정도만 걸어 올라가면 아주 멋진 풍광을 볼 수 있는 곳이다. 330m 깊이의 계곡 아래로 무역로가 펼쳐 저 있어 많은 사람들이 지나가는 것이 보이며 조금 넘어 8km 떨어진 곳에는 헤롯 안티파스가 거주하는 수도 세포리스가 한눈에 다가왔다. 혹시 나중에 성경의 땅 탐방을 간다면 이곳에 가 보라. 그곳의 어딘가는 아마 예수님이 많이 서 있으셨던 곳일 거다.

3 장

3:2 예수님이 천국을 전하시기 전 세례요한이 먼저 전하고 있다. 이것이 예수님의 사역의 시작이기도 하다. 세례요한은 그리스도 앞에 오는 선지자이기 때문에 '그리스도의 천국'의 도래를 알리고 있다.
회개하라. 사람들이 바뀌어야 했다. 회개는 오늘날 흔하디 흔한 '죄인됨을 고백'하는 것을 훨씬 뛰어넘는 무엇이다. 매우 근본적이고 과격한 변화를 의미하는 단어다. 지금까지 살아온 삶의 패턴 변화

요구다. **천국이 가까이 왔느니라.** 이것은 '하나님 나라가 가까이 왔느니라'와 같은 말이다. '천국'은 '하나님' 이름을 경외하는 마음으로 사용하는 단어다. 가끔 사람들이 이 단어를 '하늘에 있는 나라'로 착각한다. 천국은 '하나님의 나라'로서 하나님의 통치가 가장 중요한 개념이다. 세례요한이 천국이 가까이 왔다는 것은 천국의 통치자 이신 주님의 오심을 말하는 것이며 주님의 사역으로 이루어가는 천국을 의미한다.

3:3 **광야에 외치는 자.** 이사야 40:3의 인용으로 '하나님의 길을 준비하라고 말하는 어떤 사람'에 대한 예언을 세례요한에 적용시키고 있다.

3:4 **낙타털 옷을 입고 허리에 가죽 띠를 띠고.** "그들이 그에게 대답하되 그는 털이 많은 사람인데 허리에 가죽 띠를 띠었더이다 하니 왕이 이르되 그는 디셉 사람 엘리야로다" (왕하 1:8) 엘리야의 '털이 많은 모습'은 '낙타털 옷'을 입음으로, 또한 엘리야처럼 허리에 '가죽띠'를 띤 모습을 통해 세례요한은 정확히 엘리야의 모습을 반영한다. 메시야 오심을 앞서 알리는 엘리야의 사역이다.

3:5 세례요한은 제사장 집안으로 사두개파에 속하여 편하게 있을 법한데 그렇게 살지 않았다. 그는 나실인으로 광야에서 살았다. 주후 37년에 태어나 활동한 유명한 유대인 역사가 요세푸스(왕족 집안이고 바리새인으로 로마와의 전쟁에서 포로가 된 이후 로마의 앞잡이가 되어 배신자가 되었으나 유대인 역사와 문화의 우월성을 전한 역사 학자)는 세례요한에 대해 꽤 많이 기록하고 있다. 예수님에 대해서는 한 번도 기록하지 않으면서 말이다. 헤롯 가문이 세례요한을 죽였기 때문에 그 벌로 무너진 것이라고 기록하고 있다. 그만큼 세례요한은 사람들에게 존경을 받았고 유명하였다. 그러나 성경은 세례요한은 오직 예수님을 증거하고 길을 준비하는 사람으로 말한다.

3:7 독사의 자식들아. 세례요한은 당대의 가장 유명하고 높은 위치에 있는 '바리새인과 사두개인'을 싸잡아 강하게 책망하였다. 그런데 이 표현이 감정적 욕은 아니다. 실제적 표현이다. 독사는 교활하며 그 안에 독을 가지고 있다. **누가 너희를 가르쳐 임박한 진노를 피하라 하더냐**. 그들이 세례 받으러 나온 것을 책망하는 것은 아니다. 그들이 왜 기웃거리고 있었을까? 아마 회개하기 위한 것이 아니라 무슨 일이 일어나는지 구경하기 위함이었던 것으로 보인다(눅 7:30). 세례요한이 그들의 그러한 모습을 보고 더욱더 분개하여 풍자적으로 말하고 있다. 회개가 아니라 기웃거림으로는 '임박한 진노를 피할 수' 없다.

3:8 회개에 합당한 열매. 회개는 가장 근본적인 변화이기에 당연히 그에 따른 변화가 보일 것이다. 그것에 따른 삶과 열매가 이전과 다를 것이다.

3:9 아브라함의 자손. 모든 유대인들은 자신들이 하나님의 백성이라고 생각하였다. 그러나 그들이 유대인이 되었다 하여 하나님의 백성이 되는 것이 아니다. '돌'과 '자손'의 히브리어 발음이 비슷하다. 어휘 플레이를 하면서 그들이 아브라함의 자손이라 하는 것이 돌처럼 아무것도 아니라고 말하고 있다. 그들은 아브라함의 믿음이, 아브라함의 공로가 그들에게 하나님의 복을 보장해주는 것처럼 생각하였다. 그러나 결코 그렇지 않다. 그것은 잘못된 안도감이다. 오늘날 우리가 이 당시의 유대인들만 비난하고 있을 처지가 못된다는 것도 알았으면 한다. 오늘날 사람들은 그리스도의 공로가 그들에게 하나님의 복을 보장해준다는 안도감을 가지고 있는 경우가 많다. 그러나 유대인들이 아브라함의 공로가 아니라 회개와 믿음으로 반응해야 했듯이 오늘날 우리들도 회개와 믿음으로 나아갈 때 그리스도의 공로로 하나님의 복을 받는 것이다. 만약 우리가 회개하지 않고 믿음이 없다면 어찌 그리스도의 공로가 우리의 것이 될 수 있을까? 세례요한이 책망하는 저들의 모습이 오늘날 우리의 모습에

너무 많이 보인다. 오늘날 우리의 모습 속에서 스스로 거짓된 안도감을 가지고 있던 저들의 모습이 너무 많이 보인다.

3:10 세례요한이 말씀을 전하고 있는 시대는 매우 중요한 시대였다. 메시야가 오셨고 하나님 나라가 가장 생생하게 전해질 것이다. 그러나 많은 사람들이 듣지 않을 것이다. 오랫동안 하나님의 백성으로 살아왔지만 이제 그들은 하나님 나라 밖에 처해지게 될 것이다. 이제 하나님 나라 백성이 아니라 유대교로서 새로운 종교로 남을 것이다. 가만히 있었으나 새로운 종교인이 되는 것이다. 그들이 지금까지 믿었던 하나님 안에 있지 않고 급류속에 길을 잃게 되는 것이다. 그런 중요한 시기에 있다. 회개하지 않으면 '도끼가 나무를 찍어 불에 던지는' 그런 시기에 있다. 그러니 회개가 급선무였다.

3:11 **물로 세례**. 오늘날의 세례는 언제부터 시작되었을까? 요한이 지금 주고 있는 세례를 살펴보자. 요한을 우리는 세례요한이라 부른다. 그것은 사도요한과 구분하기 위한 것이기도 하지만 세례가 그를 잘 설명하는 것이기 때문이다. 요한이 '세례를 베풀거니와'라고 말하는데 이 단어는 '담그다'의 의미를 가진 단어. 호메르는 이 단어를 '대장장이가 달군 도끼를 차가운 물에 담그는 것'을 표현하며 사용하였다. 요한이 사람을 물에 담그는 예식은 매우 독특하였다. 그가 처음 시행한 것이다. 이전에도 정결의식으로서 물로 깨끗이 씻는 것은 많이 있었다. 쿰란 공동체도 정결의식을 위한 큰 탕이 있었다. 개인 집에 있기도 하였다. 또한 이방인의 경우 개종자도 물에 담금으로서 새로 태어나는 행위를 했을 가능성이 많다. 그런데 요한의 세례가 특이한 것은 이전의 모든 정결의식이 자기 자신이 직접 들어갔다면 요한의 경우는 그가 다른 사람을 물에 담갔다는 것이다. 그리고 기존 유대인들도 물에 담갔다는 것이다. 그는 모든 이들을 회개로 이끌며 세례를 주면서 새시대를 준비하였다. 오늘날 세례는 세례요한의 세례를 모범으로 하여 행하는 것이다. 곧 오늘날 세례는 세례요한이 처음 만든 것이다. 그러니 세례요한이라 부르는 것이

이름을 구분하기 위한 것이 아니라 그를 가장 잘 표현하는 이름이다.

그의 신을 들기도 감당하지 못하겠노라. 세례요한은 제사장의 아들이니 집안이 좋았다. 광야에서 생활하면서 엄격한 훈련을 받았다. 대중들에게 인기가 매우 좋았다. 그보다 40년 늦게 태어난 요세푸스라는 유대 역사가가 그를 기억하며 기록할 정도다. 그런데 요한이 예수님에 대해 놀랍게 말한다. 먼지가 많은 지역인 곳에서 손님이 오면 발을 씻기기 위해 신발을 벗긴다. 제자들이 랍비를 섬기면서 종처럼 많은 일을 하였는데. 이 일만은 하지 않았다. 너무 천한 일이기 때문이다. 종 중에서도 히브리인에게는 이 일을 시키지 않았다. 너무 하찮은 일이기 때문이다. 그러나 세례요한은 지금 예수님과 자신을 비교하면 자신이 그렇게 낮은 자라고 말하고 있다. 아직 예수님은 아무 일도 하지 않으셨는데 말이다.

성령과 불로 너희에게 세례. 성령은 새시대의 특징이다. 성령이 사람들을 변화시킬 것이다. 불로 세례를 주는 것에 대해서는 오늘날 뜨거움을 상상하기 쉬운데 그것이 아니다. 불에 담그는 것이다.

3:12 불에 태우시리라. 불은 쭉정이를 태우는 '심판'을 의미한다. 메시야는 권능의 힘으로 성령을 통하여 근본적으로 변화시키시고 구원하시는 분이며 또한 불의한 자들을 심판하시는 분이다. 성령의 사역으로 구원하시고 불로 심판하실 것이다.

3:13 예수...세례를 받으려 하시니. 세례요한은 깜짝 놀랐다. 세례요한이 주는 세례는 회개세례다. 새시대로서 천국 백성이 되는 표시다. 그런데 천국의 왕이신 예수님이 백성이 하는 일을 받으시려 하니 세례요한이 놀랄 수밖에 없다.

3:15 이와 같이 하여 모든 의를 이루는 것이 합당하니라. 마태복음에서 강조하여 말하는 것이 '이루심'이다. 예수님은 출애굽부터 구약의 율법과 선지자들이 말한 모든 것을 이루셨다.

세례요한은 마지막 선지자다. 예수님은 세례요한의 사역인 회개를 자신이 따라가심으로 그것까지 이루신다. .

3:16 성령이 비둘기 같이 내려. 요단강에서 물에 잠기시고 몸이 물 위로 쏙 나오셨을 때 놀라운 일이 일어났다. '하나님의 성령'이 임하셨다. '비둘기 같이 내려' 임하셨다고 말한다. 비둘기 '같이'다. 예수님의 세례장면을 그린 그림을 보면 어김없이 비둘기를 그린다. 그것은 상징이다. 성령이 임하는 것이 현상학적으로 드러난 것은 오직 한 곳 행 2:2-3에서 '강한 바람 같은 소리와 불의 혀 같은 모습'이다. 그 외에는 나타나지 않는다. 여기에서는 성령이 임하는 것이 어떻게 보였을까? 잘 모른다. 그런데 여기에서 '비둘기 같이 내려'라고 말하는 것은 '하나님의 영은 수면 위에 운행하시니라(창 1:2)를 말하기 위함이다. '운행하시니라'가 '새가 날개를 퍼득이는 것'을 말하는 단어다. 이것 때문에 쿰란 공동체나 탈무드를 보면 성령을 비둘기로 많이 상징한다. 성령이 '비둘기 같이' 임한다는 말은 사람들에게 창세 때의 창조에 대해 말씀하시는 것을 생각나게 할 것이다. 이것은 예수님이 세례 받으셔서 공식적으로 일을 시작하시는 데 그 일이 제2창조임을 드러내는 의식이다.

마태복음의 두번째 단어이며 실제적으로는 첫 단어 역할을 하는 것이 '시작(게네시스, 계보)'이다. 마태복음 첫 부분을 해석하면 '예수 그리스도의 시작에 대한 책이다'이다. 이곳에 나온 '시작'이라는 단어(게네시스)가 창세기 성경의 이름이다. 이 단어는 아마 의도적으로 그리스도의 오심으로 시작된 천국을 제2창조로 말하기 위함으로 보인다. 그리스도의 오심은 아담 이후부터 족보를 보아 알 수 있듯이 준비되었고 이 땅에 오심으로 제2창조가 시작되었다. 죄로 인하여 멸망 가운데 있는 만물을 거룩하게 새롭게 하시고 다시 창조하시는 것이다. 제1창조가 하나님께서 말씀으로 하셨다면 제2창조는 주님의 성육신이라는 놀라운 일이 중심이 된다. 더욱 어렵고 더욱 사랑으로 가득한 창조다. 그 사역을 공식적으로 하시기 위해 세례를 받으셨고 성령이 임하며 마치 제1 창조처럼 삼위 하나님의 일하심이 시작되었다.

3:17 내 사랑하는 아들이요 내 기뻐하는 자라. 마태복음에 성부 하나님께서 직접 말씀하신 것이 두 번 나온다. 오늘 본문 세례 받으실 때와 변화산에서 이다. 두 번 다 같은 말씀이다. 이 순간은 성부,성자,성령 삼위 하나님이 모두 나온다. 제2창조의 엄숙한 선언 같다. '내 사랑하는 아들이요'는 예수님의 존귀함으로 메시야적 왕 되심을, '내 기뻐하는 자라'는 것은 예수님의 낮아짐으로 예수님께서 백성들을 위해 고난 받으시고 구원하시는 그 길을 가시는 것에 대해 하나님께서 기뻐하는 자라고 표현한 것이다.
예수님이 세례 받으시던 현장을 살펴보았다. 오늘날 교회 임직식 하는 것 같은 또는 왕의 출정식 같은 모습이다. 지구라는 작은 땅의 유대지역 요단강 가에 성 삼위 하나님께서 임하셨다. 예수님의 모습이 비록 낮은 모습이지만 세상을 향한 제2창조 시작의 엄숙한 현장이다. 웅장한 현장이다. 엄숙함과 웅장함은 장소가 아니라 삼위 하나님의 임재를 말한다.

4 장

4:1 그 때에. 예수님께서 세례 받으신 직후를 말한다. 예수님의 시험은 세례와 깊은 관련이 있다. 세례는 예수님의 구원과 천국 사역의 공식적인 시작이다. 그 시작은 '내 사랑하는 아들이요 기뻐하는 자로다'라는 하나님의 음성과 함께 인침이 있는 시작이었다. 하나님의 음성은 예수님의 메시야직의 제왕적 성격과 고난 받는 종의 성격을 담고 있다. **성령에게 이끌리어 마귀에게 시험을 받으러 광야로.** 시험을 받으시는 것이지만 더 큰 관점으로는 '성령에 이끌리어' 가셨다는 것을 기억해야 한다. 모든 시험이 그렇다. 나를 시험하는

마귀만이 아니라 그 위에서 나를 이끄시는 하나님을 볼 수 있어야 한다. 그래야 악한 영의 시험에 넘어지지 않을 수 있다.

4:2 주리신지라. 사십일을 금식하셨다. 광야와 주리심은 시험받으시기 좋은 환경이다.

4:3 네가 만일 하나님의 아들이어든. 첫번째 시험과 두번째 시험은 '내 사랑하는 아들'이다는 선언과 관련이 있다. 두 시험에서 동일하게 사탄은 '네가 만일 하나님의 아들이어든'이라고 말하면서 시험한다. **돌들로 떡덩이가 되게 하라.** 예수님은 이후에 오병이어의 기적을 행하신다. 돌을 빵으로 만드시는 기적을 당연히 행하실 수 있다. 여기에서 이것이 유혹이 되는 것은 예수님은 매우 배고픈 상태이셨고 아직 그러한 금식을 멈추라는 하나님의 인도하심이 없었기 때문이다. 예수님이 금식을 하시게 된 것도 '하나님의 인도하심'이었고 마치는 것도 하나님의 인도하심이 있어야 한다.

4:4 사람이 떡으로만 살 것이 아니요 하나님의 입으로부터 나오는 모든 말씀으로 살 것이라. 지금 매우 배고프시다. 그러나 더 중요한 것은 하나님의 말씀이다. 하나님의 말씀이 이끄는 삶이 되어야지 빵이 이끄는 삶이 되어서는 안 된다.

4:6 아들이어든. 여기에서도 3절에서도 '아들'이 강조된 문장이다. 예수님께서 세례 받으실 때 성부 하나님께서 '내 사랑하는 아들이다'라고 하셨는데 그렇다면 성전 꼭대기에서 뛰어내려도 '하나님께서 사자들을 통해 받아주셔서 다치지 않을 것'이니 뛰어내리라고 말한다. 이것은 매우 강한 믿음처럼 보인다. 많은 신앙의 사람들이 이런 모습을 믿음이라고 착각한다. 그러나 믿음은 하나님을 시험하는 것이 아니라 하나님을 신뢰하는 것이다. 광야에서도, 굶주림 사태에서도, 사탄에게 이런 모욕을 당하여도,

이후에 십자가에서 사람들이 손가락질을 하여도 하나님의 아들의 권능을 사용하시는 것이 아니라 하나님의 뜻이 이루어지는 것을 우선순위로 하신다.

4:9 세례 받으실 때 성부 하나님께서 말씀하신 후반절은 '내 기뻐하는 자'이다. "내가 붙드는 나의 종, 내 마음에 기뻐하는 자 곧 내가 택한 사람을 보라 내가 나의 영을 그에게 주었은즉 그가 이방에 정의를 베풀리라"(사 42:1) 예수님은 '하나님께서 기뻐하시는 자'로서 세상에 정의를 이루기 위해 십자가의 대속의 길을 가시는 메시야다. 십자가의 길을 가심으로 그들을 구원하신다. 연약한 자들을 구원하신다. 그것이 주님의 길이다. 그런데 십자가의 길을 가는 것은 참으로 힘든 길이다. 마귀가 그것을 파고드는 것이 세 번째 시험이다.

엎드려 경배하면 이 모든 것을 네게 주리라. 마귀는 예수님을 높은 산으로 데려가 말하였다. 지금 당장의 세상 권세를 준다는 것이다. 그것은 십자가의 고난을 패스하는 것에 대한 제안이다. 당장의 세상 영광은 많은 사람들에게도 유혹이 된다. 그래서 많은 합리적 이유를 대면서 세상 성공을 추구한다. 고난 없는 영광을 추구한다. 그러나 고난 없는 영광은 마귀가 주는 영광이다. 예수님은 십자가를 지셔야만 했다. 오늘날도 마찬가지다. 오늘날 사람들은 저마다 져야 할 십자가가 있다. 십자가를 지지 않으려 하면 필연코 시험에 넘어지게 될 것이다.

4:10 **사탄아 물러가라.** '마귀'는 헬라적 배경을 가진 단어이고 '사탄'은 히브리적 배경을 가진 단어다. 대상은 같다. 지금 당장 힘들다고 사탄을 따를 것이 아니라 오직 하나님만을 섬겨야 한다. 순간 순간 사람들이 사탄에게 영혼을 파는 것 같은 행위를 할 때가 있다. 순간의 영광을 위해 그렇게 행동한다. 그것은 자신의 영혼을 파는 행위다. 우리는 오직 하나님을 섬겨야 한다. 여전히 힘들고 십자가를 지는 것이어도 하나님을 섬겨야 한다. 오직 하나님의 말씀에 따라 행동해야 한다.

4:12 갈릴리로 물러가셨다가. 세례요한은 세상나라의 권력에 억울하게 붙잡혔다. 이제 곧 목숨까지도 잃게 될 것이다. 빨리 가서 구해야 하지 않을까? 악한 세상의 권력과 싸워야 하지 않을까? 그런데 예수님은 조용히 고향으로 물러가셨다. 왜 그러셨을까? 비겁하셨기 때문일까? 세례요한이 붙잡힌 것은 분명히 불합리한 일이다. 슬픈 일이다. 그러나 그것이 전부는 아니다. 그것이 그렇게 중요한 것은 아니다. 세상 나라의 일은 결코 우리의 영혼을 어찌하지 못한다. 그것 때문에 우리의 인생을 다 허비하지 않도록 해야 한다. 세상나라는 천국에 비하면 진정 아무것도 아니다. 진정 중요한 것은 천국의 일이다. 천국의 일이 어떻게 되어가는지를 아는 것이 중요하다.

4:13 가버나움에 가서 사시니. 예수님은 공생애를 시작할 즈음에 하부 갈릴리 지역이었던 과거 스불론 지파에 할당되었던 지역인 나사렛을 떠나 상부 갈릴리인 납달리 지파에 분배되었던 땅에 속한 가버나움으로 이사하셨다. 당시 갈릴리 지역은 인구 30만 정도 되었고 200개 마을이 산재되어 있었다. 그 중에 가버나움은 특출나게 큰 도시는 아니었어도 인구 천 명이 넘는 중요한 도시였다.

4:15 이방의 갈릴리여. 이 지역은 앗수르에 의해 북이스라엘이 멸망할 때 많은 사람이 포로로 잡혀 가고 다른 이방인들이 이주하여 함께 살게 된 곳이다. 그 이후 다시 이스라엘 백성들이 이주하기도 하였지만 여전히 많은 이방인과 이교도들이 살고 있었다. 가버나움은 완전히 다문화 도시였다. 애굽인, 아랍인, 그리스인 등 다양한 사람들이 모여 살았다.
갈릴리 지역에 사는 이스라엘 사람들은 자신들의 땅에 살면서도 때로는 마치 자신들이 이방인처럼 느껴지는 그런 상황이었다. 이전에 앗수르의 억압 속에 살았고 지금도 여러 면에서 이스라엘의 여러 정체성을 잃어 아픔이 있었다. 그들은 '흑암에 앉은 백성'과 같았다. 그런데 그들이 그러하다는 것을 알았기 때문에 예수님은 오히려 갈릴리 지역에서 사셨고 사역하셨다. 예수님은 모든 백성을 구원하시는 분이기 때문이다. 예수님은 늘 '회당'에서 먼저 가르치셨다. 이후에 바울도 그러하였다. 그것은 그들이 하나님 백성이기에 그들에게 도래한 새시대로서 하나님 나라를 가르쳐야 했기 때문이다. 그러나 예수님의 사역의 주된 장소는 예루살렘이 아니라 갈릴리 가버나움이었다. 예수님이 만난 사람들 또한 다양한 민족의 사람들이었다. 예수님은 모든 이들을 구원하시는 분이기 때문이다. 예수님이 오심으로 갈릴리 지역의 사람들은 '빛'을 보았다. 구원을 보았다. 가장 위대한 천국을 보았다.

4:17 회개하라 천국이 가까이 왔느니라. 멸망의 길을 가던 사람들에게 하나님 나라의 길이 열렸고 하나님 나라로 방향전환이 요구되었다. 회개는 세상나라에서 하나님 나라로의 방향전환이다. 천국을 알기 전에는 세상의 일이 크다. 세상의 일에 미치도록 괴롭기도 하고, 기쁘기도 하다. 그러나 천국을 알면 이제 그러한 일은 사소한 것임을 알게 된다.

4:19 너희를 사람을 낚는 어부가 되게 하리라. 전에는 고기를 낚았었는데 이제는 사람을 낚는 사람이 될 것이다. 얼마나 감격스러운가? 얼마나 의미충만한 삶이 되겠는가? 사람을 낚는 그들의 삶은 참으로 중요한 삶이 될 것이다.
천국의 삶이 그렇다. 세상나라의 길을 가고 있던 사람은 무엇을 하든 단지 고기를 낚는 것에 불과하던지 아니면 오히려 더 죄를 쌓는 것이 될 것이다. 그러나 천국을 알고 천국을 위해 사는 사람은 이제 그 한 사람 때문에 다른 사람이 생명을 얻게 되기도 하고 천국이 더 확장되기도 한다. 얼마나 위대한 변화인가?

4:22 배와 아버지를 버려 두고. 야고보와 요한은 그들의 아버지 세베대와 함께 배에서 그물을 손질하다가 예수님께서 부르시는 소리에 '아버지와 배'를 두고 바로 따랐다. 아버지도 배도 소중하다. 그러나

그들은 하나님의 나라의 일꾼으로 부르시는 예수님의 소리에 곧바로 응답하였다. 많은 것을 포기하면서 따랐다. 그들이 포기한 것이 대단한 것 같으나 실상 오늘날 우리들은 그들이 얼마나 좋은 것을 선택하였는지를 안다. 그런데 정작 오늘날 신앙인들이 자신들이 좋은 것을 선택하는 것에 주저한다.

4:23 **회당에서 가르치시며.** 말씀을 가르치심으로 천국을 전하셨다. 말씀을 배워야 한다. 자세히 배워야 한다. 말씀은 배우라고 있는 것이다. 그래야 말씀이 무엇을 의미하는지를 알고 그들이 가야 할 천국의 길을 분별할 수 있고 갈 수 있다. **천국 복음을 전파하시며.** 설교하시며 선포하심을 말한다. 천국이 선포될 때 우리의 마음이 천국을 마음으로 들어야 한다. **모든 병과 모든 약한 것을 고치시니.** 이것은 천국의 '미리보기'와 같다. 천국은 병과 약한 것이 없다. 예수님이 천국의 왕으로 오셨으니 당연히 천국의 실제를 맛볼 수 있다. 예수님은 그들의 아픔을 보고 치료하여 주셨다. 그것은 천국을 맛보게 하는 것이다. 그런데 많은 사람들이 그것을 보고도 땅의 일을 생각하였다. 아픔이든 치료이든, 결핍이든 채움이든 우리는 그것을 통해 천국을 볼 수 있어야 한다. 천국을 보지 못한다면 아무 의미가 없다.

5 장

5:1 **예수께서 무리를 보시고.** 많은 사람들이 예수님을 따랐다. 그들이 예수님을 통해 천국을 맛보았기 때문이다. 그러나 그들이 모두 천국 백성인 것은 아니다. 천국 백성은 구경꾼이 아니라 백성으로 살아가는 사람이어야 한다. 제자이어야 한다.

5:2 가르쳐 이르시되. 배워야 한다. 그들이 살고 있는 세상이 무엇이며 천국 백성이 살아가야 할 세상이 무엇인지를 배워야 천국의 구경꾼에서 벗어나 천국 백성이 될 수 있다. 그래서 예수님께서 가르치셨다.

흔히 말하는 '팔복'에 대해 말씀하셨다. 팔 복은 세상 윤리가 아니라 천국 백성 윤리다. '복'이라 말할 때 그것은 '부러운 상태'를 의미하는 것인데 세상 사람들이 보기에는 전혀 부럽지 않을 것이다. 그러나 그러한 모습은 천국 백성이라는 것을 의미하기 때문에 참으로 세상에서 '축하를 받아 마땅한 삶'이고 '부러운 삶'이 되는 것이다. 세상 사람들은 그것을 모르기에 세상 사람이고 천국 백성은 그것을 알기에 천국 백성이다.

5:3 심령이 가난한 자. 하나님과 천국이 자리할 공간을 위해 마음을 비워 둔 사람이다. '심령에 돈이 없는 자'다. 심령에 돈 대신 하나님이 있는 사람이다. '하나님을 의지하는 자'를 의미한다. 그가 세상의 물질이나 다른 것으로 살아갈 수 없음을 알고 오직 하나님의 은혜로만 살아갈 수 있음을 아는 사람이다. 그런 사람이 천국 백성이 될 것이다. 천국 백성이 무엇인가를 더 가져야 하는 것이 아니라 오직 하나님을 의지하는 것임을 알 때 우리는 세상의 것으로부터 자유할 수 있다. 무엇인가를 가지거나 또는 없어 마음에 무엇으로 가득한 것이 아니라 오직 하나님만이 채워지는 사람이 복된 사람이다. 마음에 세상의 것을 두면 그것에 매인 삶이 된다. 세상의 무엇이 아니라 오직 하나님만을 의지하라. '세상은 간 곳 없고 오직 하나님만이 있는 삶'이어야 한다.

5:4 애통하는 자. 천국을 위해 애통하는 자다. 하나님께서 그를 위해 일하실 것이다. '위로를 받을 것임이요'는 하나님께서 위로하시는 일을 행하신다는 뜻이다. 결국 천국백성이 되어 위로를 받을 것이다. 하나님이 눈물을 닦아주실 것이다. 예기치 않은 시간에.

5:5 온유한 자. 천국은 폭력이 아니라 온유함으로 얻게 될 것이다.

천국 백성은 '온유'로 살아야 한다. 자신의 힘으로 휘두르려고 하지 말고 온유하게 살라. 교회조차 온유가 보이지 않고 경쟁사회처럼 사는 경우가 있다. 그것은 천국가치를 모르는 삶이다.

5:6 의에 주리고 목 마른 자. 우리가 목말라 해야 하는 일은 '의'다. 천국이다. 그래야 천국 백성이 된다. 세상의 것을 구하는 세상 걸인이 아니라 의에 목마른 사람이 되라. 신앙인이 되고도 여전히 세상의 것을 구하는 걸인이 많다. 그것은 구걸이요 밑 빠진 독이다. 세상을 향해 아무리 찾아보라. 계속 걸인 인생이 될 것이다. 의를 찾을 때 배부름이 있을 것이다. 행복이 있다.

5:7 긍휼히 여기는 자. 세상을 향하여 긍휼을 베풀라. 그래야 하나님께 긍휼을 입어 천국 백성이 될 것이다. 신앙인은 사람들을 긍휼히 여기는 마음을 가져야 한다. 신앙인은 자신이 큰 긍휼을 얻었다는 것을 안다. 그러기에 늘 다른 사람들을 긍휼히 여기며 돕는 사람이 되어야 한다.

5:8 마음이 청결한 자. 마음이 청결하여야 천국 백성이 된다. '마음이 청결하다'는 것은 마음에 딴 마음이 없다는 뜻으로서 '전심으로' 사랑한다는 의미다. 전심으로 끝까지 하나님을 사랑하는 자가 끝내 승리할 것이다. 완성된 천국에서 하나님을 보게 될 것이다.

5:9 화평하게 하는 자. 관계를 회복하고 회복시키는 사람이 천국 백성이 된다. 이웃과의 관계 무엇보다 하나님과의 관계를 회복하고 회복시켜야 한다. 정치 성향으로 싸우지 말고, 다르다고 원수 되지 말고 언제든지 어디에서나 화평케 하는 사람이 되도록 해야 한다. 이웃이 하나님과의 관계가 회복되도록 힘을 다하라.

5:10 의를 위하여 박해를 받은 자. 하나님의 백성으로 살아가면 때로는 박해를 받을 것이다. 그러나 박해를 극복하면서 의를 위해

산다면 그가 천국 백성이라는 가장 강력한 증거가 아니겠는가?

5:11 **복이 있나니.** 이 구절 때문에 이것을 앞의 팔복과 함께 연결하기도 한다. 그러면 팔복이 아니라 구복이 될 것이다. 그런데 형식도 틀리고 여기에서부터 2인칭을 사용한다. 그래서 앞 팔복은 천국 백성의 일반적인 특성에 대한 것으로 11절부터는 천국 백성의 특수한 상황에 대한 이야기로 해석한다. **나로 말미암아 너희를 욕하고 박해하고.** 역사는 예수님 때문에 박해를 받은 많은 사람들이 있음을 말한다. 구약 성경에서도 하나님을 믿는 백성들이었는데도 불구하고 하나님께서 보내신 선지자들을 박해하였다. 그렇다면 오늘날 세속 사회에서는 얼마나 그런 일이 더 있겠는가? 천국 백성으로 산다는 것은 교회 안에서 조차도 박해가 있다. 그러니 박해를 각오해야 한다. 어려움이 없으면 오히려 이상한 것이다.

5:12 **하늘에서 너희의 상의 큼이라.** 천국 백성이 그 가치에 따라 살면 상이 있음을 말한다. 사실 우리가 어떻게 살아도 상 받을 자격이 있는 것은 아니다. 우리는 무익한 종이다. 그러나 하나님께서 상을 주시는 것 또한 분명한 사실이다. 우리의 믿음의 삶을 보시고 상을 주신다. 그러면 우리의 기쁨은 더욱 크게 될 것이다.

5:13 **세상의 소금.** 우리가 세상에서 구분된 사람이지만 세상에서 벗어난 사람이 아니라 세상 속에서 살아야 한다. 세상 속에서 조금은 이상한 사람이지만 그러나 그 이상함을 잃으면 세상에서도 쓸모없게 될 것이다. 천국 백성은 세상에서 다르지만 그 다름이 세상에 필요하다. 세상을 구원하는 도구가 될 것이다. 그러니 그 정체성을 지켜야 한다. 세상과 같아지려 하지 말고 세상에서 다른 것을 지켜야 한다.

5:15 **등불을 켜서 말 아래에 두지 아니하고.** 세상속에서 숨어 있으면 안 된다. 천국 백성은 세상 속에서 신앙의 가치를 지키면서 살아야

한다.

5:16 너희 착한 행실...아버지께 영광. 믿음과 윤리는 동일하지 않지만 공통분모를 많이 가지고 있다. 긍휼이나 화평케 하는 것은 '착한 행실'이 되고 사람들이 하나님을 생각하게 하는 계기가 될 것이다.

5:17 내가 율법이나 선지자를 폐하러 온 줄로 생각하지 말라. 말씀을 잘못 대하는 것 중에 크게 두 가지가 있다. '율법 폐기론자'와 '율법주의자'다. 예수님은 율법을 폐기하거나 율법주의로 지키는 것을 반대하신다. 예수님은 율법을 '완전하게'하시는 분이다.

5:18 율법의 일점 일획도 결코 없어지지 아니하고 다 이루리라. '율법 폐기론자'에 대한 반대다. 구약의 제사법이나 정결법 등은 완성되었다. 폐기가 아니다 완성되었기에 이제 더이상 우리가 그렇게 문자적으로 지킬 필요는 없다. 그러나 안 읽어도 되는 것은 아니다. 폐기된 것이 아니기 때문이다. 읽어서 그것의 의미를 배워야 하고 순종해야 한다. 정결법의 표면적 행위가 아니라 그 법이 의미하는 것을 순종한다. 그것이 폐기된 것이 아니라 완성된 것이기 때문이다. 우리는 그것을 여전히 읽고 그것의 의미를 이루어 간다.

5:19 계명 중의 지극히 작은 것 하나라도 버리고...천국에서 작다 일컬음을 받을 것이요. 천국 백성의 기준은 여전히 율법이다. 말씀을 지키지 않으면 그만큼 작은 자요, 말씀을 중요하게 여기고 지키며 다른 사람들이 지키도록 가르치는 사람은 천국에서 크다 일컬음을 받는다. 그러기에 우리는 말씀을 더 많이 알고 더 많이 지키며 더 많이 가르쳐야 한다.

5:20 바리새인보다 더 낫지 못하면 결코 천국에 들어가지 못하리라. 서기관(말씀의 전문적 선생)과 바리새인(말씀에 열심이었던 일반

성도)이 예수님의 책망을 들었다는 사실 때문에 그들이 다루었던 말씀에 대해 터부시 하는 경향이 있다. 그것은 예수님을 많이 오해한 것이다. 예수님은 우리에게 서기관이나 바리새인 보다 말씀을 순종함에 있어 더 나아야 한다고 말씀한다. 서기관과 바리새인의 가장 큰 약점은 무엇이었을까? 율법의 완성되신 메시야가 오셨음에도 불구하고 받아들이지 않음으로 율법주의자로 남아 있었다. 우리는 완성으로 오신 주님을 통해 율법을 더 잘 알고 율법을 잘 준수하는 사람이 되어야 한다. 우리는 율법폐기론이나 율법주의자가 아니라 율법준수자가 되어야 한다. 율법을 따라 행함으로 모든 관계의 샬롬을 이루는 사람이 되어야 한다.

17-20절은 율법전반에 대한 이야기를 하셨다.
이제 세부적으로 들어가 21절-47절은 율법 각론에 대한 이야기다.
율법 각론은 주로 사람들과의 샬롬에 대한 이야기다.

5:21-22 살인. 율법은 살인자를 재판하고 그에 합당한 형벌을 받게 되어 있다. 살인에 대해 예수님께서 그 본래적 의미를 말씀하신다. '살인하지 말라'를 문자적 이해로 끝나면 그것은 본래 말씀을 주신 하나님의 마음을 모르는 것이다. '살인하지 않는 것'으로 끝나는 것이 아니라 형제에 대해 '분노' '악의' '미움'등을 갖지 말아야 한다. 이웃을 향해 '살인하지 않았다'로 만족하지 말고 더 나아가 분노와 미움 등을 갖지 않도록 조심해야 한다.

5:23-24 예물을 제단에 드리려다가 거기서 네 형제에게 원망들을 만한 일이 있는 것이 생각나거든. 제단에 드린다는 것을 통해 볼 때 아마 동물 제사인 것 같다. 갈릴리에서 예루살렘까지 가서 드리는 중요한 순간이기도 하다. 어쩌면 화목제일 수도 있겠다. 그런데 그렇게 제사를 드림으로 끝이 아니라고 말씀한다. **먼저 가서 형제와 화목하고 그 후에 와서 예물을 드리라.** 하나님께 먼저 드려야 할 것

같은데 '형제와 먼저 화목하라'고 말씀한다. 형제와의 샬롬은 빠를수록(25절-26절) 좋다고 말씀한다. 형제와 화목하지 않으면 하나님과도 화목할 수 없기 때문이다. 형제와 화목하지 않고 하나님께 제사 드리는 것이 맞지 않기 때문이다. 율법을 지키는 많은 부분이 그러하다.

5:27-28 간음하지 말라. 7계명에 해당한다. 7계명은 사람의 성결에 대한 계명이다. 사람은 존재가 중요(6계명)할 뿐만 아니라 성결도 중요하다. '간음하지 말라'는 것을 외적인 간음의 행위만 하지 않으면 되는 것이라고 생각하는 사람들이 있었다. 예수님은 그것에 대해 고쳐 말씀하셨다. **음욕을 품고 여자를 보는 자마다 마음에 이미 간음하였느니라.** 간음에 대해 조금 더 엄격하게 말씀하셨다. 육신적인 간음만이 아니라 마음으로 간음하는 것도 간음이라 말씀하셨다. '음욕'이라는 것은 성적인 매력을 느끼는 것을 말하는 것이 아니라 마음으로 '나쁜 상상을 하는 것'이다. 나쁜 상상을 즐기는 것이다. 서로 다른 성을 볼 때 한 사람으로서 그 사람의 인생을 존중해야 한다. 그런데 생각이라 하여 자기 마음대로 악한 일을 저지르거나 그런 욕심을 가지고 바라보고 도모한다면 그것은 이미 간음이다. 우리는 다른 사람과 자기 자신을 성결하게 지켜야 하는 의무가 있다.

5:29 눈이 너로 실족하게 하거든 빼어 내버리라. 마음의 간음이라 하여도 그 죄를 엄하게 다스려야 한다는 말씀이다. 눈 때문에 간음의 죄를 저지르게 되는 것에 대한 이야기이지만 이것은 또한 모든 다른 죄에 함께 적용된다. 이것을 오해하지는 말아야 한다. 예수님은 지금 과장법과 강조법을 사용하셨다. 누군가 실제로 그렇게 눈을 빼거나 손을 자르면 말씀을 잘 지킨 것이 아니라 어긴 것이다.

5:31-32 이혼증서를 줄 것이라. '아내를 버리려거든 이혼 증서를 주는 것'에 대해 당시에 많은 논쟁이 있었다. "사람이 아내를 맞이하여

데려온 후에 그에게 수치되는 일이 있음을 발견하고 그를 기뻐하지 아니하면 이혼 증서를 써서 그의 손에 주고 그를 자기 집에서 내보낼 것이요" (신 24:1) '수치되는 일'이 무엇인지에 대한 해석에서 달랐다. 샴마이 학파는 오직 '간음'만 수치되는 일에 해당한다고 주장하였으나 힐렐 학파는 '음식을 못하는 일' '얼굴이 못 생기게 바뀐 것' 등 수많은 다른 것도 수치스러운 일이 될 수 있다고 가르쳤다. 강자인 남자들은 주로 힐렐학파의 의견을 따랐다. 그런데 예수님은 '수치되는 일'을 '간음'으로 한정하실 뿐만 아니라 간음한 경우 안에서도 이혼을 의무가 아니라 허용으로 말씀하셨다. 매우 강하게 이혼을 금하시는 것이다.

예수님은 이혼을 매우 강하게 금지하셨다. 이 당시 이혼은 100% 남자들이 요구하였고 이혼은 여성에게 생계유지가 어렵게 만들었다. 그러기에 이혼 금지는 약자인 여성을 보호하는 역할을 하였다. 오늘날은 어떨까? 오히려 이혼이 약자를 보호할 때가 있다. 그렇다면 이혼금지는 조금 다른 해석을 해야 한다. 나는 상담 때 간음만이 아니라 다른 이유도 이혼 사유가 된다고 말한다. 간음보다 더 심각한 삶의 파괴가 있는데 이혼이 죄라는 것 때문에 참고 삶이 피폐되는 것은 좋은 선택이 아니다. 예수님의 말씀은 상황과 목적을 생각해야 한다. '간음 외에는 이혼하지 말라'는 것을 그대로 받아들이면 지금 주님이 반대하고 계시는 율법주의가 된다. 주님의 목적이 무엇인지 잘 생각해야 한다. 주님의 목적은 하나님 사랑이고 이웃 사랑이다. 이혼이 그 목적을 이룬다고 판단되면 해야 한다. 그것이 이혼하지 못하고 자살하거나 삶이 피폐되는 것보다 낫다. 이혼이 '간음 외에도 허용된다'하여 쉽게 생각해서는 안 된다. 간음보다 더 심각하게 파괴하는 경우이어야 한다. 가장 좋은 것은 간음 또는 더 심각한 문제까지도 이기고 결혼을 지키고 삶을 지킨다면 그것이 가장 좋다. 예수님은 이혼을 매우 심각하게 생각하라고 말씀하고 계시며 그 문제에 있어 약자인 여성을 많이 생각하라 하신다. 이혼은 참으로 가슴 아픈 일이다. 그러기에 이혼하지 않기 위해 이혼보다 더 중요한 것은 결혼이다. 신중하게 결혼해야 한다.

5:34 맹세하지 말지니. 예수님께서 맹세에 대해 말씀하셨다. 맹세는 3계명(하나님 이름을 사용한 거짓 맹세는 하나님 이름을 망령되이 사용하는 것이기에)과 8계명(거짓 맹세는 타인의 재산 손실을 가져올 수 있기에)과 9계명(거짓 맹세는 타인을 속이는 것이기에) 등을 어기는 것과 관련되어 있다. 좁은 것 같지만 폭 넓게 다방면에 죄와 연결된다.

맹세라는 것은 진실과 관련되어 있다. 사람의 말이 신뢰할 수 없을 때 신뢰를 더하기 위해 맹세를 사용한다. 그래서 맹세는 필요하다. 하나님께서 맹세하시는 이야기도 나온다. 사람들의 부족한 믿음을 채워주시기 위해 맹세하셨다. 바울도 맹세하였다. 사람들에게 확신을 심어주기 위해서였다. 법정에서도 맹세를 시킨다. 모든 사람이 진실되어야 하지만 실제로 다 진실된 것은 아니기 때문에 부가적 수단이다. 그렇다면 '도무지 맹세하지 말라'는 말씀은 무엇을 의미할까? 맹세하지 않아도 되는데 맹세하는 경우를 말한다. "네가 서원하지 아니하였으면 무죄하리라 그러나" (신 23:22) 서원하지 않았으면 죄가 되지 않을 텐데 서원하는 경우다. 처음에는 거짓이 아닌 것 같았으나 나중에는 거짓이 되는 경우도 있다. 그러니 그런 경우 맹세를 하지 말아야 한다.

자신의 거짓을 피하기 위해 하나님 이름이 아니라 조금 죄가 덜 될 것이라고 생각하는 다른 것들을 사용하여 맹세하는 많은 법들이 있었다. 하늘, 땅, 예루살렘, 성전, 성전의 금 등 수많은 것들을 사용하면서 무엇은 죄가 되고 무엇은 죄가 되지 않는다는 많은 것들에 대한 논쟁이 있었다. 그런데 그러한 것을 사용하여 맹세한다는 것은 모두 거짓을 생각하는 것이다. 진실되면 하나님의 이름을 사용해야 한다. 다른 것을 사용하여 맹세하면 지키지 않아도 된다는 것은 맹세하면서 이미 거짓을 생각하고 있는 것이다. 그러기에 다른 어떤 것을 두고 맹세하는 것이 잘못된 것임을 말씀하는 것이다.

5:37 지나는 것은 악으로부터 나느니라. 거짓을 생각하면서 빠져나갈 수 있는 길을 만들기 위해 맹세하는 것은 모두 '악으로부터 나는 것'이다. 필요한 경우는 제한적으로 맹세하라. 자신의 진실성을 말하기 위해서다. 그러나 거짓을 위해 맹세하면 악한 것이다. 자발적 맹세는 않는 것이 좋다. 단지 '옳다'와 '아니다'로 하면 된다. 말씀을 확증하는 것이 아닌 이상 자발적 맹세는 좋지 않다. 그러나 요구된 맹세가 있다. 법정에서 진실을 위해 필요할 수 있다. 그때는 확실하게 진실을 말하는 마음으로 맹세해야 한다. 선한 것에 대해 요구된 맹세에 대해 선한 마음으로 '예'로 대답해야 한다. 결혼서약이 그러하며 임직식 때 서약도 그러하다.

5:38-39 눈은 눈으로 이는 이로 갚으라. '동해보복법'은 율법서 전반(출애굽기, 레위기, 신명기 등)에 나오는 법이다. 이것은 상해를 입은 사람이 보복할 때 더 많이 보복하려는 경향이 있기 때문에 그것을 방지하는 법이다. 이 법을 율법주의로 지키면 안 된다. **악한 자를 대적하지 말라.** 예수님께서 추가적으로 말씀하셨다. 같은 정도의 보복이 아니라 아예 보복을 하지 말라는 말씀이다. 이것은 더 보복하는 것을 확실히 막아주기 때문에 율법을 완성하게 된다. **네 오른쪽 뺨을 치거든 왼편도 돌려 대며.** 이것은 손 등으로 때려서 모욕을 주는 것을 말한다. 그러한 모욕에 대해 보복하여 적대감을 더 키우지 말고 오히려 왼편 뺨도 대주어 분노를 그치게 할 것을 말씀한다. 이것은 동해보복법과 반대의 법이 아니라 일맥 상통한다. 동해보복법은 상한 마음으로 보복을 더 확대하는 것을 방지하여 죄가 확대되는 것을 멈추게 하려했다면 오른편 뺨을 맞으라는 법은 조금 더 적극적으로 분노를 줄이는 방식을 말씀한 것이다. 똑같이 죄를 멈추게 하는 것이다. 예수님은 천국 시대, 종말 시대를 맞이하여 백성들이 조금 더 적극적으로 죄를 방지하도록 말씀하셨다.

5:40 속옷...겉옷까지도. 예수님이 말씀하신 해결책은 분노보다 더

강한 넉넉한 마음이다. 당시 법정에서 겉옷은 압류할 수 없었다. 그런데 속옷을 압류하려고 할 때 겉옷까지도 압류하도록 제공하는 마음을 말한다.

5:41 오 리...십 리를 동행. 로마 군인이 길을 가는 사람을 징집하여 짐을 짊어지고 1000보(오 리)를 가게 만들면 억지로 가는 것이 아니라 2000보(십 리)라도 자발적으로 가는 마음을 말한다. 억지로 가면 매인자이지만 자발적으로 가면 자유인이다. 예수님의 십자가를 대신 졌던 구레네 사람 시몬은 십자가를 지고 가다 큰 은혜를 얻었다. 억지의 마음이었으면 불평만 남았겠으나 그의 마음이 넉넉함이 있어 큰 은혜를 입은 사람이 되었다.

예수님의 말씀을 율법주의로 해석하면 안 된다. 법정 싸움을 하면 안 되고, 부당한 요구도 다 들어주어야 하며, 돈은 무조건 빌려주어야 한다고 해석하면 오히려 심각한 문제가 될 것이다. 의를 위한 싸움이 있고 정당한 요구도 필요할 수 있다. 사도 바울도 상위법인 황제에게 재판을 받고자 하였다. 그러나 이러한 마음이 있음을 기억한다면 우리는 훨씬 더 자유하면서도 동해보복법보다 더 적극적으로 말씀을 지키며 죄를 방지할 수 있을 것이다. 그래서 이러한 일을 맞닥뜨렸을 때에 동해보복이나 거절이 아니라 예수님의 말씀을 지키기 위해 어떻게 하는 것이 더 최선일지를 생각하며 고민해야 한다.

5:43-44 네 이웃을 사랑하고 네 원수를 미워하라. 성경에서 구체적으로 이렇게 말하는 구절은 없다. 그러나 추론할 수 있는 구절들은 여럿 있다. 쿰란 공동체도 어둠을 미워하는 것에 대해 말한다. **너희 원수를 사랑하며.** '원수'는 개인적인 감정의 관계를 나타내기도 하지만 여기에서는 빛 반대편에 있는 어둠을 의미하는 것으로 보는 것이 더 맞을 것 같다 곧 이방인에 대한 것으로 보인다. 특별히 이방인이 '박해'까지 한다면 그들을 사랑하기 힘들 것이다. 그러나 그들을 향해 기본적인 마음은 사랑하는 마음이다. 신앙인은 박해를 힘으로 이기는 것이 아니라 사랑과 기도로 이긴다.

5:45 해를 악인과 선인에게 비추시며. 기본적으로 필요한 해와 비를 하나님을 믿지 않는 그들 또는 하나님을 대적하는 그들에게 도 제공하시는 것처럼 신앙인은 모든 사람을 기본적으로 사랑하는 마음을 가져야 한다.

5:46 세리도 이같이 아니하느냐. 세리가 여기에서는 악한 사람의 상징으로 나타난다. 때때로 그렇게 악한 사람이라도 변화된 사람을 의미하기 위해 세리를 사용하기도 하지만 기본적으로 세리는 율법폐기론자에 가깝다. 그러기에 보통 악한 사람이다. 그렇게 율법폐기론자도 '자신을 사랑하는 사람'은 사랑한다. 그렇다면 율법준수자는 자신을 사랑하지 않는 사람들을 향해서도 기본적으로 사랑하는 마음을 가져야 한다는 것을 말씀한다.

5:48 아버지의 온전하심과 같이 너희도 온전하라. 5:17-48절을 한 덩어리로 보아야 한다. 17절-20절은 서론이고 48절은 결론이다. 신앙인은 예수님의 말씀을 따라 말씀을 더 잘 지켜야 한다. 율법폐기론이나 율법주의자의 특성은 결국은 율법을 제대로 지키지 않는다는 것이다. 신앙인은 율법을 목적과 의미를 생각하면서 잘 지켜야 한다. 그렇게 말씀을 잘 지킴으로 하나님을 닮아간다. 어떤 이들은 '우리가 어떻게 하나님처럼 온전할 수 있어'하면서 율법폐기론자와 같은 말을 한다. 그러나 이것은 방향에 대한 것이지 완벽하게 그렇게 되어야 한다는 말씀이 아니다. 우리는 하나님의 거룩을 따라가야 하고, 자비하심을 따라가야 하고, 온전하심을 따라가야 한다. 그것이 하나님의 형상 회복이다. 그것을 위해 말씀이 있다.

6 장

6:1 사람에게 보이려고 그들 앞에서 너희 의를 행하지 않도록 주의하라. 사람들의 경건 즉 믿음의 행동에 대해 말씀하셨다. 당시 경건 하면 가장 대표적인 3가지가 구제, 기도, 금식이었다. 많은 사람이 '사람에게 보이려고' 구제한다는 것을 말씀하신다. 구제를 하면서 다른 사람에게 '내가 이렇게 구제하는 사람'이라고 자랑하고 싶어한다. 누군가를 돕는 구제는 자랑할 만하다. 그러나 신앙인에게는 그렇지 않다. '사람에게 보이려고'하는 구제가 무슨 문제가 될까? 물론 구제를 하지 않는 것보다는 낫다. 사람에게 보이려고 구제를 하는 것도 착한 행동이다. 그런데 사람에게 보이려고 하는 구제는 사람에게 인정을 받음으로 끝이다. 하나님과 관련이 없다. 그 사람의 목적대로 칭찬을 들을 것이고 목적을 이루었으니 그것으로 끝이다. **하늘에 계신 너희 아버지께 상을 받지 못하느니라.** 신앙인의 구제는 '하늘에 계신 아버지께 받는 상'이 있다 말씀한다.

6:2 그들은 자기 상을 이미 받았느니라. 사람의 칭찬을 받고자 하였고 사람의 칭찬을 받았으니 계산 끝이다. 여기에서 '상'으로 사용된 단어는 '임금'으로 사용하는 단어다. 일을 하고 그것에 상응하는 값을 받았으니 그것으로 끝이다.

6:4 아버지께서 갚으시리라. 앞에서 나온 '상'이라는 단어와 다른 단어다. 이것은 '임금'의 의미이기 보다는 '돌려주다'는 뜻을 가진 단어다. 임금은 일한만큼만 받는다. 그러나 이것은 하나님께서 돌려주실 때 훨씬 더 풍성하게 주신다. 이것은 구제한 사람이 받을 자격 있는 만큼 받는 것이 아니고 자격 없는데 하나님께서 주시는 것이다. 우리가 사람에게 구제했다고 하나님께 무엇을 받을 자격이 있는 것은 전혀 아니다. 하나님께서 은혜로 주시는 것이다. 구제는 작은 것이었는데 하나님께서 큰 것을 주실 것이다. 그것을 받을

자격이 더욱 없다. 그런데 분명한 것은 하나님께서 '갚으신다는' 것이다.

겉 모양은 같은 구제라도 실제로는 매우 다르다. '사람에게 보이려고'하는 구제와 '하늘에 계신 아버지께 보시는' 구제가 있다. 이것은 작은 차이 같으나 매우 큰 차이다. 사람을 의식하는 구제는 사람의 칭찬으로 끝난다. 하나님을 의식하는 구제는 하나님의 선물이 있을 것이다. 사람을 의식하는 구제는 사실 자신의 영광이 목적이다. 하나님을 의식하는 구제는 하나님의 영광이 목적이다. 사람을 의식하는 구제는 세상나라를 사는 것이고 하나님을 의식하는 구제는 천국을 사는 모습이다. 하나님을 의식하면서 구제하는 삶을 살라. 더 많이 구제하라. 그것이 이 땅에서의 일이지만 분명히 천국 백성으로 천국을 살고 있는 모습이다.

6:5 기도할 때에 외식하는 자와 같이 하지 말라. 기도는 '하나님과 대화'인데 이것조차도 배우가 연극하듯이 사람에게 보이기 위해 하는 경우가 있다. 사람들 보기에 '기도 많이 하는 사람'으로 보여 더 경건하게 보이기 위해 기도하는 사람이 어디 있겠는가 싶은데 예수님께서 그것을 경계하신다. 우리의 속 모습이 그렇게 부패하여 있나 보다. 이것을 경고로 들을 수 있어야 한다.

6:6 골방에 들어가. 기도는 '나와 하나님 사이의 대화'다. 그렇다면 하나님만 들으시면 되는 것 아닐까? 물론 함께 기도하는 기도도 있다. 그러나 기도의 기본은 사람이 들으라고 하는 것이 아니라 하나님께서 들으시는 것이다.

6:7 중언부언하지 말라. 공허한 말로 가득한 기도를 말한다. 무슨 말을 했는지 모르니 했던 말을 또 하고 또 한다. 의미 없는 미사어구나 반복어구가 많다. 누가 기도 잘한다고 생각하는가? 가장 좋은 대화는 '진실'아닐까? 화려한 수식어가 아니라 자신의 마음을 진솔하게 말하는 것이다. 그리고 하나님의 마음을 헤아리는 것이다.

6:9 이렇게 기도하라. 기도의 방법이 아니라 기도의 내용을 가르치신 것이다. **하늘에 계신 우리 아버지여.** 우리가 하나님 앞에 서서 대화하기를 원하신다. 하나님을 부르는 것이다. 우리의 마음이 하나님 앞에 서는 것을 말한다.

6:10 나라가 임하시오며. 주기도문은 2+7 구조다. 하나님을 부르며 문을 열고 들어가는 행위와 송영으로 찬양하면서 뒷걸음쳐 문들 닫고 나오는 것이 앞뒤로 있다. 그리고 그 안에 내용 7가지가 있다. 하나님 영광, 하나님 나라, 하나님 뜻, 일용할 양식, 죄사함, 시험, 악한 영에서 구원이다. 하나님은 우리가 이러한 내용의 기도를 하기를 원하신다. 자녀의 시험 문제이든, 코로나19이든, 직장 문제이든 7가지 주제에 대입하여 생각하면서 기도해 보라. 그러면 하나님께서 기뻐하시는 방향이 된다. 하나님의 마음을 더 잘 들을 수 있게 될 것이다. 하나님께서 기뻐하시는 내용이기 때문이다.
기도는 우리가 천국을 살아가는 중요한 수단이다. 세상나라가 눈에 보이니 그것을 위해 살다가 기도하면 천국이 보이고 다시 방향을 바꾸어 천국을 살아가게 된다. 우리는 연약하여 기도마저 기막히게 세상 나라로 변질시키곤 한다. 깨어 기도해야 한다. 우리의 기도가 세상 나라를 살아가는 도구가 아니라 천국을 보고 살아가는 도구가 되게 해야 한다.

6:16 금식할 때에 너희는 외식하는 자들과 같이 슬픈 기색을 보이지 말라. 금식은 하나님 앞에 겸허히 엎드리는 것이다. 자신이 죄인이라는 것을 알고 자신을 괴롭게 하는 것이다. 자신의 욕구를 누르고 하늘을 바라보는 것이다. 그렇게 하나님 앞에 죄인의 모습으로 하는 것이 금식인데 그것을 배우가 연극하듯 사람들에게 보이기 위해 금식하며 자신을 드러내는 것은 금식정신의 반대로 가는 것이다.
성경에는 공식적으로 1년에 한 번 금식을 하게 되어 있다. 7월 10일 속죄일이다. 우리는 그 날이 대제사장이 제사드리는 날만이 아니라 그리스도의 속죄를 의미하는 날이라는 것을 안다. 예수 그리스도께서 우리의 죄를 위하여 대속하셨다. 그 날은 나를 자랑하는 날이 아니라 나를 철저히 깨트리는 날이어야 한다.

6:18 아버지께 보이게 하려 함. 바리새인들은 보통 일주일에 두 번 금식하였다. 오늘날 사람들 중에는 40일 금식을 몇 번 했다고 명함에 기록하여 다니는 사람도 있다. 대단한 열정이다. 그러나 그들의 금식이 자신들을 드러내는 금식으로 흐른 경우가 많다. 모든 바리새인이 그런 것은 아니겠지만 많은 사람들이 금식을 통해 죄인임을 고백하는 것이 아니라 자신의 경건을 드러내었던 것 같다. 명함에 40일 금식 횟수를 적어서 다니는 사람은 확실히 금식이 죄인 이야기가 아니라 의인 이야기로 변질된 것이다. 금식은 세상의 것에 취하지 않고 천국을 바라보는 사람이 자신의 죄를 생각하며 겸허히 자신을 깨트리는 시간이다. 우리가 오늘날 혹 금식이라는 구체적인 것을 행하지는 않을지라도 그렇게 하나님 앞에 자신을 깨트리는 행위를 하는 것은 귀한 일이다.

6:19 보물을 땅에 쌓아 두지 말라. 경건의 3가지에 대해 말씀하신 이후 천국인의 삶에서 실제적인 것을 몇 가지 더 말씀하셨다. 동전과 옷이나 음식 등을 총칭한다면 '돈'이라 할 수 있을 것이다. 오늘날은 은행에 넣어 두면 이자도 주고 더 안전하고 좋다. 그러나 여전히 실제적으로는 '좀과 동록이 해하며 도둑이 도둑질하는 일'이 일어난다. 그것은 꼭 그런 행동만이 아니라 돈을 잃게 되는 경우로 확장하여 해석할 수 있다. 많은 돈을 가졌다가 금세 잃어버린 사람들이 많다.

6:20 보물을 하늘에 쌓아 두라. 돈을 저축하는 것은 미래에 투자하는 것이다. 창고나 은행에 돈을 두면 당장 사용하는 것이 아니다. 그래도 마음이 뿌듯하고 행복하다. 미래가 든든하기 때문이다. 천국에 쌓는 것도 조금 나중의 일이긴 하지만 여전히 미래에 투자하는 것이다. 이 투자는 잃을 일이 없다고 말씀한다.

6:21 **보물...마음도 있느니라.** 보물을 천국에 쌓아야 하는 가장 중요한 이유를 말씀한다. 보물을 땅에 쌓으면 그곳에 마음을 주고, 하늘에 쌓으면 그곳에 마음을 주게 된다. 보물보다 마음을 주는 것이 더 중요하다. 그래서 보물을 하늘에 쌓아 마음이 하늘에 있도록 하기 위해 하늘에 쌓으라 말씀한다. 하늘에 쌓는다는 것은 헌금만 의미하는 것은 아니다. 천국을 위해 사용하는 모든 것을 의미한다.

6:22 **눈은 몸의 등불이니.** 돈을 어떻게 사용하느냐는 그 사람의 마음과 삶을 말해준다. 눈을 감으면 온 몸이 빛을 보지 못한다. 그것처럼 돈을 잘못 사용하면 인생에 어둠이 임할 것이다. 눈 감고 사는 인생과 같다.

6:24 **한 사람이 두 주인을 섬기지 못할 것이요.** 종이 주인을 섬기는 것을 의미한다. 돈은 욕심이 강하여 사람들을 종으로 만든다. 돈의 종이 되면 하나님을 왕으로 섬길 수 없게 된다. 그래서 돈 문제에 있어서는 사생결단을 내야 한다. 내가 하나님을 섬기고 있는 것인지 돈을 섬기고 있는지 분명하게 해야 한다.

6:25 **몸을 위하여 무엇을 입을까 염려하지 말라.** 세상 백성의 마음의 가장 큰 특징은 '걱정'이다. 세상 사람들은 당장 먹고 살아야 할 것 때문에 걱정한다. 늘 걱정한다. 미래도 늘 준비해야 한다. 누구도 나를 위해 대신 준비해 줄 사람이 없다. 의식주를 채우기 위해 살다 보면 어느새 주객이 전도된다. **목숨이 음식보다 중하지 아니하며.** 세상 사람들은 사람보다 돈이 더 중요하고 인생보다 돈이 더 중요한 것처럼 산다. 존재에 대한 생각보다 돈을 버는 것에 대해 더 많이 생각한다.

6:26 **공중의 새...아버지께서 기르시나니.** 공중의 이름 모를 새도 먹을 것을 위해 창고를 만들지 않으나 하나님께서 먹여살리신다. 사람은

하늘을 나는 새보다 더 귀한 존재다. 그렇다면 먹을 것을 위해서만 살도록 의도하지 않으셨을 것이다.

6:27 키를 한 자라도 더할 수 있겠느냐. '인생을 한 시간이라도 늘릴 수 있겠느냐'라고 번역하는 것이 더 좋을 것 같다. 염려한다고 인생이 더 늘려지는 것이 아니다. 오히려 염려로 인생은 짧아진다. 인생의 귀한 시간을 쓸데없이 걱정하면서 보내는 시간이 인생을 짧게 하는 주범이다.

6:30 믿음이 작은 자들아. 사람들이 관심도 주지 않는 들 풀도 하나님께서 예쁜 옷을 입히시는 데 사람들이 무엇을 입을까 염려하는 것은 믿음이 작기 때문이다. 걱정하는 것은 믿음이 작은 자의 특성이다. 자신이 걱정이 많은 사람이라면 그것은 성격이 아니라 믿음이 없는 것이다. 하나님을 신뢰하지 않기 때문이다. 자신이 걱정이 많은 사람이라면 '걱정이 많은 것'을 걱정해야 한다.

6:31-32 하늘 아버지께서...아시나니. 우리에게 필요한 것은 하나님께서 이미 다 아신다. 하나님은 전능하신 분이다. 전능하신 분께서 다 아시면서 주지 않으신다면 다 이유가 있기 때문이다. 능력이 없으셔서 주지 않으시면 우리라도 우리 걱정을 해야 한다. 그러나 그것이 아니라면 우리가 걱정할 것이 전혀 아니다. 우리는 능력 없는 것 때문에 걱정하는 것에 매우 익숙하다. 그러나 우리가 천국인이 되는 순간부터 능력은 우리 것이다. 천국의 왕이신 하나님께서 전능하신 분이다. 우리를 사랑하시는 분이다. 그러니 능력은 전혀 문제가 되지 않는다.

6:33 먼저 그의 나라와 의를 구하라. 나에게는 돈이 필요한데 하나님께서 그러한 것 전에 '먼저' 그의 나라와 의를 구하라 하셨다. 하나님의 나라와 하나님의 법을 구하는 것이다. 고등학교 때부터 이

말씀이 너무 궁금하였다. 대학교 1학년 때 이 말씀을 깨달았다. 우리가 이 땅에서 구해야 하는 것이 '천국(하나님 나라)'인 것을 알았다. 이 땅에서 이루어 가야 하는 천국이 있고 그것이 인생의 목적이어야 함을 깨달았다. 인생은 의식주를 채움으로 행복한 것이 아니라 천국이 채워짐으로 행복해진다는 것을 깨달았다. 그래서 의식주가 아니라 내 안과 밖에 천국을 확장하면서 사는 것이 인생의 목적이 되었고 그것을 구하면서 살았다. 그래서 행복했다.

6:34 내일 일을 위하여 염려하지 말라. 과도한 걱정을 할 필요가 없다. 사람들이 의식주에 희망을 두면 그것에 과도한 걱정을 한다. 많이 가지고 있으면서도 걱정을 한다. 그러나 의식주에 희망을 두는 것이 아니라 천국에 희망을 두면 조금 있어도 만족하고 없으면 조금 걱정되지만 진짜 중요한 천국이 우리에게 있으니 걱정을 조금 한다. 하나님을 신뢰하기 때문이다.

7 장

7:1 비판하지 말라. '비판'이라고 번역한 단어는 가치를 판단하는 것, 하나님의 심판, 판단 및 비판 등으로 사용한다. 긍정적인 의미로 사용할 수도 있고 부정적인 의미로 사용할 수도 있다. 오늘 본문은 부정적인 상황에서 사용하는 것에 대한 말이다.

7:3 형제...티...네 눈 속에 있는 들보. 과장법이다. 우리의 본성이 자신의 허물을 보지 못하고 다른 사람의 허물을 잘 본다는 사실을 과장해서라도 기억해야 한다. 그렇게 많이 과장해도 여전히 우리는 자신의 허물보다는 남의 허물이 잘 보일 것이다. 우리의 눈은 다른 사람의 눈을 늘 보면서 자신의 눈은 거울을 보아야만 볼 수 있기

때문이다.

7:6 진주를 돼지 앞에 던지지 말라. 1-5절이 자기 입장의 판단으로 결국은 잘못된 정죄를 하는 것에 대한 말씀이라면 6절은 바른 판단을 통해 얻어진 정보에 대한 이야기다. 바른 판단과 충고라 할지라도 상대가 받아들일 수 없으면 하지 않는 것이 더 좋다는 말씀이다. 내가 하는 충고가 나의 만족을 위한 것인지 진정 그를 위한 것인지를 잘 생각해 보아야 한다. 충고는 나의 만족을 위해 하는 것이 아니라 그 사람을 세워주기 위해 하는 것이다. 아무리 좋은 충고라 할지라도 상대방을 세우는 충고가 아니라 넘어뜨리는 충고라면 '돼지에게 진주를 던진 것'처럼 진주를 주었으니 잘 한 것이 아니다. 진주를 밟는 돼지가 문제가 아니라 돼지에게 진주를 던진 사람이 잘못한 것이다.

7:7 구하라...찾으라...두드리라. 이 구절은 주로 기도를 강조하는 구절로 사용한다. 그럴 수 있다. 그런데 기도 응답에 대한 것보다는 '천국을 찾는 것'에 대한 말씀일 가능성도 높다. 그것이 문맥에서 훨씬 더 자연스럽다. 사람과의 관계에 있어서는 너무 기대하지 않는 것이 필요하다. 너무 기대하다 보니 계속 불평과 비난을 하게 된다. 그런데 하나님과의 관계에서는 더 많이 기대하는 것이 필요하다. 우리가 천국을 알고 하나님을 아는 것 같으나 실상은 많이 부족하다. 우리가 세상의 것을 찾는 것이 아니라 천국을 찾고 하나님을 찾는 것이 무엇보다 더 중요하다. 천국을 알고 하나님을 아는 것만큼 위대하고 귀한 것이 없다.

7:9-10 아들이...생선을 달라 하는데 뱀을 줄 사람이 있겠느냐. 우리가 천국을 찾으면 유사 천국에 속지 않게 될 것이다. 우리가 천국을 찾을 때 하나님께서 천국이 아닌 이상한 것을 알려주지 않으신다. 사람들이 천국을 알지 못하는 것은 천국이 아니라 엉뚱한

것을 찾기 때문이다. 천국을 찾아야 한다. 하나님을 찾아야 한다.

7:11 아버지께서 구하는 자에게 좋은 것으로 주시지 않겠느냐.
사람들과의 관계는 많이 깨진다. 부모가 자식을 향한 마음만 그래도
조금 순수하게 남아 있는데 그것마저 깨지는 것을 본다. 그러나
하나님은 신실하신 분이다. 천국을 찾고 하나님을 찾으라. 필연코
주실 것이다.

**7:12 남에게 대접을 받고자 하는 대로 너희도 남을 대접하라 이것이
율법이요 선지자니라.** 결론 부분이다. 이 구절은 조금 더 큰 개념을
생각하게 한다. '하나님을 사랑하고 이웃을 사랑하라'는 율법의
강령처럼 황금률 또한 율법의 강령으로 해석할 수 있다. 그러나
그것보다는 7장 1절부터 시작된 관계에 대한 결론으로 보는 것이 더
나을 것 같다. 내용이 관계에 대한 것이기 때문이다.
'사람과 사람' 더 나아가 '사람과 하나님'의 관계까지 우리는 조금 더
상대방을 인정해야 한다. '나의 너'의 관계로 인정해 주어야 하는데
사람들은 이기주의로 인하여 상대를 인정하지 못할 때가 많다. 오직
'나'만 있다. 우리는 사람의 마음과 하나님의 마음을 생각하면서
인정해야 한다. 상대방을 인정해야 돈독한 관계가 된다.

7:13-14 문은 좁고 길이 협착하여 찾는 자가 적음이라. 천국은
참으로 존귀하다. 산상수훈 앞 부분을 통해 천국 백성이 되는 길과
법과 삶에 대해 이야기하셨다. 사람들이 그것을 듣고 천국에 가고
싶은 마음이 들 수 있다. 그런데 '실제로 천국인이 되는 사람은
적다'고 말씀하신다. '생명으로 인도하는 문'은 예수 그리스도를 믿는
것이다. 수많은 사람 중에 예수 한 분이니 그 문은 참으로 좁다.
그런데 예수님을 믿는다는 것은 예수님의 뜻을 행하는 것이다. 그래서
더욱더 좁은 문이 되고 적은 사람이 찾는 곳이 된다.
천국문이 아닌 다른 문들은 넓다. 제약이 없다. 개인의 욕구대로 해도

된다. 그래서 찾는 사람이 많다. 그러나 천국문은 좁다. 제약이 많다. 예수님께서 산상수훈에서 가르치신 것을 '이상'으로만 생각하는 사람들이 있다. 그렇지 않다. 예수님은 그 백성이 실제로 걸어가야 하는 길로서 산상수훈을 주셨다.

7:15 거짓 선지자들을 삼가라 양의 옷을 입고 너희에게 나아오나. '양의 옷'을 입은 모습이 무엇일까? 좁은 문을 넓은 문이라고 가르치는 사람들이다. 그들의 가르침은 양의 옷처럼 보인다. 전혀 문제가 없어 보인다. 그러나 그들의 가르침은 양의 옷일 뿐 실제로는 노략질하는 이리다. 그들은 자신들의 뱃속을 채우기 위해 그렇게 말하는 것이다. 예수님은 천국문이 좁다고 하셨다.

7:16 열매로 그들을 알지니. '열매'로 구분해야 한다고 말씀하신다. 열매는 행동에 대한 가장 일반적인 상징이다. 그들의 교회에 많은 사람이 다니게 되는 것을 열매라 말하는 것이 아니라 그들의 행동이 어떠한지를 통해 분별해야 한다. 우리는 사람을 심판하지 말아야 하지만 거짓 선지자는 구분해야 한다. 판단해야 한다. 판단할 때 기준은 '그들의 행동'이다. 예수님을 믿는다는 고백은 반드시 행동으로 나타나야 한다. 열매로 나타나야 한다. 만약 나타나지 않으면 그것은 거짓 믿음이다.

7:21 나더러 주여 주여 하는 자마다 다 천국에 들어갈 것이 아니요. 예수님을 '주님'으로 고백한다는 것은 대단한 고백이다. 그러나 그것으로 믿음이 된 것은 아니다. 입술의 열매도 귀하다. 그러나 입술의 열매는 거짓일 가능성 또한 가지고 있다. **아버지의 뜻대로 행하는 자라야 들어가리라.** 예수님을 '주여'라고 말하면서 주인되신 예수님의 뜻을 행하지 않으면 그것은 예수님을 주님으로 받아들인 사람이 아니다. 오직 예수님의 뜻을 행하는 사람만 예수님을 왕으로 받아들인 사람이다.

7:22 주의 이름으로 선지자 노릇하며 주의 이름으로 귀신을 쫓아내며 주의 이름으로 많은 권능을 행하지 아니하였나이까. 진짜 천국인이 아니면서도 스스로 천국인이라고 착각하는 경우도 많다. 주의 이름으로 가르치고 악한 영을 이기며 권능을 행하면 그것이 열매라고 생각한다. 외적인 큰 성과를 열매라고 생각한다. 그러나 열매는 오직 '주님의 뜻'을 행하는 것이다. 힘이 많고 예수님의 이름으로 많은 역사가 일어났어도 예수님의 뜻이 아닌 것이 많다. 오늘날도 교회 성도 숫자가 많으면 '열매'로 생각하는 사람들이 많다. 그러나 그것은 결코 열매가 아니다. 오히려 그렇게 되기 위해 주님의 뜻을 어기는 모습을 참으로 많이 보았다. 작은 교회 목회를 하면 '열매가 없다'고 말하기도 한다. 참으로 잘못된 생각이다. 주님의 뜻은 각 사람을 향하여 다르다. 저마다의 사명이 다르다. 주님의 뜻에 순종하는 행동이 열매다.

7:24 이 말을 듣고 행하는 자는 그 집을 반석 위에 지은. 집을 모래 위에 짓는 사람이 있고 반석 위에 짓는 사람이 있다. 갈릴리 해변에 집을 지을 때 여름에는 모래가 단단하여 그 위에 집을 지어도 괜찮을 것 같이 보인다. 그러나 우기 때 비가 많이 내리면 모래는 금세 흐물흐물해진다. 그래서 모래 밑으로 3미터 이상을 파서 반석이 나오면 그것을 기초로 하여 집을 지어야 한다. 그렇게 지어 놓은 건물은 일단 겉으로 보기에는 전혀 다르지 않다. 그러나 실제로는 완전히 다르다.

7:26-27 비가 내리고 창수가 나고 바람이 불어 그 집에 부딪치매 무너져. 말씀을 듣고 행하지 않으면서도 이 땅에서는 교회 생활을 할 수 있다. 그러나 '그날에'(심판날에)는 드러날 것이다. 비가 내리고 바람이 불면 모래위에 지은 집은 허무하게 무너지는 것처럼 말씀을 듣기만 하고 행함이 없으면 심판날에 철저히 무너질 것이다. '모래'에 짓는 집은 듣기만 하고 행함이 없는 신앙생활을 의미한다. 그러기에 산상설교를 잘 듣고 그것이 나의 삶에서 어떻게 적용되어야 하는지를

잘 생각해 보아야 한다.

8 장

산상수훈(5-7장)이 끝나고 예수님이 행하신 10개의 치유와 기적 이야기(8-9장)가 이어진다. 아마 마태는 이것을 한 덩어리로 의도한 것 같다. 천국에 대한 이야기다. 천국에 대한 예수님의 말씀과 행하심을 말하고 있다. 예수님의 치유와 기적 이야기에서 우리가 기억해야 할 것이 있다. 천국을 가리키고 있는 치유와 기적 이야기에 너무 집중하지 말아야 한다는 것이다. 손가락이 아니라 손가락이 가리키는 것을 보아야 한다.

8:2 저를 깨끗하게 하실 수 있나이다. 그는 자신이 나을 수 있다고 확신하고 있었던 것으로 보인다. 당시 나병은 나을 수 없는 병으로 인식되었다. 게다가 나병 환자는 사람들이 있는 곳으로 나오면 안 된다. 그는 당시의 통념과 법을 어기고 나왔다. 법을 어겼으니 어긴 것에 대해 책임을 지겠다는 단단한 마음을 먹고 왔을 것이다.

8:3 손을 내밀어 그에게 대시며 이르시되 내가 원하노니 깨끗함을 받으라. 나병 환자를 만지면 만지는 사람도 부정해진다. 그러나 예수님은 천국의 왕이셔서 부정한 것에 의해 부정해지는 것이 아니라 부정한 것을 정하게 하시는 분이셨다.
나병 환자를 치유하신 사건은 마태가 전하는 예수님의 첫 기적이다. 왜 예수님이 치유하신 첫 사람으로 부정한 나병환자를 말하고 있을까? 오히려 나병 환자이기 때문에 그러했을 것이다. 천국은 나병환자에게도 열린 곳이다. 이전에 사람들은 내용보다는 외적인 것에 신경을 더 많이 기울였다. 사람들이 그러하다. 그러나 예수님은 앞에서 천국복음과 법을 말씀하시고 그러한 천국복음을 찾는 사람이라면 그가 나병 환자라 할지라도 천국 백성이 될 수 있음을 말씀하신 것이다.

8:5-6 한 백부장이 나아와 간구하여 이르되. 백부장이 직접 온 것으로 여길수 있지만 백부장의 심부름으로 다른 사람을 보낸 것 또한 이렇게 표현할 수 있다. 백부장이 보낸 사람들이 그의 말을 대신 전하고 있는 것으로 보인다(눅 7:2-3).

'백부장'은 로마 군대의 100명의 병사(보통 60명-100명으로 구성)를 지휘하는 사람을 말한다. 가버나움에 있었던 것으로 보아 그는 로마군대의 직속 군대이기 보다는 갈릴리 지역의 분봉왕 헤롯 안티파스 군대의 백부장으로 보인다. 헤롯 안티파스의 군대는 로마의 군대 체계를 따르고 유사시 로마의 군대로 편입되기도 하였다. 안티파스의 군대는 구성원이 주로 비유대인 용병으로 되어 있었다.

8:7-8 내가 가서 고쳐 주리라. 예수님의 전체 사역에서 이방인의 집에 들어가서 고쳐 주신 적은 한 번도 없다. 그렇지만 예수님은 백부장의 집에 들어가서 고쳐 주겠다고 말씀하셨다. 이 말씀을 문법적으로는 의문문으로 해석해도 된다. 그런데 병행구절인 누가복음 7장을 함께 살펴볼 때 예수님은 실제로 백부장의 집을 향해 떠났다는 것을 볼 수 있다. 예수님은 그렇게 아주 특별하게 백부장의 하인을 고쳐주고자 하셨다.

주여 내 집에 들어오심을 나는 감당하지 못하겠사오니 다만 말씀으로만 하옵소서. 예수님이 백부장이 보낸 사람의 요청을 받아들여 백부장의 집으로 가고 있었을 때 그 소식을 들은 또 다른 무리의 하인이 예수님께 나왔다. 백부장은 이방인으로 유대인의 방문을 어려워한 것이 아니라 '주님'의 오심을 어려워하였다. 그는 예수님을 주님으로 믿고 있었다. 그리고 말씀만으로도 자신의 하인을 고쳐주실 수 있는 분으로 믿었다.

8:11-12 동 서로부터 많은 사람이 이르러 아브라함과 이삭과 야곱과 함께 천국에 앉으려니와. 백부장과 그의 하인은 이방인이다. 백부장의 하인을 고쳐준 것은 천국에 이방인도 들어갈 수 있음을 말하는 것이다. 유대인이 천국에 들어가는 것이 아니다. 믿음의 사람이 천국에 들어간다. 이것은 당시 유대인이라는 자부심 하나로 살던 유대인들에게 매우 충격이었을 것이다.

8:15 열병이 떠나가고. 예수님은 베드로의 장모의 열병을 고쳐 주셨다. 이 치유는 '여인'을 치유하였다는 것에 의미가 있다. 당시 여인들은 소외된 사람들이었기 때문이다. 예수님은 나병 환자, 이방인, 여인을 치료하심으로 소외된 이들을 긍휼히 여기셨다. 그들은 모두 천국에서 동일한 사람들인데 세상에서는 편견으로 고통받고 힘들게 살고 있었기 때문에 그들을 치료하시며 그들에게 천국을 알리신 것이다.

8:16 말씀으로 악령들을 쫓아 내시고. 예수님께서 대속자 이시며 천국 왕의 권위를 보여준다. **병든 자들을 다 고치시니.** 그들 모두를 긍휼히 여기셨다. 그러나 그들이 알아야 할 것이 있다. 그들이 고침을 받은 것은 천국을 가리키는 손가락이다. 병고침을 받은 사람들은 다시 병에 걸릴 것이다. 병고침은 천국에 대한 맛보기일 뿐이다. 맛보기를 통해 천국을 알고 천국을 사모하도록 하는 것이다.

8:17 우리의 연약한 것을 친히 담당하시고 병을 짊어지셨도다. 모든 치료의 궁극적 방법은 십자가의 대속이다. 모든 치료는 예수님께서 그들의 죄를 대신 짊어지심을 의미한다.

8:18 건너편으로 가기를 명하시니라. '건너편으로'는 보통 갈릴리 호수의 동과 서를 가로질러 갈 때 사용한다. 떠나시는 것은 제자들을 약간 추리는 역할을 하기도 하였을 것이다. 몰려드는 사람들을 뒤로

하고 제자들과 함께 떠나시는 것이다.

8:19 선생님이여 어디로 가시든지 저는 따르리이다. 그는 예수님을 따르는 제자였던 것으로 보인다. 서기관은 가장 전문적인 성경교사다. 그런 그가 예수님을 '선생님'으로 부르고 있다. 존경하는 호칭이다. 그러나 다른 사람들이 '주님'이라고 부르는 것과는 확실히 다른 호칭이다.

8:20 인자는 머리 둘 곳이 없다. 예수는 편한 길 가시는 분이 아니다. 그의 제자도 편한 길을 가는 것이 아니다. 제자가 된다는 것이 '머리 둘 곳이 없게 된다'는 것을 의미하지는 않는다. 그러나 그럴 각오는 돼 있어야 한다.

8:21 내가 먼저 가서 내 아버지를 장사하게 허락하옵소서. 그는 예수님이 가버나움을 떠나시려 하자 어떤 것을 직감하였는지 '장사를 지내고 가겠노라'고 말하고 있다. 여기에서의 장사 지내는 것은 1.1년이 걸리는 전체 장사의 과정을 말하는 것 2.나이가 많아 앞으로 장사 지내게 될 것을 예상하는 것 3.장사 지낼 일이 급박하게 생겼는지는 명확하지 않다. 어떤 경우라도 장사는 사람이 해야 하는 가장 시급하고 중요한 일이다. 이것이 변명인 것만은 아닌 것 같다. 그는 '주여'라고 부르고 있다. 그는 앞의 서기관보다 조금 더 깨달은 제자로 보인다. 그러나 아버지 장례를 지내는 것이 고민이 된 것으로 보인다.

8:22 죽은 자들이 그들의 죽은 자들을 장사하게 하라. 이런 저런 설명 없이 말씀한다. 단호하고 너무 엄한 말씀처럼 보인다. 이 말씀은 오늘날 장례를 치르지 않아도 된다는 의미가 아니다. 예수님을 따르는 것이 최우선 순위임을 말씀하는 것이다. 단호한 예수님의 말씀을 새겨들어야 한다.

예수님은 앞(8:1-17)에서 세 가지 기적을 행하셨다. 세상의 소외되고 연약한 사람들을 고치심으로 모든 사람을 동일하게 천국으로 부르셨음을 가르치셨다. 그리고 이제 다른 세 가지 기적 소개를 통해 예수님이 어떤 힘을 가지고 계시는지 설명하신다.

8:24 예수께서는 주무시는지라. 바다에 강한 바람이 불어 큰 물결이 일어났다. 작은 배 안에 예수님이 주무시고 계셨다. 배의 목적지는 20km떨어진 곳이다. 한 두 시간이면 가는 거리다. 그런데 피곤하여 깊이 잠드셨다. 그림을 잘 그린다면 이 장면을 그리고 싶다. 배가 크게 흔들리고 있는데 예수님은 평안히 주무시고 계신다. 참으로 많은 것을 전하는 장면이다. 나는 이 장면을 좋아한다. 우리 모두의 삶도 이래야 한다고 생각한다. 열심히 일하셨다. 그래서 피곤하시다. 세상은 폭풍이 불 때가 있다. 그러나 그 폭풍에 아랑곳하지 않으시고 평안히 주무시고 계신다. 세상의 폭풍 속에서도 우리의 마음은 평안할 수 있었으면 한다.

8:25 주여 구원하소서 우리가 죽겠나이다. 마치 기도 같다. 그들은 주님께 부르짖는 믿음은 가지고 있었다.

8:26 어찌하여 무서워하느냐 믿음이 작은 자들아. 그들의 두려움에 대해 책망하셨다. 천국인은 이제 폭풍에 두려워할 필요가 없다고 가르치시는 것이다. 예수님은 바람과 바다를 꾸짖으심으로 잔잔하게 하실 힘을 가지고 계셨다. 천국인은 하나님을 그들의 왕으로 하여 사는 사람들이다. 그들이 바다를 잔잔하게 할 수는 없으나 예수님이 하실 수 있으니 그들은 두려워할 필요가 없다. **바람과 바다를 꾸짖으시니 아주 잔잔하게 되거늘.** 예수님이 바람을 꾸짖으셨다. 모든 자연 재해가 근본적으로는 죄의 영향이기 때문에 그것에 대한 꾸짖음이다. 예수님은 바람과 경쟁하는 관계가 아니라 통치하는 관계임을 보여주는 대목이기도 하다.

8:27 어떠한 사람이기에 바람과 바다도 순종하는가. 바람과 바다를 통제하시는 분은 오직 창조주 하나님만이 하실 수 있다. 예수님이 바람과 바다도 통제할 수 있다는 것은 제자들의 영광이다. 그들의 주인이 그러한 힘을 가지고 있으면 예수님과 함께 하는 그들은 그 힘의 우산 아래 있기 때문이다. 배를 타기 전에 제자가 된다는 것의 힘듦을 이야기하셨다. 제자가 된다는 것은 분명히 힘듦이 있다. 그러나 영광은 모든 힘듦을 다 상쇄하고도 남는다. 진정한 천국인이 되기 위해서는 이 영광을 알아야 한다.

8:28 귀신 들린 자. 그곳에서 악령이 들린 사람을 만나셨다. 개역개정은 '귀신'이라 번역하고 있지만 잘못된 번역이다. 사람의 영은 죽음 이후 세상에 남아 있지 못한다. 모두 악령(타락한 천사)이다. 악령은 죽은 사람의 영 인 것처럼 속이기도 하고 다양한 방식으로 사람들을 괴롭힌다. 힘도 강하여 초자연적인 현상들을 일으키기도 한다.

8:29 때가 이르기 전에. 주님의 재림과 심판을 말한다. 그러나 천국은 이미 임하였다. 예수님이 계신 곳에 악령은 더이상 힘쓸 수 없다.

8:32 돼지 떼에 들어간 악령이 곧바로 돼지 떼를 바다에 들어가게 하였다. 죽게 만들었다. 악령은 파괴적이다. 악령은 두 뿔 달린 존재가 아니다. 검은 망토를 입고 오는 것도 아니다. 악령은 매우 다양한 방법으로 다가온다. 때로는 천사의 모습이다. 분명 무서운 모습보다는 화려한 모습으로 더 다가올 것이다. 악령의 특징이 파괴적이라는 것을 잘 기억해야 한다. 오늘날 우리를 파괴하는 많은 것들이 있다. 중독, 집착, 우울증 등. 우리를 파괴하는 많은 것들에 대해 우리는 예수님을 의지해야 한다. 악령에 의한 것과 병에 의한 것이 나뉘지만 경계선이 분명하지는 않다. 분명한 것은 모든 일에 예수님을 의지해야 한다는 것이다. 우리를 파괴하려는 악한 세력에 속지 말아야 한다.

8:33-34 그 지방에서 떠나시기를 간구하더라. 일어난 모든 일을 돼지 떼를 치던 사람들이 시내에 들어가 사람들에게 알렸다. 그러자 사람들이 몰려와서 '떠나라' 요청하였다. 사람들은 예수님이 악령을 쫓아내신 사건에 매우 놀랐다. 그것은 큰 진리를 담고 있다. 그러나 그들은 건강해진 사람이 아니라 자신들의 재산에 관심이 더 많았다. 아이러니하게도 사람들은 늘 그렇다. 다른 재산에 손해가 더 가지 않도록 그곳에서 떠나시기를 요청하였다. 잃어버린 천국을 다시 찾아야 하는데 지금 쥐고 있는 작은 것을 놓치지 않으려고 한다. 그들이 잡고 있는 재산은 썩은 동아줄이다. 악령은 무덤 동굴에서 살고 있던 그 사람들에게만 영향을 미치고 있던 것이 아니라 마을에서 정상적으로 살고 있다고 생각하는 그들 속에서도 역사하고 있었다. 그들의 죄에서 해방시키실 예수님이 이방 지역인 자신들을 방문하셨는데 그들이 거부한 것이다.

9 장

9:2 네 죄 사함을 받았느니라. 예수님께서 중풍병자를 치료하여 주셨다. 이 일은 앞 부분에서 환자들을 치료하여 주신 것과 조금 다르게 전개된다. 환자를 치료해 주시는 일이 아니라 '죄를 사해 주심'에 초점이 맞추어 있다.

9:3 신성을 모독하도다. 성경 사본을 만들고 가르치는 전문가 그룹인 서기관들이 예수님의 말씀을 듣고 매우 분개하였다. 죄를 사하는 권세는 오직 하나님만 가지고 있기 때문에 예수님이 신성모독을 하였다 생각하였다. 그들은 예수님을 하나님이라는 생각을 꿈에도 하지 못하였기 때문에 신성모독이라고 생각하였다.

9:5 죄 사함을 받았느니라 하는 말과 일어나 걸어가라...어느 것이 쉽겠느냐. 예수님은 중풍병에 걸린 환자를 통해 예수님께서 죄를 사해 주시는 권능을 가진 분이라는 사실을 증거하고자 하셨다. 이 말씀은 매우 현학적이다. 말만 떠드는 사람에게는 '네 죄 사함을 받았느니라'는 말이 쉬울 것이다. 말의 효력이 보이는 것이 아니기 때문이다. 그러나 실제로는 '네 죄 사함을 받았느니라'는 말이 훨씬 더 어려운 말이다. 오직 하나님만 죄를 사할 권세가 있기 때문이다.

9:6 인자가 세상에서 죄를 사하는 권능이 있는 줄을 너희로 알게 하려 하노라. 예수님께서 '네 죄 사함을 받았느니라'고 말씀하신 것은 그렇게 하시는 것이 쉬워서 그렇게 하신 것이 아니라 어려워서 하신 것으로 드러났다. 곧 말로만 하신 것이 아니라 가장 어려운 일 즉 하나님으로서 죄를 사하시는 일을 행하신 것이다. 예수님이 행하신 일이 어려운 것이라는 것을 알 수 있는 것은 이어서 '일어나 네 침상을 가지고 집으로 가라'하셨기 때문이다. 병을 고치시는 일이 어려운 일 같았으나 예수님은 아주 쉽게 하셨다. 그러니 예수님은 하나님으로서 죄를 사하시는 어려운 일을 하신 것임을 증명하신 것이다.

9:9 마태라 하는 사람이 세관...나를 따르라 하시니 일어나 따르니라. 예수님께서 마태를 부르셨다. 마태는 조세를 걷는 사람이기 보다는 관세를 걷는 사람으로 보인다. 외국인들을 대하기 때문에 똑똑했을 것이다. 그러나 그는 세리였다. 헤롯 안티파스를 위해 일하는 세리이지만 그 이면에는 로마가 연결되기 때문에 세리에 대한 좋지 않은 인식이 그대로 이어졌을 것이다. 예수님이 마태를 부르셨을 때 마태는 즉각 응답하였다. 그의 직업이 좋았고 그것을 위해 많이 공부하였으나 그 모든 것을 과감히 버리고 예수님을 따랐다. 그가 이전에 예수님을 어떻게 접하였는지는 나오지 않는다. 그러나

가버나움에서 예수님을 모르면 간첩일 것이다. 그는 예수님에 대해 충분히 알고 있었고 자신의 죄에 대해서도 깊이 생각하였을 것이다.

9:11 어찌하여 세리와 죄인들과 함께 잡수시느냐. 예수님은 십일조와 정결의식을 잘 지키신 것으로 보인다. 그래서 바리새인들의 비난을 받지 않으셨는데 세리의 집에 들어가고 식사하는 것을 금지하는 구전법을 어기셨다.

9:12 건강한 자에게는 의사가 쓸 데 없고 병든 자에게라야 쓸 데 있느니라. 의사는 건강한 사람을 돌보는 것이 아니라 병든 사람을 돌본다. 그렇다면 예수님은 바리새인들을 건강한 사람으로 생각하시는 것일까? 아니다. 바리새인들이 생각하기에 그들은 건강하였다. 세리는 병든 자다. 백 번 양보해서 그것을 인정한다면 예수님은 더더욱 더 세리들과 함께 하셔야 한다. 그들을 치료해야 하기 때문이다. 그런데 중요한 것은 바리새인들이 자신들이 건강하다고 생각하지만 그들도 실상은 죄인이다. 병든자다. 그런데 그것을 인식하지 못함으로 그들은 그 병으로 죽게 될 것이다.

9:13 긍휼을 원하고 제사를 원하지 아니하노라. '긍휼' 없는 제사는 앙꼬 없는 찐빵이다. 바리새인들이 지키고 있는 제사가 긍휼이 있는 제사인지 아니면 겉모양만 있는 것인지 잘 생각해 보아야 함을 말씀하셨다. **나는 의인을 부르러 온 것이 아니요 죄인을 부르러 왔노라.** 사실 우리 모두 죄인이다. 우리 모두 죄사함이 필요하다. 그것을 모르고 겉 모양을 조금 지키고 있다고 자신의 죄를 보지 못하고 타인의 죄만 보고 있다면 그들은 참으로 불쌍한 사람이다.

9:14 금식. 세례 요한의 제자들이 다가와 예수님의 제자들이 왜 금식하지 않는지 물었다. 당시 경건의 3대 지표가 구제, 기도, 금식이었다. 예수님의 제자들이 금식하지 않는 것을 보고 의아한 것은

어찌보면 당연하다. 바리새인들은 일주일에 두 번씩 금식하고 있었고 세례요한의 제자들은 아마 더 하고 있었을 것이다.

9:15 신랑을 빼앗길 날이 이르리니 그 때에는 금식할 것이니라. 결혼식에서 금식하는 것이 아니다. 예수님이 그들과 함께 있으니 금식이 아니라 힘을 내 잘 배워야 한다. 이후에 신랑을 빼앗기면 금식할 것이다. 금식은 자아를 죽이는 좋은 방법이었다. 성경은 대속죄일에 금식할 것을 명하고 있다. 그러나 그 이상은 문화적 측면이 강하다. 먹는 것이 부족하고 중요한 부분을 차지하던 과거에는 금식이 중요한 경건의 훈련이었겠으나 예수님 때에는 그 효능이 많이 줄었다. 초대교회도 금식을 하기는 하지만 중요한 부분은 아니었다. 오늘날은 더욱더 그러하다. 오늘날에도 여전히 금식이 유효하고 대속죄일에 준하는 예수님의 고난주간에 금식을 많이 하기도 한다. 그러나 그것이 훈장이 되어서는 안 된다.

9:16 생베 조각을 낡은 옷에 붙이는 자가 없나니. 믿음은 관계다. 금식하면 되는 것이 아니라 금식을 통해 자신이 죽고 그리스도가 사는 것이 되어야 한다. 만약 금식이 돋보이고 그리스도가 없다면 참된 금식이 아니다. 생베 조각이 그러하다. 다른 천들이 다 오그라들어 있는데 생베 조각이 들어가면 성질이 달라 옷은 오히려 더 찢어질 것이다.

9:17 새포도주는 새 부대에 넣어야 둘이 다 보전되느니라. 포도주와 가죽 부대의 관계가 중요하다. 포도주의 발효와 가죽부대의 팽창을 생각해야 한다. 그리스도와의 바른 관계가 아니라면 아무리 많은 금식도 무익하다.

9:18 살겠나이다. 한 관리가 자신의 딸을 고쳐주시길 간구하고 있다. 길을 오다 '죽었다'는 소식을 들었음에도 불구하고 주님의 손을 얹으면

살 것이라는 믿음을 가졌다. 참으로 대단하다. 어찌 죽은 자가 살아날 수 있다는 믿음을 가질 수 있었을까? 그는 예수님을 믿었다. 죽은 자가 살아날 것이라는 믿음을 가졌고 그 믿음대로 되었다. 그의 딸이 죽었다가 살아난 것이 놀라운 일이 아니다. 그가 죽은 딸이 살아날 것이라고 믿은 것이 더욱더 놀라운 일이다. 딸은 살아났어도 다시 죽을 것이지만 그 관리는 그 믿음으로 영원히 살 것이다.

9:20-21 혈루증으로 앓는 여자. 관리의 딸을 구하러 가는 중에 한 사건이 더 일어났다. 12년이나 혈루증을 앓고 있어 모든 것을 포기했을 한 여인이 예수님 소식을 들었고 '겉옷만 만져도 구원을 받겠다'는 믿음을 가졌다. 그는 예수님을 향한 믿음을 가졌다. 예수님이 그 믿음을 보셨다.

9:22 네 믿음이 너를 구원하였다. 그 여인이 예수님의 옷자락을 만졌기 때문에 고침을 받은 것이 아니라 예수님을 향한 믿음을 가졌기 때문에 고침을 받았다.
오늘날 믿음을 가지면 모든 병이 고침을 받는 것은 아니다. 그러나 중요한 것이 있다. 죽었다가 살아난 여인이나 12년 동안 혈루증으로 고생을 하던 여인이 믿음으로 얻은 것은 살아난 것이나 병 고침을 받은 것이 아니다. 중요한 것은 믿음으로 구원을 얻은 것이다. 오늘날 우리들이 병고침을 받지 않아도 믿음으로 주를 바라보면 우리는 동일하게 구원을 받는다. 우리의 병이 고침을 받는지 그렇지 않은지는 믿음의 요소가 아니다. 믿음은 우리가 하나님을 믿는 것이지 우리의 병고침을 믿는 것이 아니다.

9:27 다윗의 자손이여. 메시야에 대한 또 하나의 표현이다. 예수님을 확실히 메시야로 고백하고 있다. 그들은 맹인이 눈을 뜬 이야기를 들어보지 못하였을 것이다. 그런데 맹인을 고치는 유일한 분이 있다. "그 때에 맹인의 눈이 밝을 것이며 못 듣는 사람의 귀가 열릴 것이며" (사 35:5) 메시야에 대한 말씀이다. 예수님이 메시야라는 소식에

희망을 가지고 예수님께 자신들의 눈을 뜨게 해 달라고 요청하고 있는 것이다.

9:28 내가 능히 이 일 할 줄을 믿느냐. 예수님의 질문에 맹인들은 '주여 그러하오이다'라고 강하게 대답하였다. 예수님께서 그들의 믿음을 보시고 긍휼히 여겨 고쳐 주셨다.

9:30 아무에게도 알리지 말라. '엄히 경고'하시며 말씀하셨다. 때로 '화내다'는 의미로 쓰이기도 하는 이 단어는 매우 강한 어조다. 그런데 그들은 예수님의 말씀을 듣지 않았다.

9:31 예수의 소문을 그 온 땅에 퍼뜨리니라. 치료된 맹인들이 예수님을 전하였기에 잘한 것일까? 아니다. 그들은 예수님의 말씀을 듣지 않았다. 그들이 치료받은 것에 열광하였고 또한 그들의 말을 듣는 사람들도 자신들의 치료에 열광할 것이다. 그것이 문제다. 예수님은 그들의 믿음을 보고 치료하셨는데 그들은 치료받은 것이 더 중요하였다. 오늘날에도 종교적 열광주의자들이 많다. 그들은 예수님 이름을 말하고 예수님 이름을 전하기 때문에 잘하는 것으로 생각한다. 그러나 그렇지 않다. 그들의 열광주의는 결국 천국을 파괴하고 있다. 치유집회라는 광고를 쉽게 볼 수 있다. 성경 어디에 치유집회가 있는지. 그들은 천국이 목적이 아니라 치유가 목적이다. 그것은 종교적 열광주의요 실제로는 물질주의요 이기주의다. 그러한 것에 속지 말아야 한다.

9:34 귀신의 왕을 의지하여 귀신을 쫓아낸다. 예수님의 치료에 대해 바리새인들은 완전히 다른 반응을 보였다. 그들은 메시야가 치료의 능력을 가지고 있다는 것을 안다. 그러나 예수님이 메시야가 아니라는 전제를 가지고 예수님을 보았다. 그래서 예수님은 '귀신의 왕을 의지하여 귀신을 쫓아낸다'고 주장하였다. 종교적 냉소주의다. 종교적 냉소주의로 그들은 눈 앞에 있는 메시야를 놓치고 있다.

예수님은 메시야로서 맹인의 눈을 뜨게 하셨다. 그것은 메시야의 특징이다. 오늘날은 메시야가 다시 오시지 않는다. 그러기에 메시야의 사역을 오늘날 요청하는 것은 옳지 않다. 치료로서 천국을 증명하려고 하는 것도 옳지 않다. 이미 천국에 대해 예수님께서 메시야로서 모든 것을 증명하였기 때문이다. 그러나 여전히 믿음이 하는 일은 위대하다. 오늘날은 메시야로서가 아니라 천국의 전파를 위해 필요하다면 하나님께서 어떤 기적이든 행하신다. 냉소주의가 아니라 때로는 그러한 것을 요청할 수도 있다.

9:35 모든 병과 모든 약한 것을 고치시니라. 천국은 '모든 병과 약한 것'이 없는 곳이다. 메시야 되신 예수님께서 그들을 치료하심으로 천국이 왔음을 경험하게 하셨다. 사람들에게 병과 아픔이 있다는 것은 그들에게 천국이 필요하다는 것을 의미한다. 오늘날 교회 다니면 병이 치료되는 것이 아니라 그러한 병이 없는 천국이 있음을 전하여야 한다.

9:36 목자 없는 양. 사람들을 보시고 불쌍히 여기셨다. '목자 없는 양'과 같았기 때문이다. 양은 목자가 있어야 한다. 양은 목자를 잘 만나야 한다. 무엇보다 영적인 목자를 잘 만나야 한다. 그런데 당시 사람들을 인도해야 할 영적 지도자들이 천국을 제대로 모르고 있었다. 천국을 전하지 못하고 있었다. 그래서 양들도 천국을 잘 모르고 있었다.

9:37-38 추수할 것은 많되 일꾼이 적으니. 천국은 생명의 나라다. 천국을 아는 이는 생명이고 모르는 이는 죽음이다. 여전히 많은 사람이 천국을 모르고 있다. 그래서 천국의 생명을 아는 이들은 천국을 위해 동참해야 한다. '일꾼들을 보내 주소서'라고 기도로 동참해야 한다. 자신이 일꾼이 되어 동참해야 한다. 천국을 마음 가득히 담고 천국을 살아가며 천국을 전하는 사람이 되어야 한다.

10 장

10:1 더러운 귀신을 쫓아내며 모든 병과 모든 약한 것을 고치는 권능을 주시니라. 예수님이 행하신 것을 제자들이 그대로 행하는 권위를 주신 것을 말한다. 이것은 그들의 주와 메시야를 알리는 것이며 천국을 알리는 도구가 될 것이다. 그들이 깨달은 천국을 사람들이 맛보게 하며 전하는 것이다.

10:2-4 열두 사도의 이름. 열 두 제자의 이름이 나온다. 첫째는 베드로다. 야고보와 요한은 제자들 중에 더욱더 중요한 역할을 하던 사람들이다. 그러나 마지막에 기록된 가룟 유다도 있다. 그는 계속 함께 사역하던 사람이다. 그런데 마지막에 배신한다. 이 땅에서 천국의 모습은 항상 그렇게 연약한 모습이 담겨 있다. 그런 아픈 현실에 너무 절망하지 말아야 한다.
예수님이 열 두 제자를 세우신 것은 이스라엘에 열 두 지파가 있다는 것을 반영한다. 열두 제자는 이스라엘의 열 두 지파에 대한 연속성과 불연속성이 있음을 말한다. 열두 지파는 이제 열 두 제자로 대체될 것이다. 열두 제자는 메시야의 오심과 더불어 시작하는 믿음으로 세워지는 하나님 백성을 대표한다.

10:5-6 이스라엘 집의 잃어버린 양에게로 가라. 이스라엘은 지금까지 하나님의 백성의 지위를 가지고 있었다. 메시야가 오심으로 백성의 범위는 확장될 것이다. 메시야로 오신 예수님은 복음이 이스라엘에 먼저 전파되도록 하셨다. 그들이 메시야를 기다린 하나님의 백성이기 때문이다. 예수님은 계속 이스라엘에 복음을 전하셨다. 복음이 이스라엘에 먼저 전파되도록 하신 것을 승천하시면서 온 민족에게 복음을 전파하라 하심으로 봉인해제 하신다.

10:8 거저 받았으니 거저 주라. 제자는 천국을 전하는 사람이다.

사람들의 눈이 세상에서 천국을 바라보게 하는 사람들이다. 제자들이 세상에 욕심을 부리면 천국을 전한다 하는 것과 어울리지 않는다.

10:10 두 벌 옷이나 신이나 지팡이를 가지지 말라. 전도하는데 여벌의 옷이 필요하지 않고 신이나 지팡이를 새로 구입할 필요가 없다 말씀한다. 그냥 지금 있는 그대로 출발하면 된다. 복음을 전하는 것이 세상의 것을 더 얻는 것이 되지 말아야 한다. 그러면 제자들이 세상에 마음을 빼앗길 수 있고 사람들도 세상을 보게 되기 때문이다. **일꾼이 자기의 먹을 것 받는 것이 마땅함이라.** 제자가 된다는 것은 금욕주의를 말하는 것은 아니다. 복음을 전하면서 필요한 양식을 공급받음으로 양식이 중요한 문제가 되지 못하고 오직 복음을 전하는 것이 중요한 것이 되어야 한다.

10:14 너희 발의 먼지를 떨어 버리라. 유대인들이 이방인 지역을 나올 때의 상징적인 행동이었다. '발에 묻은 부정함을 떨어 버리는 행위'다. 이것은 거절을 상징한다. 복음 전도자들에게는 이것은 복음을 거절하는 이들에 대한 심판을 상징할 수 있다. 유대인과 이방인이 아니라 이제 '복음을 전하는 사람'과 '복음을 거절하는 사람'으로 나뉜다.

10:16 양을 이리 가운데로 보냄과 같도다. 양이 이리 속에 들어가면 이리의 공격을 받을 것이고 잡아 먹히기 쉽다. 제자들이 천국 복음을 가지고 세상에 들어갈 때 그런 상황이다. 박해를 받을 것이다. 제자들은 두 가지 전략을 잘 세워야 한다. **뱀 같이 지혜롭고 비둘기 같이 순결.** 양이 이리와 싸워 이길 수 없다. 보통 뱀은 독사의 독을 생각하지만 때론 지혜의 상징이다. 그리고 재빨리 도망가는 능력이 뛰어나다. 23절에 '피하라' 말씀하시는 것을 볼 때 뱀 같은 지혜 중에 하나인 '피하는 것'을 말하는 것 같다. 세상을 향해서 그렇게 지혜로워야 한다. 피해야 할 때를 알아야 한다. 뱀처럼 지혜로워야

하지만 세상 사람들처럼 지혜로우면 안 된다. 그것은 천국인의 모습이 아니다. 천국인은 '비둘기 같이 순결'한 모습까지 가지고 있어야 한다. 뱀처럼 지혜를 사용할 때 언제든지 부끄러움이 없는 순결함을 가지고 있어야 한다. 세상 사람들은 '어리석은 교활꾼'이다. 그러나 천국인은 '지혜로운 바보'가 되어야 한다. 진리를 위해서는 바보스러울만큼 순결해야 한다. 세상 사람들은 자신들의 이익을 위해 지혜를 사용하지만 신앙인은 순결하기 위해 더욱 지혜로워야 한다.

10:17 세상 사람들은 천국 이야기를 좋아하지 않는다. 천국을 전파하는 것 때문에 신앙인을 공회에 넘기고 핍박할 것이다. 그들이 이상한 것이 아니다. 천국을 모르기 때문에 그렇게 하는 것이다.

10:18 **그들과 이방인들에게 증거가 되게 하려 하심이라.** 제자들이 로마 총독과 분봉왕들 앞에 끌려가며 핍박받을 때 '그들과 이방인들에게 증거가 되게 하려 하심이라'는 말씀처럼 오히려 전도의 방편이 될 때도 있다.

10:22 **내 이름으로 말미암아 모든 사람에게 미움을 받을 것이나.** 천국인은 세상 사람들을 사랑하고 사랑받아야 한다. 그러나 때로는 미움을 받을 때도 있다. 그리스도 때문에 미움을 받는다면 미움을 회피할 것이 아니라 끝까지 견뎌야 한다. 심지어는 교회 안에서도 진리 때문에 핍박받을 수 있다. 그러니 세상에서 진리 때문에 알게 모르게 핍박받고 손해를 보는 것은 비일비재하다. 진리 때문이라면 핍박받는 것을 무서워하지 말고 견뎌야 한다.

10:26 **그들을 두려워하지 말라.** 세상이 핍박하면 나의 많은 것을 잃을 수 있다. 그래서 두려운 마음이 들기 쉽다. **감추인 것이 드러나지 않을 것이 없고.** 진리를 따라 산 삶은 그것 때문에 손해를 보아도 이후에 진리가 드러날 때 그가 얼마나 존귀하게 살았는지 다 드러날 것이다. 복이라는 것이 드러날 것이다.

10:28 몸은 죽여도 영혼은 능히 죽이지 못하는 자들을 두려워하지 말라. 그들은 몸을 죽일 수는 있다. 그러나 한 사람의 전체 자아(영혼)를 파괴할 수는 없다. 일시적으로 우리의 일부분인 몸을 죽이는 이들을 두려워할 것이 아니라 영원토록 우리의 모든 것인 몸과 영혼을 '지옥에 멸하실 수 있는 이'를 두려워해야 한다. 우리는 선택해야 한다. 누구를 두려워해야 하는지.

10:29 참새...아버지께서 허락하지 아니하시면...땅에 떨어지지 아니하리라. 아주 작고 값싼 참새도 하나님의 허락 없이는 죽지 않는다 말씀한다. 그러니 사람은 어떠할까? 사람이 순교당할 때 실제로는 사람의 전 존재를 죽이는 것이 아닐 뿐만 아니라 육체적 죽음도 실제로는 그들이 마음대로 할 수 있는 것이 아니다. 그러니 세상 권위를 두려워할 이유가 없다.

10:32-33 사람 앞에서 나를 시인하면 나도...그를 시인할 것이요...나를 부인하면 나도...그를 부인하리라. 세상의 박해를 통해 천국인이 세상 속에서 천국의 존재를 드러내야 하는데 굴종하면 천국이 드러나지 않을 것이다. 천국을 드러내라 하였는데 세상나라가 두려워 신앙인의 가치를 드러내지 못하면 천국이 세상 나라에 가린 것이 된다. 빛이 어둠에 가리는 법은 없다. 어둠이 빛을 가린 것처럼 보일 때는 사실 빛이 가짜이기 때문이다. 이후에 하나님 앞에서 심판을 받을 때 빛을 알고 소유한 사람으로 결코 인정받지 못할 것이다. 세상을 두려워하지 말고 하나님을 두려워해야 한다.

10:34 화평이 아니요 검을 주러 왔노라. '검'은 군사들의 실제 전투를 의미하는 것이 아니라 '불화'를 상징한다. 이곳에서 '화평'은 진정한 화평을 말하는 것이 아니라 보이는 화평, 단순한 싸움이 없는 상태 등을 의미한다. 예수님은 그러한 화평이 아니라 '하나님과의 관계가

회복'된 화평을 주러 오셨다. 그것을 위해서는 기존의 잘못된 관계가 깨지는 불화가 일어날 수 있다. 이것은 가치 충돌에 대한 비유다. 세상 나라와 천국은 서로 가치관이 다르다. 왕이 다르기 때문이다. 가치 충돌이 될 때 억지로 조화시키거나 두리뭉실 할 것이 아니라 선택해야 한다.

10:35-36 사람의 원수가 자기 집안 식구리라. 이 말씀은 믿음으로 인하여 가족에 싸움이 많이 생길 것이라는 말씀이 아니다. 한 가정 안에 믿음이 좋은 사람이 있으면 그 가족은 더 화목하게 되어야 정상이다. 이것은 구분에 대한 이야기다. 세상 나라 백성과 천국 백성은 어떤 차이보다 더 근본적인 차이다. 가족이라는 것이 그러한 차이를 뭉뚱그리지 못한다는 것을 말한다. 가치 충돌은 가장 가까운 관계이며 근본적 공동체이기도 한 가족 안에서도 일어날 것이다.

10:37 아버지나 어머니를 나보다 더 사랑하는 자는 내게 합당하지 아니하고. 천국인이 되기 전보다 부모를 덜 사랑해야 한다는 말일까? 아니다. 천국인이 되면 이전보다 부모를 더 사랑해야 한다. 그런데 더 사랑하게 된 부모보다 예수님을 더 사랑해야 한다. 천국인이 예수님과 맺는 관계는 세상 나라의 어떤 관계보다 더 우선하기 때문이다.

10:39 나를 위하여 자기 목숨을 잃는 자는 얻으리라. 천국인은 어느 누구보다 자신을 더 사랑하게 된다. 그러나 이전의 이기주의적 자기 사랑이 아니라 '자기 목숨을 잃는' 즉 자아를 죽이는 자기 사랑이다. 그 사랑은 마치 자기를 사랑하지 않는 것처럼 보일 수 있으나 실제로는 진정으로 자신을 사랑하는 것이다. 예수님 안에서 자신을 사랑하는 것보다 더 큰 자기 사랑은 없다. 그것이 생명을 주는 것이며 진정한 자아를 회복하는 것이다. 천국인이 되는 것은 모든 것을 잃는 것 같지만 실제로는 모든 것을 얻는 것이다. 하나님을 사랑한다는 것은 그동안 세상과의 관계를 깨트리고 그 힘으로 하나님을 사랑하는 것이 아니다. 오히려 세상의 사람들을 더 사랑한다. 그리고 비교할 수

없는 더 큰 사랑으로 하나님을 사랑하는 것이다.

10:40 너희를 영접하는 자는 나를 영접하는 것이요. 우리가 천국인으로 살면 복의 근원이 된다. 우리가 천국인으로 살면 우리가 복이 있을 뿐만 아니라 우리를 돕는 이들도 천국인의 복을 받는다. 한 사람이 천국인으로 바로 세워 있으면 그와 연결된 많은 사람이 천국인의 복으로 연결된다.

10:41 선지자의 이름으로 선지자를 영접하는 자는 선지자의 상을 받을 것이요. '선지자의 이름으로'는 '선지자 이기 때문에'라고 해석할 수 있다. 선지자를 돕는 이들은 선지자가 받는 상에 부합하는 상을 받을 것이다. 그가 도와 선지자가 일을 잘 할 수 있었으니 그렇다. 천국인의 이 땅에서의 수고는 그것으로 끝이 아니다. 반드시 상이 있다. 아무리 수고하여도 사실 우리는 받을 자격이 없지만 하나님께서 반드시 상을 주신다.

10:42 제자의 이름으로 이 작은 자 중 하나에게 냉수 한 그릇이라도 주는 자. 이것은 모든 작은 사람을 말하는 것이 아니라 '제자 중에 작은 자'를 말한다. 천국인으로 사는(제자) 아무리 작은 사람에게 아무리 작은 것을 돕는다 할지라도 모두 '상'이 된다 말씀한다. 천국이 잇대어진 곳은 참으로 존귀하기 때문에 그렇다. 천국인으로 산다는 것은 복의 근원으로 사는 것이다. 목사가 되고 제일 아쉬운 것이 주로 주위 사람들에게 도움을 많이 받는다는 것이었다. 그러나 도움을 받아 천국인으로 열심히 살아간다면 도움을 준 사람에게 복을 흘러가게 하는 것이 될 것이다. 그래서 조금 위안이 된다.

11 장

11:1-16:20은 그리스도께서 하신 일에 대한 사람들의 다양한 반응에 대한 이야기다.

11:2 요한이 옥에서 그리스도께서 하신 일을 듣고. 천국에 대한 사람들의 반응 첫 이야기는 옥에 갇힌 세례요한의 반응이다.

11:3 오실 그 이가 당신이오니이까. 예수님을 향한 세례요한의 질문이다. 감옥에서 제자들을 보내 예수님께 질문하였다. 세례요한은 예수님에 대해 아주 강력한 지지를 하였던 사람이다. 예수님께서 사역을 하시기도 전에 자신은 예수님과 비교할 때 가장 천한 노예보다 더 못한 존재라고 했었다. 그런데 예수님께서 여러 사역을 하신 이후임에도 불구하고 지금 그가 의심하고 있다. 세례요한은 왜 예수님의 메시야되심을 의심하게 되었을까? 그는 메시야가 '성령과 불로 세례'를 준다고 하였다. 그런데 예수님의 사역은 불로 심판하시는 모습이 안 보였다. 자신과 제자들은 세상을 향하여 세차게 책망하였는데 예수님은 죄인들과 식사를 하셨다. 세상을 불로 심판하고 말씀대로 세상의 감옥에 있는 자들도 풀려나도록 강력하게 무엇을 하셔야 하는데 자신은 여전히 감옥에 있었다. 그래서 의심이 들었던 것 같다. 세례요한은 오해하고 있었다. '불로 세례를 주는 심판'은 예수님께서 재림하실 때 하실 일이다. 메시야의 강력한 힘으로 세상을 심판하고 변화시키는 것은 재림때의 일이다. 예수님의 십자가와 부활을 그가 경험하지 않았기 때문에 그는 아직 많이 모르고 있었다. 그래서 '천국에서는 극히 작은 자라도 그보다 크니라'는 말씀이 타당하다.

11:8 무엇을 보려고 나갔더냐. 세례요한은 사람들에게 인기가 매우 많았다. 그가 마음만 먹으면 '부드러운 옷을 입은 사람'이 될 수

있었을 것이다. 왕궁의 임금 가까이에서 선지자 역할을 하면서 왕궁에서 살 수 있었을 것이다. 그러나 그는 가장 힘 없는 이들이 입는 싸구려 옷을 입고 있었다.

11:11 여자가 낳은 자 중에 세례 요한보다 큰 이가 일어남이 없도다. 무슨 뜻일까? 다른 선지자 즉 모세, 이사야, 예레미야 등보다 더 위대하다는 뜻일까? 아니다. '크다'는 것은 인물이 아니라 복음과 관련된 위치에 대한 이야기다. 메시지에 대한 것이다. 세례요한은 천국 직전에, 메시야 앞에서 메시야를 알리는 역할을 하였다. 그래서 '크다'고 말하는 것이다. 가장 중요한 역사적 순간에 있다.

11:12 천국은 침노를 당하나니 침노하는 자는 빼앗느니라. '침노'를 긍정적으로 보아야 하는지 부정적으로 보아야 하는지에 의해 번역이 완전히 바뀐다. '천국은 침노를 당하나니'라고 번역하고 있는데 '침노'는 '침입하여 노략질하는 것'을 말한다. 직역하면 '힘(폭력)으로 다루어졌다'이다. 과거에는 긍정적으로 해석되곤 하였는데 근래에는 부정적으로 해석하는 번역본이 더 많다. "세례자 요한 때부터 지금까지 하늘 나라는 폭행을 당해 왔다. 그리고 폭행을 쓰는 사람들이 하늘 나라를 빼앗으려고 한다."(마태복음 11:12, 공동번역) '힘을 사용하다'(비아조)라는 단어를 개역개정은 '침노를 당하다'라고 번역하며 긍정적으로 해석하고 있고, 공동번역은 '폭행을 당하다'로 번역하여 부정적으로 번역하고 있다. 헬라어 문법적으로는 둘 다 가능하다. 나는 문맥상 부정적으로 번역해야 한다고 생각한다.

천국은 힘으로 들어갈 수 있는 곳이 아니다. 그렇다면 '폭력으로 다루어진다는 것'은 무엇을 의미할까? 세례요한이 세상폭력에 의해 천국을 전하던 것이 막힌 것을 말하는 것 같다. 세상 권력이 천국을 향하여 자신들의 힘으로 막고 빼앗는다. 그러한 폭력은 일시적으로 성공한다. 그러나 결국은 실패한다. 세상의 힘에 의해 세례요한이 감옥에 간 것 때문에 천국 확장이 막히거나 세례요한 개인에게 해가 되는 것은 결코 없다. 당장은 해가 된 것 같지만 모든 순교자가 그러한 것처럼 세례요한 개인에게는 무한 영광이 된다.

추가적으로 본문은 '열심을 가장한 폭력의 위험성'을 경고한다. 본문의 문맥이 그것을 지지하는데 11장-12장 전체가 메시야를 제대로 받아들이지 못하는 사람들에 대한 이야기이며 16절에서 말하는 비유도 받아들이지 못하는 사람들에 대한 이야기이기 때문에 그것이 더 자연스럽다. 사람들은 천국과 메시야에 대한 것조차도 '승리자 메시야' 이미지에 깊이 뿌리를 받고 있었다. 그래서 힘으로 무엇인가를 이루는 것을 생각하였다. 세례요한에 의하여 메시야의 오심에 대해 자극을 받은 사람은 성경적 메시야가 아니라 그릇된 메시야 사상을 가지고 더욱더 열렬히 그러나 그릇되게 메시야와 천국을 기다렸다. 그들에게 필요한 것은 혁명적 사고다. 성경으로 돌아가는 것이다. '성경으로 돌아가는 것이 뭐가 그리 어려울까'라고 생각하는 사람도 있을 것이다. 그러나 그것이 그렇게 어렵다. 그런 혁명적 사고는 작은 것부터 다시 시작하여야 한다.

11:15 이 구절은 '표면을 넘어 이면을 생각하는 것'을 말씀하는 것이다. 자신의 생각을 그대로 받아들이지 말고 말씀으로 다시 생각할 수 있어야 한다. 당연한 것 같아도 말씀으로 다시 생각해야 한다. 말씀이 당연히 그것을 의미하는 것 같아도 문법과 문맥과 다른 학자들의 연구를 다시 살피면서 곰곰이 다시 생각해 보아야 한다. 그러한 것이 나를 넘어서는 혁명적 사고의 시작이다.

11:16-17 우리가 너희를 향하여 피리를 불어도 너희가 춤추지 않고. 이 비유의 배경상황을 정확히 말하기는 어렵지만 아마 시장에서 놀이를 하는 아이들 가운데 일종의 다툼이 있었던 것으로 보인다. 아이들의 놀이에서 본래는 한 편에서 피리를 불면 다른 아이들은 춤을 추고, 한 편에서 슬피 울면 다른 한 편의 아이들은 가슴을 치면서 맞장구를 쳐야 하는데 무슨 일인지 한 편의 아이들이 심통이 나서 다른 한 편의 아이들이 피리를 불어도 가만히 있고 슬피 울어도

가만히 있었다. 단단히 틀어진 것이다. 반응하지 않는 아이들은 왜 그렇게 반응하지 않는 것일까? 놀이의 내용이 문제가 아니다. 아이들의 마음이 이미 틀어져 있는 것이 문제다. 예수님은 아이들의 그러한 상태를 세례요한의 사역과 자신의 사역에 대해 반응하지 않는 당대의 사람들을 시장에서 반응하지 않는 아이들로 비유하여 말씀하셨다.

서기관과 바리새인들은 내용이 아니라 힘의 논리로 세례요한과 예수님을 판단하였다. 세례요한이 슬피 울어도 그들은 가슴을 치지 않고 비난하였고, 예수님께서 피리를 불어도 그들은 춤추지 않고 비난만 하였다. 그들이 가진 힘으로 멋대로 판단하였다. 자신들의 힘을 지키는 것이 최우선이었다.

신앙인이라 하면서 그들이 가진 힘 때문에 천국을 멀리하는 사람들을 많이 보았다. 힘으로 천국을 갈 수 있는 것처럼 착각하며 힘을 가져야 복받았다고 생각한다. 힘을 위해 정신없이 살고 있다. 그러나 천국은 힘으로 가는 곳이 아니다. 오직 하나님만 의지하는 사람이 천국에 간다. 교회 안에 있으면서도 여전히 힘이 있어야 선교도 하고 무엇을 할 수 있다고 착각하지 말아야 한다. 그렇게 착각하여 힘의 논리로 살면 믿음과 멀어진다. 힘이 아니라 하나님을 바라보아야 한다.

11:18-19 지혜는 그 행한 일로 인하여 옳다 함을 얻느니라.
세례요한이 먹지 않으면 먹지 않는다고 비난하고 예수님이 먹으시면 먹는다고 비난하였다. 그들은 반대하고 또 반대하였다. 세례요한이 전하는 내용이나 예수님께서 전하시는 내용을 살피는 것이 아니라 자신들의 마음에 들지 않는다고 반대에 반대를 하는 것이다.

그들의 틀어진 마음을 바꿀 수 있는 것이 무엇이 있을까? 그들에게 가장 필요한 것은 마음을 바꾸는 것이다. 세상에서 가장 어려운 것 중에 하나는 자신의 마음을 바꾸는 것이다. 그래서 혁명적 전환이 필요하다. 비뚤어진 마음으로 그렇게 반대만 할 것이 아니라 진리를 원한다면 천천히 다시 살펴야 한다. 그들이 세례요한을 비난하는데 진짜 그가 비난받을 일을 하고 있는지 예수님이 비난받을 일을 하고 있는지를 살펴보면 해답이 보이기 시작할 것이다.

11:21-22 화 있을진저 고라신아 화 있을진더 벳세다야...심판 날에 두로와 시돈이 너희보다 견디기 쉬우리라. 고라신과 벳세다 그리고 가버나움은 흔히 복음의 삼각지대라 불리며 예수님의 주 활동 무대였다. 예수님께서 가장 많이 땅을 밟으신 지역이다. 고라신은 가버나움 위쪽으로 4km 떨어져 있고 벳세바는 고라신에서 남동쪽으로 7km 떨어져 있고 가버나움에서 동쪽으로 5km떨어져 있다. 그래서 세 도시를 연결하면 삼각형 모양을 이룬다. 벳세다는 갈릴리 해안 쪽 벳세다를 말하는 것으로 그 인근 들판에서 오빵이어 기적을 행하셨다. 그 마을에서도 맹인을 치료하시는 기적을 행하기도 하셨다. 고라신에서 행한 기적은 성경에 전혀 기록되지 않았지만 그곳에서 많은 일을 행하신 것으로 보인다. 그 마을에서 그렇게 많은 일을 행하셨지만 사람들이 회개하지 않았다. 그래서 예수님께서 책망하셨다. 고대 도시 시돈과 두로와 비교하셨다. 두로와 시돈은 교만으로 유명한 도시다. 그들이 수많은 것을 보고 경험하였음에도 불구하고 어쩌면 두로와 시돈처럼 교만하기만 할 뿐 돌아서지 않고 있다고 책망하신 것이다.

11:23-24 가버나움아...심판 날에 소돔 땅이 너보다 견디기 쉬우리라. 가버나움은 예수님의 공생애 본부가 있던 곳이다. 그곳에서 수많은 사람들을 치료하셨다. 그러나 열매는 많지 않았던 것으로 보인다. 그래서 가버나움을 책망하셨다. 가버나움을 '소돔'과 비교하셨다. 소돔은 죄의 상징인 도시다. 죄로 인하여 심판을 받은 도시다. 그런데 가버나움이 소돔과 비교해서도 죄가 결코 적지 않다고 말씀하셨다. 가버나움이 죄를 많이 범하고 있었다는 말씀은 아니다. 가버나움에서 많은 이들이 예수님의 권능의 일을 보고도 회개하지 않기에 하시는 말씀이다. 더 많이 알고 더 많이 본 사람은 더 많이 책임이 있다. 그래서 가버나움이 소돔보다 불신에 대한 더 많은 책임이 있다고

말씀하셨다.

11:28 무거운 짐. 여러 짐을 의미한다. 그들이 살아가면서 해야 한다고 생각하고 실제로 지고 있는 짐들이다. 인생에 얼마나 많은 짐이 있나? 일어나면 해야 할 일로 가득하다. 당시 그들이 지켜야 하는 법률을 의미하기도 한다. 서기관들과 바리새인들은 성경의 말씀에 더하여 수많은 관습을 법으로 만들어 짐을 지게 하였다. 많은 짐을 지고 가고 있기에 지쳐(수고) 있었다.

11:29-30 나는 마음이 온유하고 겸손하니. 우리는 예수님께로 가서 예수님과 함께 멍에를 메게 된다. 멍에는 본래 무겁고 힘든 일을 함께 하여 가볍게 할 수 있게 한다. 진리는 우리 혼자라도 지켜야 한다. 예수님께서 말씀하신 것을 지켜야 한다. 그런데 혼자는 불가능하다. 예수님께로 가면 예수님과 함께 멍에를 메어 그 일을 가능하게 된다. 우리와 함께 멍에를 메어 주시는 주님이 '마음이 온유하고 겸손하신' 분이다. 예수님은 자신의 멍에(예수님의 가르침)를 멘 이들을 함부로 대하시거나 경멸하지 않으신다. 그분은 우리가 그 가르침을 따라 산다는 것이 쉽지 않다는 것을 아신다. 그래서 우리를 향하여 온유하게 대하신다. 우리가 많이 부족하여도 우리를 경멸하지 않으시고 낮은자의 마음을 잘 아시며 연약한 자의 상태를 아셔서 아주 부드럽고 때로는 천천히 앞으로 나갈 수 있도록 인도하실 것이다. 결코 우리의 부족함 때문에 우리를 거칠게 대하지 않으실 것이다. 중요한 것은 우리가 주님의 멍에를 메고자 하는 마음이다. 앞의 세 마을 사람들이 구경꾼처럼 예수님의 기적과 치료를 구경만 하고 또는 자신이 치료되고 빵을 먹었어도 여전히 천국인이 되어 멍에를 메려고 하지 않고 세상에서 지고 있는 자신의 짐을 내려 놓지 않고 있었다. 세상의 짐을 내려놓고 이제 예수님의 멍에를 메야 한다. 예수님께서 지고 가라는 진리의 짐을 지고 가야 한다. 그러할 때 천국인이 된다. 멍에를 메지 않고 짐을 지지 않는다면 결코 천국인이 아니다.
내 짐은 가벼움이라. 예수님께서 짐을 덜어주셨을까? 물론 세상의 짐에 대해서는 많이 덜어졌다. 사람들이 세상에서 살 때 욕심과 탐욕으로 세상의 짐을 더 지는 경향이 많기 때문이다. 천국을 알면 세상의 짐에 대해 욕심을 버림으로 확실히 짐이 가벼워질 것이다. 그러나 예수님께서 가르쳐 주신 산상수훈을 보라. 그것은 율법주의도 아니지만 율법폐기론도 아니다. 오히려 율법을 온전히 지키는 것이었다. 율법을 온전히 지키기 위해서는 때로는 더 많이 강화된 경우도 많았다 그런데 어찌 그 짐이 가볍다고 말씀하실까? 예수님께로 가서 지는 짐이 결코 가벼운 짐이 아니다. 오히려 더 무거울 것이다. 그러나 가볍다. 왜 그럴까? 멍에를 함께 멘 분의 탁월함 때문이다.

12 장

12:1-2 밀밭 사이를 걸으실 때 제자들이 밀을 따 먹었다. 성경에서 밭 가장 자리의 밀은 가난한 이와 배고픈 이들을 위해 수확을 하지 말고 남겨두라 말한다(레 19:9). 말씀이 사람을 많이 생각하며 위한다는 것을 볼 수 있다. 그러나 바리새인들은 그것을 트집 잡았다. 제자들이 밀을 따 먹은 때가 안식일이었다. 그들의 해석에 의하면 안식일에 추수한 것이기 때문에 법을 어긴 것이다.

12:3 예수님께서 다윗의 예를 들어 설명하셨다. 다윗이 피치 못하여 제사장이 먹는 음식을 일행과 함께 먹은 것을 바리새인들은 책망하지 않았다. 그렇다면 예수님은 다윗보다 더 크신 메시야이기에 메시야의 특별한 일을 하면서 제자들이 밀을 따 먹는 것은 결코 문제가 되지 않는다.

12:5 제사장들이 성전 안에서 안식을 범하여도 죄가 없음. 제사장들이 성전에서의 일을 위하여 안식일에도 일을 해야했다.

진설병을 바꾸고 불을 피우며 문을 여닫는 것도 그랬다. 이스라엘 사람들이 사용하던 미쉬나를 보면 성전 경내에서도 할 수 없는 일이지만 오직 성전 내에서는 할 수 있는 안식일 규정을 어길 수 있는 일들이 나온다.

12:6 성전 보다 더 큰 이. 예수님이 자신에 대해 하신 말씀이다. 성전에서 제사드리는 중요한 일을 하기 위해서 안식일 규정을 잠재할 수 있는데 예수님은 구원자로서 성전보다 더 큰 분이시기 때문에 예수님의 구원사역을 위해 그러한 일들을 잠재할 수 있는 것은 더욱더 당연하다는 것을 말씀하는 것이다. 안식일에 대한 이야기는 안식일 준수에 대한 설명이 아니라 권위에 대한 설명이다.

12:7 나는 자비를 원하고 제사를 원하지 않는다. 율법의 '의식'이 아니라 '내용'을 더 잘 지켜야 한다는 말씀이다. 의식은 내용을 위하여 있는 것인데 내용(자비)이 없이 의식(제사)만 있으면 그것은 율법을 지키는 것이 아니라 파괴하는 것이다. 바리새인들은 율법으로 예수님과 사람들을 비난하고 있었는데 그것은 실제로는 율법을 파괴하는 것이다. 바리새인들은 말씀을 해석하는 기본 원리를 놓침으로 진리를 벗어나고 있었다.
구전율법인 미쉬나의 안식일 규정 39가지나 다른 규정들은 모두 하나님을 사랑하고 이웃을 사랑하기 위해 있는 것이다. 그러한 규정을 읽어보면 그 규정을 만들 때 얼마나 신중하게 생각하면서 만들었는지를 볼 수 있다. 그러나 그렇게 만들어졌어도 만약 그 규정이 본래의 목적을 잃어버린 채 있다면 그 규정은 죽은 규정이 될 것이다. 우리는 제사라는 최고의 율법규정일지라도 그것이 하나님을 사랑하고 이웃을 사랑하는 규정(호세아 6:6절의 '인애'는 '헤세드'(관계적 사랑)이다)에 따라 잘 지키고 있는지를 점검하면서 지켜야 한다. 하나님과 공감이 없는 제사가 무슨 의미가 있겠는가? 사랑의 관계가 없는 예배(만남)가 무슨 의미가 있겠는가?

12:8 인자는 안식일의 주인. 이 구절의 헬라어는 '때문에'라는 전치사가 들어간다. 예수님께서 안식일의 주인이시기 때문에 안식일 논쟁은 거론할 것이 못된다. 바리새인들은 자신들이 율법을 해석한 것으로 예수님을 비난하였다. 그러나 율법을 해석할 권위는 예수님이 더 크다. 예수님은 '안식일의 주인'으로 메시야이며 또한 하나님이시기 때문이다.

12:10-11 안식일에 병 고치는 것. 안식일 논쟁을 소비적으로 하는 사람들을 향해 예수님은 안식일 논쟁의 종지부로서 비난 들을 것을 생각하면서도 안식일에 병자를 치료하셨다. **양 한 마리가 있어 안식일에 구덩이에 빠졌으면 끌어내지 않겠느냐.** 미쉬나에 보면 안식일에 구덩이에 빠진 짐승을 위해 구덩이에 물건을 던져주어 구덩이서 나올 수 있도록 하는 것을 허용하며 다른 랍비는 건져내는 것은 일이니 단지 안식일이 지날 때가지는 음식만 주어야 한다고 주장하기도 한다. 또한 개를 위해 뼈를 던져주거나 고양이에게 음식을 주는 것을 허용한다. 그리고 완전히 굶주린 사람에게 그가 조금 정신 차릴 때까지 음식을 주는 것도 허용한다.

12:12 사람이 양보다 얼마나 더 귀하냐. 그들은 예수님이 고치신 병자는 생명의 위협을 느끼는 급한 것이 아니기 때문에 고쳐주면 안 된다고 생각하였다. 짐승에 대해서는 그들의 생명에 위험이 될 수 있기 때문에 음식을 주었지만 사람이 한 쪽 팔이 마비되어 있는 것은 내일 고쳐도 바뀔 것이 없다고 생각한 것이다. 그래서 그들은 안식일에 병고치는 것을 물을 때는 그렇게 생명의 위험이 없는 병을 고치는 것에 대해 질문하고 있는 것이다. 예수님은 구덩이에 빠져 곤경에 처한 동물을 끌어내는 것과 사람을 고치는 것이 무엇이 더 선한 일인지 물으셨다. 물론 이 질문은 많은 문제를 야기할 수 있다. 율법을 어기면서 더 선한 일을 위해 그렇게 하였다고 할 수 있기 때문이다. 그러나 그런 위험이 있을지라도 우리는 그것을 생각해야 한다. 우리는 율법을 율법이기 때문에 지키는 것이 아니라 하나님을

사랑하는 백성으로서 지키는 것이다. 혹 시행착오가 있을지라도 생각하는 사람으로 하나님 앞에 선 한 명의 인격으로 생각하면서 지켜야 한다.

12:14-15 예수께서 아시고 거기를 떠나가시니. 바리새인이 자신들의 잘못을 인정하지 않고 예수님을 죽이려 하였을 때 예수님은 그들과 싸우지 않고 조용히 피하셨다. 예수님은 대신 자신을 따르는 많은 사람들의 병을 고쳐주셨다.

12:19 이사야를 통해 하신 말씀(사 42:1-4)의 성취다. **다투지도 아니하며 들레지도 아니하리니.** 사람들의 불의에 대해 강하게 반대하며 다투지 않으신다. '들레다'는 '야단스럽게 떠들다'의 뜻이다. 소리 내어 외치지도 않음을 말씀한다. 예수님은 사람들을 선동하여 바리새인들에게 대항하라고 말씀하시지도 않으셨다. 기득권 세력은 어차피 그들만의 리그가 있다. 그들은 율법으로 예수님께 이야기하였지만 실상은 율법이 주 관심이 아니라 자신들의 세력을 유지하는 것이 주 문제였다. 그것은 예수님의 관심사가 아니다. 그들 속으로 들어가 그들과 싸우면 이겨도 그들의 세력을 빼앗는 것일 뿐이다. 바리새인들과의 싸움은 천국과 전혀 상관없는 것이었다. 그러니 그들의 불의와 잘못에 대해 반대하고 격하게 싸우지 않으셨다.

12:20 상한 갈대를 꺾지 아니하며 꺼져가는 심지를 끄지 아니하시기를. 힘없는 사람들이 '상한 갈대'와 '꺼져가는 심지'로 비유되고 있다. 힘이 없고 도울 이도 없으며 때로는 믿음이 없는 사람들에 대한 비유다. 믿음이 없는 사람 중에 어떤 사람은 참 보기 흉한 모습으로 믿음이 없다. 어떤 사람은 자신이 믿음이 있다고 생각하며 매우 교만한데 실제로는 믿음이 없다. 그래서 믿음이 없는 모습은 많은 경우 미운 모습이다. 상한 갈대처럼 밉고 꺼져가는 심지처럼 다른 사람에게 피해를 주기까지 한다. 그들은 많은 면에

있어 바리새인보다 분명히 더 문제도 많고 말씀도 어기고 있었다. 그러나 예수님은 그들을 격하게 다루지 않으셨다. 친절하고 부드럽게 대하셨다. 힘 없는 이들도 자아가 매우 강하다. 자격지심으로 똘똘 뭉쳐 있기도 하다. 그들은 '그들의 병을 고치려고' 예수님께 나왔다. 그리고 또 떠날 것이다. 그런데도 예수님은 그들을 고쳐 주셨다. 그들을 강하게 책망하지 않으셨다. 그것이 사람을 사랑하시는 하나님의 마음이다. 그들의 못하고 있는 모습이 아니라 있는 그대로 한 사람으로서 사랑하고 계신 것이다. 그들이 지금은 천국인으로 자격이 없어도 이후에 천국인으로 세워지기를 소원하면서 친절하고 부드럽게 그들을 대하셨다. 그들을 가르치고 치료하셨다.

12:22-23 놀라 이르되. 여기에서 '놀라'라는 단어는 '매우 놀라다'는 의미의 동사다. 마태복음에서는 단 한 번 사용하였다. 이것은 그들이 메시야를 인정하기 시작한 시점을 강조하기 위한 것으로 보인다. **이는 다윗의 자손이 아니냐.** '아니냐'(헬, 메티)는 주로 부정할 때 사용하는 단어다. 만약 긍정으로 사용할 때는 적은 가능성을 생각할 때 사용한다. 지금 본문에서는 적지만 가능성을 생각하고 있는 것으로 보인다. 예수님의 행하신 일들이 너무 놀라웠기 때문이다. '다윗의 자손'을 생각할 때 가장 먼저 떠오르는 이미지는 '왕'이다. '전쟁에서 승리하는 장군'이다. 메시야가 다윗의 자손으로 온다고 생각할 때 그들은 그렇게 강한 힘으로 그들을 해방하고 그들의 왕으로 세워지는 강력한 사람을 생각했다. 그런데 예수님은 온화하였고 겸손하였다. 그래서 그들이 생각하는 메시야와 달랐다. 그러나 그들이 생각하였던 정치적 강함과는 맞지 않아도 예수님이 지금 행하시는 일은 너무 강력하였다. 누구도 그렇게 한 적이 없었다. 그래서 그들은 예수님을 보면서 메시야로서의 가능성을 생각하게 된 것이다.

12:24 귀신의 왕 바알세불을 힘입지 않고는 귀신을 쫓아내지 못하느니라. 대중들의 생각을 간파한 바리새인들이 예수님을 반대할

논리를 만들었다. 예수님이 악령들을 내쫓을 수 있는 것은 악령의 두목인 사탄을 힘 입어 그렇게 하는 것이라고 설명하였다. 예수님이 아주 어려운 병자를 고쳐주셨을 때 분명히 초자연적인 힘이었다. 힘의 원천을 해석해야만 했다. 예수님의 주장대로 진정 메시야일 수 있다. 아니면 악한 영이 그 힘의 원천일 수도 있다. 예수님을 반대하는 사람들은 예수님의 힘의 원천을 사탄으로 돌렸다. 사탄의 힘으로 그러한 일을 한다면 '마술'이라 말한다. 당시의 미쉬나를 보면 '마술을 행하는 사람은 돌로 쳐 죽여라'는 구절이 있다. 그들은 예수님을 마술을 행하는 사람이라 하여 공격하는 중요한 수단으로 삼았다. 그들은 예수님이 행하시는 치유를 보면서 마음이 쓰렸는데 그것을 '마술'이라 몰아붙임으로 좋은 반격거리를 잡았다.

12:27 너희의 아들들은 누구를 힘입어 쫓아내느냐. '너희의 아들들'은 아마 바리새인들을 의미할 것이다. 많지는 않지만 그들도 악령을 쫓아내는 일을 하였다. 물론 예수님처럼 자신의 권위로 하는 것은 아니었고 강력하게 하지는 못하였지만 말이다. 예수님이 나약한 그들에 비해 강력하게 악령을 쫓아내시는데 자신들은 성령에 의한 것이며 예수님은 사탄에 의한 것이라고 주장하는 것은 참으로 비논리적이다.

12:28 하나님의 성령을 힘입어 귀신을 쫓아내는 것이면. 만약 성령을 힘 입어 악령들을 쫓아내고 있다면 바리새인 자신들이 지금 얼마나 큰 잘못을 하고 있는지를 생각해야 한다. 성령의 일을 사탄의 일이라고 비난하고 있는 것이다. 엄청난 죄를 범하고 있다. 자신들의 알량한 기득권 때문에 성령이 하시는 일을 사탄의 일이라고 비난하고 있는 것이다.

12:31 성령을 모독하는 것은 사하심을 얻지 못하겠고. 사람은 그들이 범하는 죄와 모독 등을 용서받을 수 있다. 그러나 '성령을 모독하는

것'은 용서받을 수 없다고 말씀한다. 이 당시의 쿰란 공동체의 글에는 '개인을 중상한 죄는 참회 후 용서받을 수 있으나 공동체를 중상한 죄는 공동체로부터 영구 추방당한다'는 규정이 있다. 공동체 파괴는 주어 담을 수 없는 물과 같은 성격을 가지고 있다. 지금 성령께서 그리스도를 통해 교회를 세우고 구원하는 아주 중요한 일을 하고 계신다. 그들은 전체교회를 모독하고 방해하고 있다.

12:33 열매로 나무를 아느니라. 예수님이 하시는 일이 진정 성령의 일인지 사탄의 일인지 구분하고 싶다면 그것도 간단하다. 열매로 나무를 알 수 있다. 나는 나무에 대해 매우 문외한이다. 그러나 그래도 열매를 보면 무슨 나무인지 알 수 있다. 특히 같은 나무인데 죽어가는 나무인지 건강한 나무인지는 더욱더 알기 어렵다. 그러나 열매를 보면 그것도 분명히 알 수 있다. 예수님께서 하시는 일이 거룩한 일인지 악한 일인지를 보면 바로 알 수 있다. 거룩한 일이면 성령의 일이고 악한 일이면 악령의 일이다. 예수님께서 사람을 세우고 있는지 파괴하고 있는지를 보면 알 수 있다. 예수님께서 자신의 이익을 위해 하고 있는지 사람들의 유익을 위해 하고 있는지를 보면 더욱 분명히 알 수 있다. 이것은 오늘날도 유효하다. 사람들은 참 구분을 못한다. 효과를 볼 것이 아니라 그것이 거룩한 것인지 악한 것인지를 보아야 한다. 그러면 교회에서 일어나는 일도 성령이 하시는 일인지 악령이 하는 일인지를 볼 수 있다.

12:34 악하니 어떻게 선한 말을 할 수 있느냐. 그들의 악독은 그들 안에 악이 가득하기 때문이라 말씀한다. 멀쩡한 동료를 사탄의 졸개로 비난하는 것은 예수님에게서 사탄의 냄새가 나서가 아니다. 그들 안에 악이 가득하였기 때문이다. 예수님께서 병자를 치료하시는 모습에서는 어떤 모습도 사탄적인 냄새가 나지 않는다. 유력한 증거는커녕 어떤 작은 증거도 없다. 그런데 사탄이라 단정하며 비난하는 것은 그들이 그렇게 비난하고 싶은 마음이 강하였기 때문이다. 그들 안에 비난하고자 하는 악이 가득하였기 때문에 그 악이 그대로 표출된

것이다.

12:35 쌓은 선에서 선한 것을 내고. 사람은 무슨 말을 하는지가 매우 중요하다. 예수님을 사탄의 졸개라 말하는 그들은 그 말을 통해 예수님을 비난할 것이 아니라 자신들을 돌아보아야 한다. "선한 사람은 선한 곳간에서 선한 것을 꺼내고, 악한 사람은 악한 곳간에서 악한 것을 꺼낸다(마태복음 12:35, 성경 (한국 가톨릭 교회 공용 성경))." 사람 안은 곳간(창고)과 같다. 그래서 그 안에 있는 것이 자연스럽게 나오는 것이다. 말은 한 사람의 깊은 곳에 있는 마음과 일치하는 경우가 많다. 악한 말이 자신에게서 나오면 자신 안이 그렇게 악하다는 것을 알아차려야 한다.

12:36-37 무슨 무익한 말을 하든지 심판 날에 이에 대하여 심문을 받으리니. 사람들이 얼마나 악한 말을 쉽게 하는지를 알아야 한다. 욕하지 마라. 욕은 폭력이다. 남을 조롱하며 말하지 마라. 그것도 폭력이다. 말은 우리가 행하는 가장 많은 행동이요 자기 자신에게나 다른 사람에게나 가장 많은 영향을 미친다. 그래서 행한대로 심판하시는 하나님께서 우리의 심판 날에 우리의 말에 대해 많이 심판하실 것이다. 쉽게 말하지 말고, 악하게 말하지 말고 오직 온유와 친절과 선을 따라 말해야 한다. 예수님을 사탄의 졸개라 말하는 실수를 오늘날 우리가 또 하지 않기 위해서 말이다.

12:38 표적 보여주시기를 원하나이다. 성경이 완성되기 전 시대에는 선지자가 한 말이 옳은 것을 증명하는 방식으로 사람들은 표적을 요구할 수 있었다. 그러나 표적을 구한 의도가 좋은 의도였는지 나쁜 의도였는지를 살펴볼 필요가 있다.

12:39 악하고 음란한 세대가 표적을 구하나. 그들의 의도가 좋았다면 예수님께서 부드럽게 대답하셨을 것이다. 이렇게 대답하신 것을 통해 볼 때 예수님은 그들의 의도가 좋지 않다는 것을 아신 것 같다.

예수님은 지금까지 많은 표적을 행하셨다. 누구보다 많은 표적이다. 충분히 증명하고도 남은 표적이었다. 서기관과 바리새인들이 직접 보기도 하였다. 그런데 왜 또 표적을 구하고 있을까? 그들은 '음란'하였다. 영적 음란이다. 그들의 마음에 딴 마음이 가득하였다. 세상을 향한 사랑이 가득하였다. 그래서 예수님이 천국을 가르치실 때 그것이 마음에 들어오지 않았다. 이미 세상을 사랑하고 있기 때문이다. 그들은 믿고 싶지 않았다. 그래서 계속 증거를 요구하였다. 그들은 이후에 '요나의 기적'으로 비유적으로 설명된 예수님의 십자가의 죽으심과 부활을 직접 경험하게 된다. 그러나 그때도 믿지 않는다. 그들에게 대체 어떤 표적이 더 필요할까?

12:42 심판 때에 남방 여왕이 일어나 이 세대 사람을 정죄하리니. 무엇인가를 알기 위해서는 수동적이기 보다는 능동적이어야 한다. 남방 여인은 이방인이었으나 지혜를 들으러 먼 길을 왔다. 그런데 정작 지금 이스라엘 백성들은 그들이 보고 듣고 경험하고 있는 예수님의 천국 선포에 대해 더 배우고 고민하지 않고 아직도 문밖에 서서 표적만 구하고 있으니 그들이 진리를 알 수 없다. 그 죄가 크다.

12:45 나중 형편이 전보다 더욱 심하게 되느니라. 피상적인 경험이나 생각은 믿음에 이르지 못한다. 쫓겨났던 악한 영이 다시 돌아오는 것에 대한 말씀이다. 쫓겨날 때 사람들의 믿음 때문이 아니라 하나님의 역사하심 때문에 쫓겨났다. 그 사람은 악한 영이 쫓겨났으면 빨리 성령이 내주하시도록 해야 하는데 악령의 자리에 세상의 것만 채워 넣으니 오히려 악령이 다시 돌아오기 좋은 환경이 된다. 피상적인 믿음은 지금은 당장 믿음이 있는 것처럼 보이지만 결국 오히려 더 악한 나쁜 결과를 맺을 수 있다. 자칭 신앙인들이 깊은 믿음으로 들어가지 않고 피상적 믿음에 머물러 있다가 시험을 만나면 넘어지는 것을 많이 본다. 피상적 믿음에 머무른 신앙이 되지 말아야 한다.

12:48 누가 내 어머니이며 내 동생들이냐. 어머니와 동생들이 중요하지 않다는 의미가 아니다. 믿음의 사람들이 더 중요하다는 의미다. 믿음의 관계는 가장 본질적인 관계이다. 이 땅에서 혈육의 형제 자매가 된다는 것은 참으로 귀한 인연이다. 그런데 믿음의 가족은 영원하다는 의미에서 더욱 귀하다. 더 본질적이다. 믿음이 그 관계로 들어가지 못하면 피상에 머물게 된다.

12:50 하늘에 계신 내 아버지의 뜻대로 행하는 자가 내 형제요 자매요 어머니이니라. '하나님의 뜻'을 찾고 그 뜻에 순종하는 사람이 참 믿음의 사람이다. 하나님의 뜻을 깨닫고 하나님의 뜻이기에 순종하는 삶을 살아야 참된 믿음으로 들어갈 수 있다. '눈물 젖은 빵을 먹어보지 않고는 인생을 논하지 말라'고 말한다. 하나님의 뜻을 행하기 위해 눈물을 흘려보지 않고는 하나님의 백성이라 말할 수 없다. 참으로 힘들어도 하나님의 뜻이기에 행하고, 하고 싶지 않아도 하나님의 뜻이기에 눈물로 자신을 복종시켜 행할 때에 우리의 믿음이 깊어진다. 진짜가 된다.

13 장

예수님께서 천국을 가르치셨다. 11-12장에는 그것에 대한 사람들의 다양한 반응 이야기였다. 사람들의 다양한 반응은 곧바로 의문을 갖게 만든다. 왜 어떤 사람들은 천국을 받아들이고 어떤 사람은 받아들이지 않는 것일까?

13:3-5 씨를 뿌리는 자. 농부가 씨를 흩뿌리는 모습을 말씀하신다. 씨를 뿌리다 보면 밭의 가장자리에 뿌릴 때 씨가 길에 떨어지기도 한다. 돌이 많은 곳에 뿌려지기도 하고 가시가 많은 곳에도 뿌려진다.

그런 곳에 떨어진 씨는 열매를 제대로 맺지 못한다. 중요한 것은 씨는 같은 것이었으나 밭에 따라 다른 결과를 맺었다는 것이다.

예수님께서 말씀을 전하실 때 잘 들을 사람만 골라서 그 사람만 들으라 하지 않으셨다. 나온 모든 사람들에게 전하셨다. 그 중에는 친구 따라 나온 사람도 있을 것이다. 우연히 듣게 된 사람도 있을 것이고 기적을 보고 싶어서 모인 사람도 있을 것이다. 그러니 그들이 예수님의 말씀을 들었다 하여 모두 천국인이 되는 것이 아니다. 밭이 여러 종류가 있듯이 천국 씨앗이 뿌려진 사람들의 반응도 다르다. 그들에게 뿌려진 씨앗이 모두 열매 맺는 것이 아니다. 같이 들었어도 누군가는 천국인이 되고 누군가는 천국인이 되지 못할 것이다. 같은 시대에 살고 같은 동네에 살거나 같은 교회에 다녔다고 모두 천국인이 되는 것은 아니다.

13:8 좋은 땅에 떨어지매 어떤 것은 백 배...결실을 하였느니라. 열매 맺는 땅이 있다. 다른 곳에서 낭비된 말씀과 수고가 열매 맺는 곳에서 충분히 보충될 것이다. 농사에서는 씨가 뿌려진 곳이 대부분 좋은 땅이다. 그러나 믿음의 씨앗은 현실적으로 나쁜 땅이 훨씬 더 많다. 그러나 좋은 땅도 분명히 있다. 혹 백 사람이 거절하고 한 사람이 천국을 알게 된다 하여도 한 사람이 천국에 가는 것이 얼마나 크고 복된 일인지 모른다. 세상의 모든 것을 더한 것보다 더 귀한 일이다. 그러기에 여러 사람에게 전해지고 거부된 것은 결코 헛수고가 아니다. 우리는 열매 맺는 밭을 보아야 한다. 우리가 말씀을 뿌릴 때 누가 제대로 받아들일지 모른다. 열매 없는 것을 보면서 상처가 되기도 한다. 그러나 열매 맺는 곳이 있다.

13:10-11 어찌하여 그들에게 비유로 말씀하시나이까. 제자들의 질문에 예수님은 '천국의 비밀을 아는 것이 너희에게는 허락되었으나 그들에게는 아니되었나니'라고 대답하셨다. 비유는 구분을 위해 필요한 장치였다. 받아들이는 자와 받아들이지 않는 자. 천국 복음을 받아들이는 사람과 받아들이지 않는 사람이 있다. 그것은 씨뿌리는

분이나 씨의 문제가 아니라 밭의 차이였다. 말씀을 받은 밭이 나빠서 열매를 맺지 못한 것이다. 그러나 그 안에서도 주권은 씨 뿌리는 분에게 있다. **허락되었으나.** 비유를 통해 하나님께서 허락한 사람만 말씀의 의미를 깨닫고 열매 맺는 사람이 되도록 하셨다는 의미다. 믿음의 수용에 있어 하나님의 주권과 인간의 책임은 미묘한 관계이며 균형을 이룬다. 하나님의 주권은 절대적인 것이며 인간의 책임은 끼어들 여지가 없다. 그러나 여전히 인간의 책임은 매우 중요하다. 한 사람에게 일어난 믿음이라 하여도 하나님의 주권과 인간의 책임은 영역이 다르다. 이 두 가지를 하나로 묶으려고 하지 말아야 한다. 영역이 다르며 방식도 다르다. 하나님의 주권을 믿어야 하고 인간의 책임을 인정해야 한다.

13:15 천국을 받아들이지 않는 사람은 마음이 닫혀 있고 귀와 눈을 닫고 있다.

우리는 누군가 믿음을 갖도록 힘을 다해야 한다. 그러나 믿지 않는 것에 대해 절망하거나 믿음을 갖도록 하기 위해 거짓을 행하지 않도록 조심해야 한다. 거짓을 행해서라도 믿음을 더 전하면 좋은 것처럼 착각하는 사람이 많다. 거짓으로 교회를 부흥시킨다. 거짓으로 복음을 전한다. 그러나 그것은 하나님의 능력을 무시하는 행위다. 하나님께서 모든 것을 하실 수 있다. 거짓이 아니라 옳은 방식으로도 하실 수 있다. 그러나 단지 하지 않으실 뿐이다. 아담과 하와가 선악과를 먹는 것을 어찌 막지 못하셨겠는가? 단지 하지 않으셨을 뿐이다. 하나님의 선하신 뜻이 있기 때문이다.

오히려 하나님께서 '마음과 귀와 눈'을 막으시는 측면도 있다. 이 구절의 본래 구절인 본문인 '이사야'에는 명령형으로 되어 있다. 하나님께서 그렇게 막으시는 것이다. 어쩌면 미움보다 더 마음 아픈 것은 거짓 사랑이다. 믿음도 없으면서 믿음을 가지는 것이 되지 않도록 하기 위함이다. 사랑하지도 않으면서 믿는 것이 되지 않도록 하기 위함이다. 비유가 그렇다. 많은 비유가 한 번 더 생각하게 되어 있다. 깊이 생각도 하지 않고 아는 것이 되고 모르면서도 안다고 생각하지 않도록 하기 위한 장치다. 이 장치를 통하여 믿음 없는 이들이 믿음이 있는 것처럼 여기지 않도록 구분시키셨다.

13:16 너희 귀는 들음으로 복이 있도다. 사랑도 없으면서 사랑하는 척하는 거짓 믿음이 아니라 하나님과 천국을 눈으로 보고 귀로 들을 수 있는 사람이 복된 사람이다.

13:19 길 가. 말씀을 들었으나 깨닫지 못하는 사람들을 '길 가'로 비유한다. 길가에 말씀이 뿌려지면 그냥 버려질 뿐이다. 이들도 말씀을 듣기는 하였다는 사실을 통해 볼 때 오늘날로 한다면 교회를 일시적으로 다녀 본 사람들을 의미한다. 그들에게 천국 복음이 들려졌으나 귀담아 들으려 하지 않기 때문에 말씀을 깨닫지 못하고 끝난다.

13:20 돌밭. '말씀을 듣고 즉시 기쁨으로 받은' 사람을 의미한다. 받아들이기는 빠르게 받아들였다. 그러나 그들은 '말씀으로 말미암아 환난이나 박해가 일어날 때에는 곧 넘어지는 자'라고 말씀한다. 그들은 말씀을 세상 복을 위하여 받은 사람이다. 교회에 다니면 사업에 도움이 되고 가정이 잘 된다고 생각하여 다녔는데 만약 믿음 때문에 손해 보는 일이 생기면 그것 때문에 믿음을 버리는 사람이다. 세상 복을 위하여 믿는 사람들은 신앙인 같으나 신앙인이 아니다.

13:22 가시떨기. 어쩌면 끝까지 교회에 다니고 있는 사람일 수 있다. 그러나 늘 세상 염려와 재물 유혹에 넘어가는 사람으로 세상의 일에만 관심을 가지고 살다가 결국 믿음의 '결실'을 맺지 못하고 마치는 사람이다. 믿음의 결실이 없다면 끝까지 교회에 다녔어도 천국인이 아니다.

13:23 좋은 땅. 어떤 사람은 백 배, 어떤 사람은 육십 배, 어떤 사람은 삼십 배의 열매를 맺는다. 기본으로 수십 배의 열매를 맺는다.

천국 열매는 풍성하다. 그러나 그 안에도 열매의 양이 다르다는 것도 생각해 보아야 한다. 천국인으로 우리는 더 많은 열매를 맺는 사람이 되어야 한다.

13:24-25 천국은 좋은 씨를 제 밭에 뿌린 사람과 같으니. 천국은 씨를 뿌린 '사람'과 같은 것이 아니라 비유 전체를 의미한다. '천국에 대해 이야기하자면 이런 이야기도 있다'는 뜻이다. **원수가 곡식 가운데 가라지를 덧뿌리고 갔더니.** '가라지'는 흔히 교회 안의 거짓 그리스도인으로 생각하는데 그것이 아니라 세상 사람들을 의미(38절)한다. 곧 믿지 않는 사람들이다. 세상은 하나님께서 선하게 창조하셨으나 악한 영과 사람들의 불신앙 때문에 가라지가 있는 세상이 되었다. 실제로는 좋은 씨보다 가라지가 더 많은 세상이 되었다.

13:29 가라지를 뽑다가 곡식까지 뽑을까 염려하노라. 세상에 다양한 사람들이 함께하는 것은 실제로는 '곡식'이 중요하기 때문이다. '곡식까지 뽑을까 염려'하여 가라지를 뽑지 못하게 하셨다. 곡식이 주인공이다. 세상에서 살다 보면 세상 사람들이 주인공처럼 보인다. 그러나 그렇지 않다. 하나님께서 세상을 다스리시기에 천국인이 세상의 주인공이다.

13:30 가라지는 먼저 거두어 불사르게 단으로 묶고. 어떤 사람들은 마지막 때가 되면 모든 이들이 믿음에 이르게 된다고 말한다. 그것은 오늘 말씀과 정면으로 배치된다. 오늘 말씀에서는 추수 때까지 가라지와 곡식이 함께 있을 것이라 말씀한다. 그러기에 우리는 가라지에 너무 신경쓰지 말아야 한다. 그들은 끝까지 가라지로 남아 있을 것이다. 우리는 곡식이 열매를 잘 맺도록 하는 일에 힘을 쏟아야 한다.

세상에는 다양한 사람들이 있다. 그러나 크게는 세 종류의 사람이 있다는 것을 보았다. 천국인, 유사 천국인(천국인처럼 보이지만 실제로는 아닌 사람), 세상 사람. 천국인이 소수이기에 세상에서 소외되는 것처럼 보일 수 있다. 그러나 천국인이 주인공이다. 천국인은 다른 사람 신경쓸 것이 아니라 자신이 맺어야 하는 열매를 맺는 일에 힘써야 한다. 삼십 배를 넘어 백 배의 열매를 맺는 사람이 되도록 해야 한다.

천국이 왔는데 왜 그렇게 작은지와 천국의 실제 모습에 대해 말한다.

13:31 겨자씨. 천국 이야기의 주인공으로 '겨자씨'가 나온다. 겨자씨는 가나안 지역에서 가장 작은 씨로 생각되기 때문에 천국 비유의 주인공으로 초대되었다. 땅콩의 백분의 일 크기도 안 되는 아주 작은 씨앗이다. 우리에게 전해진 천국이 어떤 면에 있어서는 그렇게 작다. 사람들이 가장 작게 여기고 있다. 세상 사람들에게 천국은 가장 작은 부분이다. 예수님 당시 예수님이 전한 천국 이야기는 사람들에게 큰 동요를 일으키지 못하였다. 오늘날 사람들도 보라. 기독교인이 많이 있지만 여전히 천국은 사람들에게 그리 큰 주제가 아니다. 텔레비전에서 천국 이야기를 하는 것을 본 적이 있는가? 천국 이야기는 사람들에게 뉴스거리가 되지 못한다.
천국이 세상 사람들에게 작은 것 취급받는 것은 어쩌면 당연하다. 그들은 천국을 믿지 않기 때문이다. 천국을 볼 수 없다. 그런데 기독교인들에게도 천국이 작은 것으로 머무를 때가 있다. 그것이 문제다. 신앙인이라면 천국을 소망하고 천국을 살아가는 면에 있어 우리 마음에 가장 큰 부분을 자치해야 한다. 그런데 많은 사람들에게 여전히 너무 작다.

13:32 나무가 되매. 그 작은 씨가 겨자식물이 된다. 겨자는 일 년생 식물이다. 보통의 겨자는 1m정도 되고 특별히 검정 겨자는 4m까지

자라기도 한다. 제주에서 흔히 보는 유채를 생각하면 된다. 모양도 크기도 비슷하다. '나무'가 아닌데 '나무'라는 단어를 사용한 것은 과장법이면서도 제국의 이미지를 나타내기 위함으로 보인다. 천국은 어느 나라보다 크기 때문에 작은 것을 말하기 위해 겨자씨를 말하였지만 크기는 겨자식물이 천국의 웅장한 이미지를 담을 수 없어 나무라는 단어로 대신한 것이다.

천국이 그렇게 큰 무엇이 되는 것은 나중 일이다. 그러나 커다란 천국은 작을 때에 이미 그 안에 잠재되어 있다. 없던 것이 미래에 크게 되는 것이 아니라 씨가 있어 크게 된다. 오늘 작은 그 믿음이 크게 되는 것이지 아무것도 아닌 것이 크게 되는 것이 아니다. 사실 천국의 본질은 '큼'이다. 온 우주를 만드신 하나님께서 왕이시고 사랑을 입은 사람들이 그 백성인데 어찌 천국이 작겠는가? 천국은 참으로 위대하여 한 사람 안에 있는 천국조차도 천국 없는 만 명의 사람보다 더 크다. 오늘 천국이 안에 있는 사람은 자신이 지금 얼마나 크고 위대한 나라의 백성인지를 알아야 한다. 세상 사람들은 커야 보인다. 그러나 우리는 이미 아무리 작아도 큰 천국의 위대함을 아는 사람들이다. 그래서 믿음을 가지고 있다. 우리는 오늘 천국이 우리 안에서 더욱더 존귀한 것이 되게 해야 한다. 내 마음의 천국이 무엇보다 더 존귀하고 아름다우며 사랑받는 것이 되게 해야 한다.

13:33 누룩. 빵을 부풀리는 '누룩'으로 설명한다. 밀가루 안에서 누룩이 차지하는 비중이 매우 적다. '넣어'로 번역된 단어는 본래 '숨기다'는 의미다. 숨기어 있다 할 정도로 천국은 미약하게 보인다. 세상에서 천국이 차지하는 비중이 작다고 걱정하지 마라. 예수님의 비유에서 알 수 있듯이 천국이 그것을 모르는 사람들에게는 지극히 작게 보인다. 그들이 천국을 작게 보는 것은 당연하다.

사실 천국은 우리 안에서도 참으로 작다. 우리 안에 믿음이 있는 것 같다가도 안 보일 때가 많다. 천국을 매우 사모하고 기다리는 마음으로 가득하였다가도 어느새 우리는 천국이 아니라 이 세상을 살아가고 있는 것을 발견하기도 한다. 그렇게 천국은 우리 안에서 참으로 작다. 그러나 작다고 절망하지 마라. 작지만 천국이 우리 안에서 얼마나 중요한지를 생각하고 작은 믿음을 키우기 위해 힘을 다하라. 오랫동안 힘을 써도 너무 작은 믿음일 것이다. 그래도 그렇게 키워가는 믿음은 어떤 것보다 더 위대하다.

13:38-40 하나님이 세상을 아름답게 창조하셨다. 밭(세상)에 곡식이 자라야 하는데 곡식은 없고 온통 가라지 뿐이다. 이제 악한 죄로 인하여 가라지가 정상이고 곡식이 비정상으로 보이는 시대다. 그러나 진리는 언젠가 드러난다. 지금 세상에 가득한 가라지는 결국 불에 태워질 것이다.

13:43 **의인들은 자기 아버지 나라에서 해와 같이 빛나리라.** 무엇을 판단할 때는 결국 어떻게 되는지를 보아야 한다. 마지막이 우리의 방향을 정해준다. 천국인이 이 땅에서는 수많은 가라지에 이리 치이고 저리 치이지만 결국은 천국인의 열매가 빛날 것이다. 천국복음의 위대함과 거대함은 말로 형용할 수 없다. 이 땅에서 지금 천국의 위대함을 아는 사람이 복된 사람이다.

천국의 수용과 배척에 대한 이야기.

13:44 **천국은 마치...와 같으니.** 천국 비유 이야기에서 천국은 '밭에 감추인 보화'인 것이 아니라 '이야기 전체'를 의미한다. 이렇게 번역할 수 있다. "천국이 임한 사람에게 어떤 일이 일어나는지는 다음 이야기를 보라." 임한 천국을 살아가는 사람은 밭에 감추인 보화를 위해 '자기의 소유를 다 팔아 그 밭을 사는' 행위를 하는 사람이다. 그래서 '보화'가 천국을 잘 드러내지만 천국을 더 잘 설명하는 것은 그 사람의 가치인식이다. 오늘날 사람들에게 부족한 것은 자신의 것을 다 팔아 섬기는 '헌신'이 아니다. '가치'를 모르는 것이 문제다. 가치를

모르기 때문에 헌신이 힘든 것이다. **밭에 감추인 보화**. 남의 밭에서 일을 하는 한 사람이 나온다. 일을 하다 그곳에 '감추인 보화'를 발견하였다. 은행이 없던 과거에 돈을 항아리에 넣어 땅에 묻어 두는 것은 일반적인 일이었다. 이것을 발견하면 소유권이 누구에게 있는지 시대마다 다양한 법이 있을 수 있는데 이 당시에는 이 사람의 행동이 정당하였다. 중요한 것은 밭에서 보화를 발견한 사람의 그 다음의 행동이다. 일당을 받고 남의 밭에서 일을 하던 사람이기에 돈이 없을 것이다. 밭을 사기 위해서는 상당한 돈이 있어야 할텐데 그는 보화를 포기할까? 그 돈을 마련하는 것이 힘들기에 포기할까? 그 돈을 마련하려면 이리 뛰고 저리 뛰어야 할텐데. 그러한 힘든 과정을 불평하면서 할까? 가슴 뛰는 기쁨으로 할 것이다. 천국은 그것을 위해 수고해야 하고 기뻐해야 하는 것이 의무가 아니다. 천국의 가치를 발견하면 당연히 수고할 것이고 당연히 기뻐할 것이다. 중요한 것은 천국의 가치를 발견하는 것이다. 천국의 가치가 어찌 밭에 숨겨 있는 보화에 미치지 못하겠는가? 천국은 어떤 것보다 더 가치가 있다. 문제는 그것의 가치를 모르기 때문에 천국의 길을 가는 것이 힘들고 의무가 되는 것이다. **자기의 소유를 다 팔아**. 소유를 다 판다는 것은 지극히 힘든 일이다. 그것만 생각하면 그렇다. 그것을 팔아 어떤 의무적인 일을 해야 한다면 데모를 해야 할 것 같다. 그는 지금 자신이 투자하는 돈이 자신이 이후에 갖게 될 것보다 훨씬 더 적다는 것을 안다. 그러니 지금 자기의 소유를 파는 것이 순간순간 아까울 수도 있지만 곧 그 보화를 얻을 것을 생각하면서 속으로 웃으면서 그렇게 할 것이다.

13:45-46 값진 진주 하나를 발견하매. 진주를 찾는 상인 이야기가 나온다. 좋은 진주를 찾아 나섰던 사람이 매우 좋은 진주를 발견하였다. 그렇다면 그는 어떻게 할까? '좋은 진주' 하나는 이 당시 천문학적인 액수였다. 그것을 사기 위해서는 자신이 가진 모든 것을 다 팔아야만 가능했을 것이다. 그러나 그것을 사는 것이 힘들까? 전혀 힘들지 않을 것이다. 그가 가진 모든 것을 다 팔아서라도 그것을 살

것이다. 그가 좋은 진주를 '발견하매'라고 말할 때 이것이 앞의 밭에서 보화를 발견한 사람의 '발견'과 같은 헬라어 단어다. 그러나 앞에서는 우연히 발견한 것이고, 여기에서는 찾다가 발견한 것이다.

천국이 때로는 우연히 다가오고 때로는 힘을 다하여 찾다가 발견하기도 한다. 그런데 힘을 다하여 찾았다 할지라도 찾은 것 때문에 발견한 것은 아니다. 찾아도 찾지 못하는 사람이 많은데 어느 날 갑자기 우연히 발견된 것이다. 아르키메데스의 유명한 '유레카'(내가 그것을 발견하였다)도 같은 어근이다. 이 발견으로 인하여 그들은 환희한다. 천국을 발견한 사람, 천국의 가치를 깨닫게 된 사람은 가장 행복한 사람이다. 그것을 발견하여 그것을 위해 살아가는 삶 또한 참으로 행복한 삶이다.

13:47-48 각종 물고기를 모는 그물...좋은 것은 그릇에 담고 못된 것은 내버리느니라. 천국은 모든 사람에게 열려 있지만 모든 사람이 그곳 백성이 되는 것은 아니다. 쌍끌이 그물을 통해 많은 고기를 잡아도 잡은 이후에는 골라야 한다. 오늘날 교회가 쌍끌이처럼 이 사람 저 사람 모으기도 한다. 그러나 다 천국가는 것은 아니다. 진짜만 간다.

13:50 풀무불...거기서 울며 이를 갈리라. 천국에 들어가지 못한 사람의 비참한 모습이다. 천국 가치가 완전히 드러나는 그 날이 아니라 이 땅에서 천국가치를 알아야 한다. 지금 천국의 가치를 모른다면 천국의 가치가 만천하에 드러나는 그 날에 천국에 참여할 수 없다. 그기에 이 땅에서 천국가치를 알고 사는 것이 참으로 중요하다.

13:51 깨달았느냐. 제자는 천국을 깨달은 사람이다. 그래서 천국을 살아간다. 천국을 살아가는 것이 좁은 길일지라도 그 길이 행복한 길이다.

13:54 **고향**. 예수님께서 고향에서 천국을 가르치셨다. 그러자 사람들은 '이 지혜와 이런 능력이 어디서 났느냐'라고 말한다. 그러나 그들은 자신들이 말하는 바 지혜와 능력을 받아들이지 않았다.

13:55 **목수의 아들이 아니냐**. 그들은 예수님의 아버지와 예수님을 익히 알던 사람들이다. 그들은 익숙함에서 오는 무례와 배척을 하고 있다. '목수'로 번역한 헬라어 단어(테크톤)는 단순히 '기술자'라는 의미다. 일반적으로는 '목수'로 번역하였는데 아마 예수님은 아버지처럼 나사렛에서 석공 기술자로 일을 하셨을 것이다. 집을 짓고 과수원이나 성을 만들기 위해 석축을 쌓는 일이다. 그것이 기술을 요하는 것으로 전문직이라 할 수 있지만 성경을 아는 기술과는 다르다. 그래서 그들은 예수님의 성경 지식을 배척하였다.

13:57 **선지자가 자기 고향과 자기 집 외에서는 존경을 받지 않음이 없느니라**. 사람들은 친근함과 익숙함으로 인하여 무례와 배척을 하곤 한다. 천국이 배척되는 이유는 다양하다. 다양한 자신들의 이유로 천국을 배척한다. 천국을 발견하지 못한 것이다. 천국을 발견해야 하는데 다양한 다른 것이 장애물이 되어 천국을 발견하지 못하는 것이다. 천국을 발견하지 못하였기에 천국을 위해 헌신하고 천국을 살아가는 일은 결코 없을 것이다.

13:58 **많은 능력을 행하지 아니하시니라**. 그들이 천국을 전혀 생각하지 않고 배척함으로 천국의 맛보기도 보지 못하였다. 오늘날에도 천국에 대해 배척하는 사람들이 있다. 그들이 천국을 배척할 때 그들은 천국에서도 배척된다.

14 장

14:1 헤롯. 헤롯 대왕이 통치하던 곳을 그가 죽은 이후 세 등분하여 세 아들이 나누어 다스리게 되었다. 헤롯 안디바는 갈릴리와 페리아 지역을 다스렸다. 그의 나라 수도는 갈릴리 호수 남동쪽 호수를 접한 디베랴였다. 그는 갈릴리에서 행하시던 예수님의 행적을 자세히 듣고 있었을 것이다.

14:2 이는 세례 요한이라 그가 죽은 자 가운데서 살아났으니. 그는 예수님의 행적 이야기를 듣고 예수님에 대해 나름대로의 생각을 하였다. 예수님을 세례요한이 환생한 것이라 생각하였다. 이러한 그의 생각은 참으로 말도 안 된다. 유대인의 사상에 환생 개념이 없다. 그의 생각은 로마 신화와 샤머니즘적인 가나안 민속 사상 등의 혼합으로 보인다. 또한 세례요한과 예수님은 생일이 몇 개월밖에 차이 나지 않는다. 그의 생각은 논리적이지도 못하다.

14:3 요한을 잡아 결박하여. 헤롯 안디바는 세례요한을 결박하였던 인물이다. 결박의 이유는 '동생 빌립의 아내 헤로디아의 일'이었다. 동생 빌립의 아내 헤로디아와 사랑에 빠져 자신의 아내와 이혼하고 그와 결혼한 것을 세례요한이 비난하자 결박하였다.

14:5 무리가 그를 선지자로 여기므로. 헤롯 안디바는 대중의 생각을 중요하게 여겼기 때문에 요한을 어찌하지 못하였다. 사실 헤롯 자신도 세례요한을 선지자로 여기는 마음이 있었던 것 같다. 그러나 그에게 더 중요한 것은 그것이 아니었다.

14:9 자기가 맹세한 것과 그 함께 앉은 사람들 때문에. 그는 '세례요한의 머리를 달라'하는 헤로디아의 딸의 요청에 응하였다. 대중들의 생각보다는 지금 자신과 함께 식사를 하는 고위직 사람들의

눈이 더 중요하였다. 그것이 자신의 정치 기반이었기 때문이다. 또한 자신의 위신과 체면이 관련되어 있기 때문이다.

14:11 **머리를 소반에 얹어서.** 머리를 자르는 것은 유대 율법에 어긋난 일이다. 그러나 그러한 일도 서슴없이 행한다. 헤롯이 세례요한을 죽인 것은 무지와 악함 때문이다. 그는 예수님 소문을 들었을 때 아주 무지한 판단을 하였다. 그의 무지와 악함은 예수님의 메시야 되심과 임한 천국에 대해 관심을 갖지 못하고 거절하는 배경이 된다.

14:13 **들으시고 배를 타고 떠나사.** '들으셨다'는 것이 세례요한이 죽임을 당한 것을 의미하는 것인지 아니면 헤롯 안디바가 예수님을 세례요한이 환생한 것으로 여기고 있다는 이야기를 들으신 것인지는 확실하지 않다. 여하튼 예수님은 헤롯 안디바를 피하여 헤롯 빌립의 영토로 옮겨 가신 것으로 보인다. **빈 들.** 아마 갈릴리 북동쪽에 있는 해안 쪽 벳새다 인근을 말하는 것으로 보인다. 이스라엘에 가면 타브하에 '오병이어 기념 교회'가 있다. 그곳은 오빵이어가 행해진 곳이기 보다 오빵이어 후 가신 곳이다. 그 교회는 예수님이 빵을 올려 놓으셨다는 곳으로 알려진 바위를 제단으로 하여 지어졌다. 많은 사람들이 그 바위의 조각을 신성하게 여겨 병고침 등에 효험이 있다 하여 떼어갔다. 그곳이 오빵이어 기적을 행하신 곳이 아니지만 행하신 곳이라 하여도 백 번 양보하여 그 바위가 진짜 예수님이 빵을 올려 놓으신 곳이라 하여도 그 바위는 전혀 효험이 없다. **무리가 듣고 여러 고을로부터 걸어서 따라간지라.** 예수님께서 배를 타고 빈 들에 가셨을 때 많은 사람들이 따라갔다. 예수님이 배를 타신 곳이 어디인지는 성경에 나와 있지 않다. 가장 유력한 후보지는 지금의 '타브하'다. 예수님의 많은 가르침이 있었던 해안이다. 많은 사람들은 타브하 해안에서 따라갔을 것이다. 그곳에서 벳새다 들까지는 8km 정도 떨어져 있다. 예수님 일행이 배를 타고 갈 때 그들은 걷고 뛰어 배를

따라갔다.

14:14 큰 무리를 보시고. 벳새다 들에 도착하여 예수님이 하선하실 때 이미 그곳에는 많은 사람들이 도착하여 있었다. 예수님께서 빈 들에 가신 것은 아마 기도하기 위함이었을 것이다. 그러나 그곳에 모인 무리를 보시고 긍휼히 여기셔서 병을 고쳐 주시고 계속하여 천국복음을 가르치셨다. 말씀을 가르치시다 저녁 먹을 시간도 지나버렸다.

14:19 떡 다섯 개와 물고기 두 마리. 때가 지나자 제자들은 사람들을 빨리 보내야 한다 하였다. 가까운 곳에 벳새다가 있다. 그러나 사람들이 각 고을에서 왔기 때문에 벳새다에서 사 먹을 돈이 없는 사람도 있을 것이요 자신의 집으로 바로 가야 하는 사람도 있을 것이다. 예수님은 그들을 위해 특별한 일을 행하셨다. 오빵이어로 만 명 이상의 사람들을 먹이신 기적을 행하셨다. 오빵이어 사건은 사복음서 모두에 기록된 유일한 기적 사건이다. 그만큼 뺄 수 없는 중요한 사건이었다. 들판에서 오빵이어로 수많은 사람을 먹이신 사건은 광야에서 만나로 백성이 먹도록 하였던 선지자 모세를 기억나게 한다. 또한 빵 20개로 100명이 풍족히 먹을 수 있도록 했던 엘리사 선지자를 생각나게 하며 예수님이 더 큰 선지자임을 말한다. 더 나아가 성만찬과 가장 중요하게는 천국 만찬을 미리 보여준다. 오빵이어의 음식을 먹은 사람들은 빵과 고기를 먹은 것만이 아니라 천국 잔치에 참여함을 의미한다. 예수님을 좇아 걷고 또 뛰었던 그들은 오빵이어가 실제로는 소박한 식사였지만 천국잔치에 참여한 식사였다. 오빵이어는 적은 음식으로 수많은 사람이 먹었으니 매우 큰 기적 같지만 실상은 사람들은 소박한 한 끼 식사를 한 것이다. 주님이 주신 것을 알면 천국만찬이요 그것을 모르면 그냥 한 끼 식사일 뿐이다. 나는 식사 시간마다 오빵이어를 주심에 감사하는 기도를 한다. 그때마다 오빵이어의 기적을 경험한다.

14:22 예수께서 즉시 제자들을 재촉하사...건너편으로 가게 하시고. 그들의 반응이 너무 열광적이었기 때문에 그들의 마음을 가라앉힐 필요가 있었다. 빨리 자신과 대중들을 떨어트리려 하셨다. '재촉하사'라고 말씀할 정도로 급박함이 보인다.

예수님은 왜 사람들을 자신에게서 떨어지게 하려고 하셨을까? 예수님이 전하신 천국 복음이 아니라 '음식 복음'이 그들에게 팽배함을 보셨기 때문으로 보인다. 그들의 반응이 열광적이었지만 그 열광은 천국복음을 향한 순수한 열정이 아니라 세상나라의 것에 대한 열정과 섞여 있었다. 물론 배고픔이 없는 것은 천국의 모습이다. 그러나 그들이 이 땅에서 살아야 할 천국의 모습은 아니다. 이후에 임할 천국의 모습이다. 그들의 열정이 조금은 방향을 잃었다. 그래서 예수님은 그들과 떨어지심으로 그들의 뜨거움을 식히고자 하셨다.

14:23 따로 산에 올라가셔서. 예수님 또한 사람들의 환호가 아니라 고요한 자리를 찾아 가셨다. 무리와 제자들을 다 보내시고 홀로 계셨다. 홀로 기도하셨다.

14:24-25 물결로 말미암아 고난을 당하더라. 배의 노선인 벳새다에서 게네사렛까지는 바닷길로 8km정도 된다. 한 시간도 안 걸리는 거리다. 그러나 바다에서 폭풍을 만난 배는 바다에서 10시간 이상을 보내고 있었다. **밤 사경.** 밤(12시간)을 4등분 한 로마 군대식 시간으로 밤 3시-6시를 말한다. 예수님이 바다를 걸어오시는 것이 보인 것으로 보아 동이 튼 이후인 새벽 6시에 가까운 시간이었을 것이다. 제자들이 밤새도록 바다에서 파도와 싸웠던 것이다. 오빵이어의 기적 이후에 밤새도록 파도와 싸울 때 그들의 마음은 어떤 생각이었을까?

14:26 유령. 바다를 걸어오는 예수님을 보고 그들이 내릴 수 있었던 최고의 판단이다. 한글로는 유령이 '귀신'과 같은 의미로 '죽은 사람의 영'을 의미할 때가 많지만 제자들은 죽은 사람의 영보다는 영적인 무엇을 지칭하기 위해 사용하였을 것이다. 사람이 육신을 가지고

바다를 걸을 수 없는 것이 너무 당연하기 때문에 육신을 가지지 않고 영만 나타난 것으로 생각한 것이다.

14:31 왜 의심하였느냐. '의심하다' 단어의 어근은 '둘'(듀오)이다. 문자적으로 두 마음을 가진 것을 의미한다. 믿음으로 걸어가고 있었는데 파도를 보는 순간 딴 마음이 들었던 것이다. 베드로 안에 있던 두 마음은 없었던 것이 생긴 것이 아니다. 그 안에 있던 마음이 드러난 것이다. 오빵이어의 음식을 앞에서 생생하게 보고 나누어 주던 베드로의 마음이 이렇다. 그렇다면 앞에서 열광하던 대중은 열광하는 마음이 실제로는 한 마음이 아님을 볼 수 있다.

14:32-33 예수께 절하며...진실로 하나님의 아들이로소이다. 절은 선생님께 하는 것이 아니라 하나님께 하는 것이다. '하나님의 아들'은 메시야에 대한 칭호를 넘어 신성을 지니신 하나님으로의 고백을 담고 있다. 그들은 오빵이어에서도 느끼지 못하였던 놀라운 경외의 마음을 가지게 되었다. 베드로의 바다 걷기 성공과 실패는 그의 믿음을 더욱 실체가 되게 하였다.

15 장

15:2 당신의 제자들이 어찌하여 장로들의 전통을 범하나이까. 질문 형식이지만 실제로는 책망이다. 바리새인들은 율법을 더 잘 지키기 위해 세부적으로 구전율법으로 '장로들의 전통(미쉬나)'을 가지고 있었다. 제자들이 손을 씻지 않고 음식을 먹는 것을 보고 그것을 따지고 물었다. 여기에서 그들이 기준으로 삼고 말하는 것은 '구전 율법'이다. 하나님께서 모세에게 시내산에서 기록된 율법을 주셨고

또한 말로 전해지는 율법을 주셨는데 그것이 이어져 랍비들을 통해 계속 이어졌다고 생각하였다. 그것이 주 후 200년경에 집대성되어 기록된 것이 '미쉬나'다. 그리고 '구전율법'을 토론되고 가르치기 좋은 방식으로 이야기를 만들고 해석한 것이 탈무드다. 음식을 먹을 때 손을 씻고 먹는 것은 미쉬나에 없다. 아마 예수님 당시에 반짝 가르침으로 있었던 것 같다. 성경에는 제사장이 제사드리기 전 손 씻는 것이 나오는데 그것을 모든 백성에게 요구하는 매우 과한 법이다. 물론 그것이 위생상에는 좋지만 말이다.

15:4-6 전통으로 말씀을 범하고 있는 경우로 '하나님께 드림이 되었다'(고르반)는 맹세를 말씀하신다. 십계명 중 5계명은 '부모를 공경할 것'을 말씀하였다. 그러나 말씀을 가르치는 이들이 사람들의 악한 의도를 채워줄 전통을 하나 만들었다. 나이든 부모를 모셔야 하는 책임을 가지고 있는 자식이 부모를 모시기 싫을 때 '자신의 전 재산을 하나님께 드린다'는 맹세를 함으로 하나님께 드렸으니 부모를 모실 책임이 없어지는 법을 만든 것이다. 하나님께 드린 것이 우선이며 그것을 서원까지 하였으니 부모를 모실 책임이 없는 것이다. 그것은 말씀을 정면으로 어기는 행위다. 그런데 사람들의 악한 마음을 채워주기 위해 전통으로 만들어졌다.
오늘날 우리들도 자신의 관습과 이익이 말씀을 반대하고 천국을 반대하고 있는 것이 아닌지 살펴보아야 한다. 말씀을 잘 지킨다 하면서 오히려 말씀을 파괴하고 있는 경우가 많다.

15:8 마음은 내게서 멀도다. 그들은 여전히 입술로는 매우 신앙이 있는 사람 같았다. 그러나 실제로는 하나님으로부터 멀어지고 있었다. 바리새인은 메시야를 가장 열심히 기다린 사람들이다. 그러나 정작 메시야가 오셨을 때 반대하고 박해하였다. 마음으로 기다린 것이 아니었기 때문이다.

15:11 입으로 들어가는 것...입에서 나오는 그것. 사람을 잘

판단하려면 그 사람이 무엇을 먹는지가 아니라 그 사람이 무엇을 말하는지를 보아야 함을 말씀하셨다. 입으로 들어가는 외부의 음식은 혹 그 사람의 몸을 상하게 할 수는 있어도 그 사람의 영혼을 더럽게 할 수는 없다. 그러나 그 사람의 입에서 나오는 말은 그 사람의 마음을 잘 대변하며 그 사람을 상하게 하고 망하게 한다.

15:12 말씀을 듣고 걸림이 된 줄 아시나이까. 예수님의 말씀이 바리새인들을 실족하게 할 수 있다 말하였다. 그런데 예수님은 '그냥 두라' 하신다. 바리새인들이 그렇게 흔들려야 하기 때문이었다. 그들은 자칭 잘난 사람들이었다. 그러나 실제로는 매우 잘못된 길을 가고 있었다. 때로는 마음이 상하더라도 자신들이 지금 가고 있는 길을 다시 생각해 보아야 할 필요가 있었다.

15:19-20 손으로 먹는 것은 사람을 더럽게 하지 못하느니라. 바리새인들은 율법을 잘 지키고 전통까지 잘 지켰다. 그러나 그들이 지키는 것은 외적인 것이었다. 중요한 것이 아니었다. 사람을 더럽게 하지 못하는 것에 대해서는 힘을 다하여 지켰다. 그래야 사람들이 인정해 주기 때문이다. 그런데 정작 중요한 마음을 지키는 일에는 소홀히 하였다. 사람들이 볼 수 없기 때문이다.

가나안 여인과 예수님의 만남에 대한 이야기

15:22 가나안 여자. 예수님이 유대 종교자들을 피하여 먼 이방 지역인 두로와 시돈으로 가셨다. 예루살렘으로 올라가는 마지막 여정을 준비하는 과정이었지만 그때 한 여인에게는 매우 중요한 순간이었다. 한 가나안 여자의 딸이 악령에 사로잡혀 중한 병에 걸린 것으로 보인다. 이 여인은 예수님과의 만남을 일생일대의 기회로 여겼다. 그는 '주 다윗의 자손이여 나를 불쌍히 여기소서'라고 부르짖었다.

15:24 잃어버린 양 외에는 다른 데로 보내심을 받지 아니하였노라.
예수님은 의도적으로 여인을 외면하셨다. 그러자 여인은 계속하여
예수님을 불렀다. 예수님은 제자들을 보내실 때도 이방인 지역이
아니라 이스라엘 백성이 사는 곳으로 보냈다. 그들이 언약의 백성이기
때문이다. 그들이 메시야의 오심을 약속받은 사람들이다. 그들이 읽고
배운 성경이 예수님에 대한 것이며 천국복음을 먼저 들을 특권을
가졌다.
예수님께서 이스라엘 백성에게 천국복음을 먼저 가르치고 전하신 것은
이스라엘 민족만 들어야 하기 때문은 아니다. 그것은 궁극적 한정이
아니라 이 당시 이스라엘이 먼저 들어야 하기 때문에 임시적 한정이다.
예수님은 부활하시고 승천하시면서 그 경계선을 무너뜨리시고
땅끝까지 가서 복음을 전하라 하셨다.

15:26 자녀의 떡을 취하여 개들에게 던짐이 마땅하지 않다. 주님의
말씀에서 잘못하면 '무례'를 읽을 수 있다. 주님은 여인에게 '개'를
이야기하실 때 구약이나 다른 곳에서는 전혀 사용하지 않는 단어를
사용하셨다. 직역하면 '작은 개'다. 이스라엘에게 개는 '시체를 먹는
개'로 떠돌이 개이며 오늘날 늑대에 가까운 이미지다. 이스라엘은
애완견 개념이 없었으나 두로와 시돈은 애완견 개념이 있었다. 작은
개이며 집 안에서 키우는 개다. 예수님은 세밀하게 여인의 입장에서
익숙한 애완견 개념을 사용하셔서 우선순위에 대해 말씀하신 것이다.
이스라엘을 양으로 비유하는 것이 무례가 아닌 것처럼 이방인을 개로
비유한 것이 이 당시 여인에게 무례로 다가오지는 않았을 것이다.

15:27 부스러기를 먹나이다. 여인은 이스라엘의 우선순위를 인정한다.
그러나 개가 주인이 상에서 떨어트린 부스러기를 먹을 수 있듯이
이방인인 자신에게도 부스러기 은혜라도 주시기를 간청하였다.

15:28 네 믿음이 크도다. 이스라엘 백성 중에 많은 이들이 예수님과

천국복음을 거절하였다. 박해까지 하였다. 그런데 지금 이방 여인이 부스러기 은혜라도 받겠다는 간절한 마음으로 간구하고 있다. 이 여인의 마음을 보고 예수님이 칭찬하셨다. 어느 누구에게도 하지 않으신 큰 칭찬을 하셨다.

가나안 여인은 부스러기 은혜를 구하였다. 이스라엘이 먼저였기 때문에 그는 받을 것이 없지만 부스러기라도 좋으니 주시라고 간청하였다. 이 당시는 이방여인에게 복음을 전하는 시기가 아니다. 그러나 여인의 열망은 가장 큰 은혜를 얻는 결과를 낳았다. 어떤 가능성도 없어 보였으나 부스러기 은혜를 간구함으로 가장 큰 은혜를 얻었다는 사실을 기억하면 좋겠다. 절망의 상황이라면 부스러기 은혜를 구해야 한다.

15:29 거기서 떠나사 갈릴리 호숫가. 거기(시돈)에서 갈릴리 호숫가(데가볼리 지역)까지 직선 거리로 100km가 넘으며, 만약 헤롯 안디바의 통치 지역을 피하여 우회하였다면 200km가 넘는 거리다. 헤롯과 유대의 권력자들을 피하며 그렇게 먼 거리를 이동하셨다. 그렇게 먼 거리를 이동하셨기 때문에 매우 피곤하셨을 것이다.

15:30 큰 무리. 이 지역은 이방인 지역이다. 이곳에 나온 사람들도 대부분 이방인들이었을 것이다. 그들은 천국 복음에 대해 유대인들보다 상대적으로 더 잘 알아듣지 못하였을 것이다. 그리고 이곳에서 사람들을 고쳐주어도 고침을 받은 그들은 다시 또 아플 것이다. 예수님은 누구보다 그것을 잘 알고 계신다. 그러나 예수님은 자신 앞에 나온 사람들을 긍휼히 여기시고 고쳐 주셨다. 말씀을 전하셨다. 예수님은 사람을 사랑하셨다. 그들이 비록 이방인이어도, 말을 잘 알아듣지 못하여도 사랑하셨다. 피곤하고 힘드셨어도 모든 사람을 사랑하기에 모든 힘을 쏟으시는 예수님의 모습을 기억하여야 한다.

15:31 벙어리가 말하고, 맹인이 보고, 걷지 못하던 사람이 걸었다.

이방인이었지만 그들은 그들 앞에 벌어진 놀라운 광경에 '이스라엘의 하나님'께 영광을 돌렸다. 집에 갈 줄을 몰랐다.

15:32 그들이 나와 함께 있은 지 이미 사흘이매 먹을 것이 없도다.
예수님은 그들이 '사흘'동안 음식을 제대로 먹지 못하였다는 것을 아셨다. 물론 이스라엘의 날짜 계산에서 사흘은 해 지기 전 오후부터 다음날 해지기 전까지와 해진 후 시간까지를 합하면 사흘이 된다. 시간으로 하면 30시간 정도로도 사흘이 될 수 있다. 그러나 그래도 그 기간동안 음식을 제대로 먹지 못하였으면 매우 기진맥진할 기간이다. 하루를 온전히 야외에서 밤을 지새운다는 것은 매우 대단한 일이다. 음식 먹는 것까지 잊고 그렇게 예수님의 하시는 일과 말씀을 듣는다는 것은 놀라운 일이다. 하룻밤인지 이틀 밤인지 모르지만 밤을 지새우면서 그들은 하늘의 수많은 별을 보면서 그들이 본 놀라운 일에 대해 이야기하였을 것이다. 데가볼리 지역의 이방인들이 그렇게 하고 있었다. 그들은 놀라운 일의 주인공이 되었다.

15:34 떡...일곱 개와 작은 생선 두어 머리. '물고기'는 오병이어에 나온 물고기와 다른 단어로 '작은 물고기'다. 그래서 '적은 분량의 작은 물고기'를 가지고 있었다 할 수 있다. 성경에 나오는 '떡'은 모두 '빵'이다. 그래서 나는 '칠빵소어'로 말하는 것이 좋다고 생각한다.

15:36-37 다 배불리 먹고. 예수님이 하나님께 감사하고 빵과 고기를 나누어 주시자 그 적은 음식이 불어나 만 명 이상의 사람들이 배불리 먹었다. 놀라운 일이 일어났다. 갈릴리 호수 서쪽 지역에서 일어났던 오병이어는 굉장한 사건이었다. 사복음서 모두에 기록된 유일한 기적 이야기다. 먼 길을 배를 보고 따라온 그들의 열심에 예수님께서 긍휼로 응답하셨다. 칠빵소어는 더욱 놀라운 일이다. 빈들 언덕에서 삼 일 동안 제대로 먹지 않고 예수님과 함께 했던 그들의 순전한 마음을 보고 예수님이 이방인에게 행하신 일이다. 이방 땅에서는

천국복음조차 제대로 전하지 않으셨는데 말이다. **일곱 광주리**. 칠빵소어로 만 명 이상의 사람들이 먹었다. 그리고 일곱 광주리가 남았다. 여기에 사용한 '광주리'는 오빵이어에 나오는 광주리보다 더 큰 광주리다. 오빵이어 사건과 칠빵소어 사건에서 이상하게 남은 것과 양을 강조하여 말한다. 이번에는 일곱 광주리가 남았다. 일곱이라는 숫자가 완성을 의미하기 때문에 상징적 의미를 전달하기 위해 그렇게 남은 것으로 보인다. 앞선 오빵이어에서는 열두 광주리가 남아 이스라엘 열두지파를 상징한다면 여기에서 일곱은 온 인류를 상징한다. 세상을 창조하실 때 칠 일 동안 창조하신 것처럼 '칠'은 우주적 의미를 상징한다. 온 인류에 전달될 천국 잔치의 풍성함을 이곳에서 말하고 있음을 볼 수 있다.

16 장

16:1 **바리새인과 사두개인**. 바리새인과 사두개인은 입장과 생각과 논리가 매우 많이 달랐다. 그들은 서로 앙숙이었다. 종교적인 사람들과 정치적인 사람들로 나뉜다. 그들은 서로 물과 기름 같은 사람들이었다. 그런데 그들이 연합하였다. **표적 보이기를 청하니**. 바리새인과 사두개인이 예수님께 나와 시험하기 위해 표적을 요청하였다. 바리새인은 당시 가장 명예로운 사람이었다. 대중들의 존경을 한 몸에 받고 있었고 믿음에 가장 열심인 사람들이었다. 그러기에 그들은 천국 복음에 가장 먼저 열정적으로 반응해야 했던 사람들이다. 사두개인은 제사장과 레위인 그룹이다. 성전을 관리하는 엘리트다. 그들은 성전의 모든 일을 관장하고 있었기에 그들 또한 예수님의 천국 복음에 가장 먼저 반응해야 하는 사람들이었다. 그러나 그렇지 못하였다.

16:4 악하고 음란한 세대. 그들이 표적을 구하기 때문에 '악하고 음란하다'는 뜻이 아니다. 그들이 악하고 음란하기 때문에 지금까지의 표적을 이해하지 못하고 받아들이지 못하고 있다는 말씀이다. 그래서 그들에게 더이상 보여줄 표적이 없다고 말씀하신다. 그들이 악하고 음란하기 때문에 이후로도 어떤 천국복음에 대한 표적도 믿지 않을 것이라 말씀하시는 것이다. '음란하다'는 것은 영적인 음란을 말한다. 그들의 마음에 하나님이 있는 것이 아니라 다른 것이 있다는 것이다. 그들이 우상숭배를 하고 있다는 말씀이다. 우상을 사랑하고 있으니 하나님께서 보내신 예수님을 알아보지 못하였다. 천국복음을 이해하지 못하였고 사랑하지 못하였다. 그들 안에 우상이 가득하였기 때문이다.

16:6 누룩을 주의하라. 예수님은 제자들에게 '바리새인과 사두개인의 누룩'에 대해 경고하시면서 '주의하라' 말씀하셨다. 그러나 제자들은 빵을 준비하지 못한 것을 더 걱정하면서 의논하였다.

16:8-9 너희가 아직도 깨닫지 못하느냐. 지금은 빵 걱정할 때가 아니다. 중요한 것은 빵이 아니라 '누룩'이다.

16:11 바리새인과 사두개인들의 누룩을 주의하라. '누룩'을 주의하라 말씀하신다. 누룩은 작은 것 같지만 실상은 크게 영향을 미친다. 바리새인이나 사두개인은 워낙 잘 나가는 사람들이니 제자들과는 그리 큰 상관이 없는 것 같다. 작게 보일 것이다. 그러나 그것이 그들에게 큰 영향을 미친다. '바리새인과 사두개인의 누룩'은 무엇을 의미할까? '그들의 교훈'이다. 왜 그들의 교훈이 그렇게 악한 영향을 미치는 것일까? 바리새인은 명예를 가지고 있고 사두개인은 권력을 가지고 있다. 그들은 자신들의 명예를 지키는 것을 가르칠 것이고 사두개인은 그들의 권력을 합리화하는 것을 가르칠 것이다. 사람 안에 있는 '명예욕'과 '권력욕'은 매우 강하다. 평범한 사람들에게는 명예욕과 권력욕이 없는 것처럼 보인다. 평상시에는 거의 보이지 않는다.

그러나 실제로는 그러한 욕심이 사람의 깊은 곳에서 그 사람을 주장하고 있다.

16:14 세례요한, 더러는 엘리야, 어떤 이는 예레미야나 선지자 중의 하나. 이 정도 반응이면 매우 폭발적이다. 그러나 믿음은 아니다. 그들은 예수님을 메시야로 생각하지 않고 메시야의 길을 준비하는 선지자로 생각하였다. 예수님이 메시야의 강한 힘을 가지고 있지 않다고 생각한 것 같다. 오늘날도 사람들은 다양한 반응을 한다. 예수님에 대해 상당히 믿음에 근접한 반응을 보이기도 한다. 그러나 그것이 믿음은 아니다. 마치 오병이어 사건에서 그 빵을 먹은 사람이 매우 큰 경험이었으며 흥분하였지만 그것이 믿음은 아닌 것과 같다.

16:16 주는 그리스도시요 살아 계신 하나님의 아들. 베드로의 고백처럼 우리는 예수님을 향한 구체적이고 확실한 앎이 필요하다. 베드로의 이 고백은 서정주 시인의 '한 송이의 국화꽃을 피우기 위해 봄부터 소쩍새는 그렇게 울었나 보다'라는 시를 생각나게 한다. 예수님만 우리의 그리스도요 구원자이다. 우리의 구원을 세상에서 찾으면서 예수님을 믿는 것이 아니다. 세상 나라가 아니라 하나님 나라를 말씀하시는 예수님에게서 우리의 유일한 구원을 찾는 사람이 되어야 한다. 예수님의 천국 복음에 '오직 믿음'으로 반응해야 한다. 응답해야 한다. 예수님께서 말씀하신 천국이 우리에게 복음이 되고, 예수님이 가져오신 천국의 모습은 우리에게 천국의 시작을 알리는 일이며, 우리가 이후에 완성된 천국에 가게 될 것임을 확신하게 한다. 제자들은 이제 천국 복음을 미약하게나마 확신하게 되었다.

16:18 이 반석위에 내 교회를 세우리니. '반석'은 무엇을 의미할까? 이전에는 주로 '베드로'라 생각하였는데 개신교에서는 이것을 '베드로의 고백'으로 해석하기 시작하였다. 헬라어 문법만 보면 '베드로'(페트로스)와 '반석'(페트라)이 단어와 뜻이 다르다. 작은 돌과 큰 돌(바위)의 차이다. 그러면 반석은 베드로가 아닌 고백을 의미하는

것이다. 그런데 베드로는 작은 돌이기보다는 남성형이기 때문에 페트로스(남성 접미사 사용)가 되었을 가능성도 있다. 문맥과 아람어(이 당시 예수님은 아람어로 말씀하셨을 것이다)을 생각해보면 아람어는 남성형과 여성형의 구분 없이 사용하였을 것이기 때문에 이 반석은 '베드로'를 의미하는 것일 수 있다. 문맥은 '반석'을 '베드로'로 보는 것이 자연스럽다. 그렇다고 이것이 천주교처럼 베드로 교황권을 말하는 것은 아니다. 예수님께서 앞으로 일궈 가실 교회에서 베드로가 중요한 역할을 할 것을 말씀하시는 본문이다. 유일한 리더가 아니라 중요한 리더로서 말이다. 그것은 베드로가 올바른 고백을 하고 있기 때문이다. 또한 앞으로 그렇게 올바른 고백을 하는 모든 사람도 동일하게 포함될 것이다.

이 본문은 예수님께서 일종의 어휘 플레이를 하시는 것으로 '반석'은 '베드로'를 말하는 것이 분명하지만 더 큰 의미는 베드로의 특별한 위치를 말하는 것이 아니라 믿음(구주에 대한 바른 지식)의 위치를 말하는 것이라 할 수 있다. 우리는 그렇게 자신의 생각에 매이기 쉽다. 자신의 위치(개신교인지 천주교인지 등)에 의해 해석하려는 경향이 많다. 그러나 중요한 것은 항상 진리이어야 한다. 하나님께서 말씀하시는 진리를 읽기 위해 우리는 항상 깨질 필요가 있다.

16:21 이때로부터...고난을 받고 죽임을 당하고...비로소 나타내시니.
베드로의 '오직 믿음' 고백으로 인해 마지막 길을 가시는 주님께서 이제 믿음의 길에 대해 분명하게 제자들에게 가르치실 수 있게 되셨다. 베드로의 고백은 천국복음에 대한 사람들의 다양한 반응(11:1-16:20)에 대한 결정판이다. '오직 믿음'의 고백이 있은 이후 예수님은 믿음의 길이 무엇인지를 가르치신다. 세상 나라는 편안함을 추구한다. 예수님께서 그들에게 천국을 가르치셨다. 천국은 완벽한 편안함이다. 샬롬이다. 사람들은 세상 나라의 편안함과 천국의 샬롬을 분간하지 못한다. 사람들은 천국의 샬롬을 세상의 편안함으로 끌어내린다. 그들이 열광한 오빵이어는 한 끼의 식사가 아니라 천국의 만찬을 예시하기 때문에 놀라운 일이다. 그러나 그들은 그들이 먹은 것에 열광하였다. 오늘날에도 그렇다. 오늘날에도 은혜 받았다고, 하늘의 복을 받았다고 말할 때 세상 나라의 복을 많이 말한다. 세상 나라의 복과 천국의 복은 분명히 구별되어야 한다. 그것은 같은 것 같으면서도 완전히 다르다. 세상 나라의 복이 멸망의 길이기 때문에 예수님께서 오셨다. 천국복음을 가르치셨다. 그렇다면 어떻게 구별할 수 있을까? '고난'이다. 세상 나라는 죄에 대해 아파하지 않는다. 천국복음은 죄에 대해 아파한다. 그래서 그리스도의 십자가의 대속이 꼭 필요하다. 십자가는 엄청난 고난이다. 세상 나라는 죄를 가지고 사는 자기 자신에 대해 아파하지 않는다. 그러나 천국복음은 죄를 가지고 사는 자신의 모습에 아파한다. 그래서 죄를 가진 자기 자신을 깨트린다. 자기 자신을 깨트리는 자기 십자가는 참으로 아프고 힘들다.

16:22 주여 그리 마옵소서. 직역하면 '하나님께서 당신께 은혜를 주시기를'이다. 하나님께서 은혜를 주실 것이기에 결코 그런 고난과 죽음 같은 일은 일어나지 않을 것이라고 말하였다. 베드로가 맞는 것 같다. 이런 중요한 순간에 예수님이 마음 약한 소리를 하시는 것 같았다.

16:23 사탄아 내 뒤로 물러가라. '고난이 없는 것'이 은혜가 아니다. 고난이 하나님의 은혜다. 고난이 없기를 바라는 것은 하나님의 뜻이 아니다. 사탄의 뜻이다. 핵심은 '하나님의 일을 생각'하는지 '사람의 일을 생각하는지'이다. 좋은 것이 좋은 것이라는 생각. 고난을 피해야 한다는 생각. 세상에서 성공할 것이라는 생각. 모두 사람의 일을 생각하는 것이다. 하나님 나라를 생각해야 한다. 하나님의 뜻을 생각해야 한다. 주님의 대속의 십자가는 꼭 있어야 한다. 우리의 고난도 꼭 있어야 한다.

16:24 자기를 부인하고 자기 십자가를 지고 나를 따를 것이니라. 천국은 내가 원하는 길을 가는 것이 아니다. 죄 많은 내가 원하는

일에 대해 '자기를 부인'하고 자기와의 치열한 싸움을 위해 마련된 '자기 십자가'를 지고 따라가야 한다. 치열한 자기와의 싸움이 없이는 결코 천국에 이르지 못한다.

16:25 제 목숨을 구원하고자 하면 잃을 것이요 누구든지 나를 위하여 제 목숨을 잃으면 찾으리라. 사랑과 섬김이 자기에게로 향할 때(자기 목숨을 구원하고자 하면) 그 사람은 분명히 멸망할 것이다. 사랑과 섬김을 하나님과 이웃을 향할 때(제 목숨을 잃으면) 그때 자신의 생명을 얻게 될 것이다.

16:26 온 천하를 얻고도 제 목숨을 잃으면 무엇이 유익하리요. 자기를 사랑하고 자기를 섬겨서 더 편안하고 재산도 얻고 명예도 얻을 수 있지만(천하를 얻을 수 있지만) 그러나 그렇게 얻어도 결국 자신의 목숨을 얻지는 못하는데 그것이 무슨 소용이 있을까? 이 땅에서의 부귀영화가 지옥에서 멸망과 고통 속에서 보상이 될까? 지옥에서 "그래도 내가 세상에 있을 때 잘 나갔지"라고 하면서 위안이 될까? 결코 안 될 것이다.

16:27 행한 대로 갚으리라. 그 행한대로 갚으시는 하나님 앞에서 우리가 이 땅에서 십자가를 지고 열심히 사랑과 섬김으로 사는 것이 맞지 않을까? 제자라면 말이다. 더 사랑하지 못하고 더 섬기지 못함을 가슴 아파하면서.
사고의 대전환이 필요하다는 것을 보았다. 제자가 되기 전과 제자가 된 이후의 차이가 세상 성공을 비는 대상의 이름만 바뀐 것이 되면 안 된다. 그것은 제자가 아니다. 완전히 바뀌어야 한다. 이전에는 세상 영광을 바랐으나 이제는 세상 고난을 바란다. 우리가 바라는 것은 세상 영광이 아니라 하늘 영광이기 때문이다. 제자는 오늘 자기 목숨을 잃는 삶을 살아야 한다. 잃은만큼 하늘 영광이 있음을 안다. 제자는 하늘 영광 바라보며 십자가의 삶을 살아야 제자답다.

17 장

변화산의 영광은 다른 한편으로는 '고난예찬'이다. 제자들이 받을 고난은 고난으로 끝나는 것이 아니라 변화산의 영광과 같은 영광으로 이어질 것이다. 그래서 그 고난은 고난이 아니다. 영광이다. 찬란한 영광이다.

17:1 엿새 후. 예수님께서 세 명의 제자를 데리고 높은 산에 오르셨다. 앞의 사건 이후 며칠이 지났는지 날짜를 정확하게 기록하는 것이 흔하지 않다. 엿새를 애써 기록하고 있는 것은 아마 엿새 동안 제자들에게 고난에 대해 집중적으로 가르치지 않으셨을까 하는 생각을 해 본다. 고난에 대한 가르침은 제자들을 혼란스럽게 하고 힘들게 하였을 것이다. 고난을 좋아할 사람은 아무도 없다. 그러나 예수님이 가르치신 고난은 고난만을 의미하지 않는다. 고난에 대한 가르침으로 어쩌면 많이 의기소침해 있을 제자들을 위해 변화산 사건을 보여주셨다. 변화산 사건은 십자가를 지기 위한 예루살렘으로의 출정식이며 핵심 제자들에게는 힘을 주며 격려하는 측면도 있다. **높은 산**. 교부 시대에는 갈릴리의 다볼산으로 추측하였으나 아마 헐몬산일 것이다. 최근의 고고학적 발견으로는 다볼산은 확실이 아닌 것 같다. 가이사랴 빌립보에서 가까운 헐몬산으로 보는 것이 가장 자연스러울 것이다. 그러나 어떤 산인지는 중요하지 않다. 그곳에서 주님이 영광스러운 모습으로 변화하셨다는 것이 중요하다.

17:3 모세와 엘리야. 성경에 '죽은 사람의 영'이 나타난 것은 이곳이 유일할 것이다. 모세는 율법을, 엘리야는 선지서를 상징한다고 볼 수도 있으나 아마 당시 사람들이 메시야께서 오실 때에 '모세와 엘리야가 나타난다'는 기대를 가지고 있었는데 그것에 대한 확증으로서 모세와 엘리야가 온 것으로 보인다. 예수님이 메시야이심을 확증하는 것이다.

17:5 내 사랑하는 아들이요 내 기뻐하는 자니. 예수님은 하나님의 '사랑하는 아들'이다. 예수님이 행하시는 일은 하나님께서 '기뻐하시는 일'이다. 예수님께서 이제 출발하시는 십자가의 길은 하나님께서 가장 사랑하시는 아들이 가는 길이며 하나님께서 가장 기뻐하시는 길을 가는 것이다. 하나님께서 친히 영광 중에 말씀하셨다.

17:6 제자들이...심히 두려워하니. 변화하신 모습을 글자로 다 표현할 수 없다. 그것보다는 제자들의 반응에서 그 영광을 조금 더 곁눈질할 수 있다. 그들은 주님의 변하신 모습과 하늘에 하나님의 임재와 소리에 매우 두려워하였다.

17:8 예수 외에는 아무도 보이지 아니하더라. 우리가 이 땅에서 경험하는 하늘 영광은 지속적인 것이 아니라 그것을 통해 하늘 영광이 무엇인지를 알도록 잠시 주어진 것이다. 그것이 사라져도 아쉬워하지 말고 하늘 영광이 무엇인지를 알았으니 이 땅에서 더욱 열심히 고난을 받으며 살아갈 수 있어야 한다.

17:12 엘리야가 이미 왔으되 사람들이 알지 못하고 임의로 대우하였도다. 세례요한이 엘리야로서 벌써 왔는데 사람들이 그를 죽였다. 그리고 이제 '인자도 이와 같이 그들에게 고난을 받으리라'고 말씀하신다. 예수님도 세례요한처럼 죽임을 당할 것을 말씀하신 것이다.

17:15 주여 내 아들을 불쌍히 여기소서. 예수님이 변화산에서 내려오셨을 때 산 아래에서는 한바탕 소란이 벌어지고 있었다. 예수님을 찾아온 한 사람이 자신의 아들이 악령에 사로잡혔으니 고쳐 달라고 요청하였다. 그런데 제자들은 그 일을 하지 못하고 있었다.

17:20 믿음이 작은 까닭이니라. 제자들이 악령을 쫓아내지 못한 이유. **믿음이 겨자씨 한 알 만큼만 있어도 이 산을 명하여 여기서 저기로 옮겨지라 하면 옮겨질 것이요.** 믿음의 능력에 대해서도 말씀하셨다. 믿음은 '이 산을 명하여 옮기는 것' 즉 가장 어려운 일도 가능하다고 말씀하셨다. 그렇다면 '믿음은 어떤 일도 한다'는 것일까? 오늘날 우리가 무엇인가를 소원하고 말하는 것이 이루어지지 않는 것은 오직 믿음이 없기 때문일까? 아니다. 믿음이라는 것은 '나'만의 영역이 아니라 '나'와 '하나님'의 관계다. 하나님께서 우리를 향하여 무엇인가를 원하시고 우리가 그것을 확실하게 믿어 그것에 순종하면 그것이 이루어진다는 것이다. 그러기에 내가 소원하는 것이 아니라 하나님께서 나에게 원하시는 일이라는 전제가 있다. **너희가 못할 것이 없으리라.** 믿음은 모든 것을 할 수 있다. 그러나 모든 것을 하는 것이 아니다. 하나님께서 전능하셔서 모든 것을 하실 수 있으시나 모든 것을 행하시지는 않는다. 추상적인 것이 아니라 가장 실제적이고 현실적이다. 제자들은 악령에 사로잡힌 사람을 치료할 수 있었다. 그러나 못 하였다. 그래서 책망받았다. 사람들은 할 수 없는 일을 하려 하고, 할 수 있는 일을 하지 못하는 경향이 많다. 그것을 믿음으로 알아야 한다. 우리가 믿음으로 해야 하는 일이 무엇인지 잘 살펴야 한다. 꼭 해야 하는 일 중에 불가능은 없다. 꼭 해야 하는 일이라면 믿음으로 하라. 꼭 해야 하는 일은 믿음으로 모든 것을 할 수 있다.

17:22-23 모일 때에. 우연히 모인 사람들이 아니라 의도적으로 모은 사람들을 나타내는 단어다. 그동안 갈릴리 사역을 하면서 제자가 된 사람들을 다 모으고 예수님이 가시는 십자가의 길에 대해 공식적으로 가르치신 것이다. 일종의 출정식 같아 보인다. 이때는 예수님께서 예루살렘에서 마지막 만찬을 하신 유월절에서 약 한 달 전이다. 이제 한 달의 긴 고난의 여정을 시작하시는 것이다. 그래서 공식적으로 확실하게 고난에 대해 말씀하셨다. 예수님이 받으실 고난과 부활에 대해 말씀하셨을 때 제자들은 아직도 부활보다는 고난에 대해 더 많이

생각하였다. 그러나 이전에 베드로가 보였던 방식의 강한 부정보다는 '근심'의 반응을 한다.

17:24 반 세겔 받는 자들. 가버나움에 도착하셨을 때 마침 성전세를 내는 때가 되었던 것으로 보인다. 성전세는 성전을 유지하기 위해 내는 것으로 당시에 20세 이상의 모든 유대인들이 내야 했다. 유월절에 예루살렘에 가서 직접 낼 수도 있고 보통 한 달전부터 팔레스틴 전역에서 성전세 수납이 이루어졌다. 집주인 베드로에게 성전세에 대해 말하였다. '두 드라크마'(반 세겔. 헬라어 성경은 두 드라크마로 되어 있다)는 이틀 품삯으로 약 20만원 정도되는 돈이다. 그리 큰 돈은 아니다. 그러나 베드로와 안드레가 예수님만 따라다녔으니 그동안 집에 돈이 있을리 없다. 그 돈이 없었던 것으로 보인다. 그래서 예수님이 베드로에게 특별한 지시를 하셨다.

17:27 낚시를 던져 먼저 오르는 고기를 가져 입을 열면 동전 한 세겔을 얻을 것이니. 베드로가 물고기 입에서 건진 한 세겔은 헬라어로 '스타테르'다. 네 드라크마 또는 한 세겔과 같은 가치다. 물고기가 동전을 머금고 있다니 참으로 특별한 일이다. 오늘날 갈릴리 지역에 가면 식당마다 '베드로 물고기'라는 것을 요리하여 판다. 그런데 그 물고기는 장삿속에서 나온 상술이다. 무쉬트(musht) 물고기인데 그 물고기는 잡식성이 아니라 플랑크톤을 먹고 사는 물고기다. 그 물고기가 요리하기 좋고 먹기 좋기 때문에 그것을 베드로 물고기라 이름하여 파는 것이다. 실제로 베드로가 잡은 '동전을 물고 나온 물고기'는 아마 우리의 잉어와 같은 물고기(barbel)일 거다. 이 물고기는 잡식성이기 때문에 무엇이든지 입으로 가는 경향이 있다. 은 동전이 빛이 나니 그것도 입에 넣었다가 삼키지 못하고 있는 상태였을 것이다. 오늘날에도 가끔 동전을 물고 있는 물고기가 잡힌다고 한다.

18 장

18:1 천국에서는 누가 크니이까. '나라'는 통치이며 그 안에는 계급이 있다. 천국도 통치이기 때문에 그 안에 계급이 어떻게 되는지 질문한 것이다.

18:3 어린 아이들과 같이 되지 아니하면 결단코 천국에 들어가지 못하리라. 일단 천국에서의 계급보다 천국에 들어가는 것이 중요한데 천국은 '아이들과 같이 되어야'한다고 말씀하셨다. '아이들과 같이 된다'는 것은 무엇을 의미할까? 본문에서 아이들과 같이 된다는 것은 아이들처럼 순진하거나 의지해야 한다는 의미이기 보다는 간단히 '낮음'에 대해 말하는 것이 분명하다. 천국에 들어가기 위해서는 낮아져야 한다고 말씀한다. 이 당시에 '어린아이'는 '낮은자'에 대한 상징적 단어였다. 아이는 어떤 경제적 가치를 창출할 수 없기 때문이다.

18:4 천국에서 큰 자. '어린 아이와 같이 자기를 낮추는 사람'이 큰 자다. 낮추어진 것이 아니라 자기 자신을 스스로 낮추는 것이다. 자신을 더 많이 낮추는 사람이 더 높은 사람이다. 세상 나라는 자신을 더 높이는 사람이 더 높다. 어떻게 하든 높이고. 없으면 높은 척이라도 해야 한다. 그러나 천국은 낮추어야 한다. 낮춘 척하는 것은 안 되고 실제로 낮추어야 한다.

18:5 내 이름으로. 예수님 때문에. 예수님의 제자라는 이유로. 예수님의 말씀을 따르는 사람이기에 등의 의미를 가진다. **어린아이 하나를 영접하면 곧 나를 영접함이니.** 천국인은 세상 나라의 높은 사람이 아니라 천국의 높은 사람을 환영하고 인정해 주어야 한다. 교회에서조차 세상 나라에서 높은 사람을 높은 사람 취급하는 경향이 강하다. 정치인이 오면 영광스럽게 생각하고 아부하기도 한다. 그러나

교회는 세상에서 낮아짐으로(어린아이) 천국에서 높아진 사람을 환영하고 인정해 주어야 한다.

18:6 작은 자. 교회 내의 연약한 사람을 의미하는 것이 아니라 천국인의 삶을 사느라 낮아진 '작은자'를 두고 하는 말이다. 교회에서 성도간의 조그만 일에도 삐치고 난리치는 그런 사람을 두고 하는 말이 아니다. 시험들어 교회에 안 나오는 사람이 생기면 이 말씀을 어긴 것처럼 연자매(짐승이 끄는 큰 맷돌)를 목에 매야 하는 사람이 누구인지 찾지 마라. 작은자가 되기 위해 애써야 할 천국인을 세상 나라의 큰 자를 사모하게 만들어 결국 세속적인 사람이 되게 하면 그것이야말로 더욱더 실족하게 만든 것이다. 성공병을 가르쳐서 세상나라에서 높은자가 되는 것만 가르친 거짓 선지자들은 회개해야 한다. **연자 맷돌.** '연자매'로 번역해야 한다. '연자 맷돌'은 국어 사전에 없다. 맷돌은 손잡이가 있어 사람이 돌리는 작은 맷돌이고 동물이 돌리는 큰 것은 '연자 맷돌'이라고 불리지 않고 '연자매'라고 불린다. 천국인의 길을 가는 사람을, 세상 나라 관점에서 보면 구질구질 하다고 박해하고 무시한다면 그는 차라리 '바다에 빠져 죽는 것'이 낫다. 천국인을 박해하는 것은 엄청난 죄가 된다. 천국을 살아가기 위해 힘써 애쓰고 있는데 옆에서 비난하고 박해한다면 그것은 참으로 큰 죄다. 진리를 지키며, 사랑하느라 작은 자 된 사람을 멸시하지 마라. 그들은 천국에서 큰 사람이다. 진리를 지키느라 작은 자 된 천국인은 사람들이 무시할 때 절망하지 마라. 진리를 지키느라 작은 자가 된 것은 면류관이다.

18:8 네 손이나 네 발이 너를 범죄하게 하거든 찍어 내버리라. 천국인 되기 위해 작은 자가 되는 것을 넘어 어쩌면 장애인이 되어야 할지도 모른다. 낮은 자가 되는 것도 어려운데 장애인까지 되어야 할까? 그 정도 마음으로 싸워야 한다. 작은 자가 되려는 마음이 우리 안에 없기 때문이다. 그러나 기억해야 할 것은 세상 나라에서 높은

자가 되어 결국 지옥에 가는 것보다 천국인으로 세상에서 낮은 자로 사는 것이 훨씬 더 낫다.

18:10 작은 자 중의 하나도 업신여기지 말라. 우리는 우리가 '작은 자'임을 안다. 작은 자가 되려고 노력한다. 그런데 교회 안에서 이상한 사람이 있다. 이해되지 않는 사람이 있다. 그 사람을 '업신여기기' 쉽다. 그러나 성경은 우리에게 '업신여기지 말라'고 말씀한다. 누군가 이상하면 그때 우리가 그 사람을 섬길 수 있는 기회다. 낮은 자가 되어 그 사람의 허물을 채워줄 기회다. 누군가 교회 청소를 해야 하는데 청소를 하지 않으면 그 사람 대신 내가 도맡아 청소를 하면 세상적인 관점으로는 매우 힘들다. 그러나 그때 나는 낮아질 기회를 얻은 것이다. 낮아져 섬길 기회를 얻었으니 낮아져 섬겨야 한다. 그 사람의 부족한 부분을 채워주어야 한다.

18:12 길 잃은 양. 모두 주인의 음성을 듣고 따라 가는데 양 한 마리가 다른 곳으로 갔다. 고집 센 양이거나 다른 양을 보지 않은 것이다. 어쩌면 혼자 풀을 뜯어먹다가 그렇게 되었을 것이다. 아주 괘씸한 양이다. 그러나 주인은 그 양을 찾아간다. 주인이 99마리의 양을 두고 간다고 그들을 덜 사랑하는 것은 결코 아니다. 방치한 것도 아니다. 이 당시 양떼를 돌볼 때 주로 목자들이 함께 움직였다. 그러니 99마리를 방치하고 가는 일은 없다. 만약 그렇게 방치한다면 아주 어리석은 목자다. 잃어버린 한 마리의 양을 찾으시는 주님의 마음을 기억했으면 한다. 세상 나라 입장에서 보면 잃어버린 양은 괘씸한 양이다. 그러나 천국으로 보면 그는 생명을 잃은 양이다. 그러니 참으로 불쌍한 양이다. 함께 하던 양이었다. 그러니 잃어버린 양이 늑대를 만나기 전에 주인이 찾아나서는 것은 당연하다. 남은 99마리의 양도 기꺼이 동의할 것이다.

18:13 찾으면 길을 잃지 아니한 아흔아홉 마리보다 이것을 더 기뻐하리라. 한 마리의 잃어버린 양과 아흔아홉의 길을 잃지 않은

양이 비교되고 있다. 길 잃은 한 마리의 양을 찾으면 길을 잃지 않은 양을 보고 기뻐하는 것보다 더 기뻐한다는 사실에 마음이 불편할 수도 있다. 그런데 여기에서 먼저 알아야 할 것이 있다. 한 마리를 찾아 아흔아홉을 두고 갈 때 버리고 간다는 의미가 아니다. 포인트는 '길 잃은 양'과 '길 잃지 않은 양'이다. '길 잃지 않은 양'은 영원한 생명이 위험상태가 아니다. 그러나 '길 잃은 양'은 영원한 생명이 위태한 상태다. 그러니 죽음에서 생명으로 건진 것이나 마찬가지이니 당연히 일상의 기쁨과는 다르지 않을까? 교회는 믿음이 얼마나 중요한지를 아는 사람들이다. 그래서 아흔아홉의 양도 길 잃어버린 한 마리의 양을 찾는 것을 기꺼이 동의할 것이다. 기꺼이 더 기뻐할 것이다.

18:15 형제가 죄를 범하거든. 형제가 죄를 범하는 경우가 많이 있다. 교회는 형제의 죄를 함께 당당하면서 극복해야 한다. 범죄하여 교회를 떠나고 믿음을 떠난다면 그들은 생명을 잃는 것이다. 천국인은 그들이 단순한 생명이 아니라 영생을 잃는다는 것을 안다.

18:18 땅에서 매면 하늘에서도 매일 것이요. 교회 밖에서는 구원이 없다. 교회를 떠난다는 것은 곧 영생을 떠난다는 것이다. 그기에 세상 나라 사람들의 헤어짐과 다르다.

18:19 두 사람이 땅에서 합심하여 무엇이든지 구하면. 교회가 함께 모여 범죄한 사람을 위해 기도하면 하나님께서 긍휼을 더하셔서 그들이 돌아오게 하신다는 말씀이다. 오늘날 합심기도의 근원으로 사용하는 이 구절은 본래 범죄한 자를 위한 기도를 가르치시는 말씀이다. 교회는 합심하여 연약한 자들을 돌아오게 하는 고난을 감당하고 있어야 한다.

18:20 두세 사람이 내 이름으로 모인 곳에는 나도 그들 중에 있으니라. 랍비 문헌인 미쉬나에서는 "만약 두 사람이 함께 앉아 있고, 그들 중에 율법의 말씀이 있으면, 하나님의 임재(Shekinah)가 그 둘

중에 있을 것이다"라고 말한다. 두 세 사람이 함께 연약한 자의 돌이킴을 위해 기도할 때 그곳에 영괍스럽게도 주님의 임재가 있을 것이다. 그 일이 귀한 일이기 때문이다.

18:21 몇 번이나 용서하여 주리이까. 베드로는 당시 사람들이 용서에 대해 말할 때 훌륭한 사람으로 여김을 받는 사람은 '3번 용서하는 것'을 들었다. 이제 그것을 넘어 일곱 번 정도까지 용서해야 하는지 물었다. 일곱 번까지 용서하기 위해서는 이를 일곱 번 악물어야 한다. 일곱 번까지 용서해야 하느냐고 물었을 때 베드로는 '그렇게까지는 아니겠지' 또는 '이 정도면 매우 충분하겠지'라는 마음이었을 것이다.

18:22 일곱 번을 일흔 번까지라도 할지니라. 놀랍게도 '일곱 번'으로는 안 된다 하신다. '일곱 번을 일흔 번까지' 하라 하셨다. 직역하면 '일흔 번을 일곱번까지'이다. 헬라어 본문은 77(70 +7)번 또는 490(70×7)번으로도 해석 가능하다. 그런데 이것은 정확한 숫자를 말하기 위해서가 아니라 무한대를 말하기 위해 사용한 숫자다. '무한히 용서하라'는 말씀이다.

18:24 만 달란트 빚진 자. 만 달란트 빚을 진 사람이 나온다. 1달란트는 은이라고 가정할 때(금은 은의 30배) 한 사람의 20년 연봉인 6000데나리온(6억)이다. 10000달란트는 6조다. 이것은 상상할 수 있는 최고 액수의 돈이다.

18:28 백 데나리온 빚진 동료...빚을 갚으라. 만 달란트 탕감받은 그 사람은 얼마나 기분이 좋았을까? 그런데 그 좋은 기분이 얼마 가지 못하였다. 왕에게서 탕감받고 집으로 돌아가다 자신의 빚을 갚지 않고 있는 기분 나쁜 한 사람을 만났다. 순간 그는 울분이 솟았다. 멱살을 잡고 '내 돈 내놔'라고 외쳤다. 자신에게 가져간 돈이 자그마치

1000만원(백 데나리온)이다. 그 돈이 작은 돈인가?

18:33-34 내가 너를 불쌍히 여김과 같이 너도 네 동료를 불쌍히 여김이 마땅하지 아니하냐. 왕은 그 사람이 자신에게 빚진 자를 불쌍히 여기지 않고 용서하지 않았기에 그 사람에게 다시 만 달란트를 갚도록 감옥에 넣어버렸다. 자신이 큰 은혜를 받았다는 것을 아는 사람이라면 다른 사람에게도 은혜를 베풀어야 한다. 만약 은혜를 베풀지 않는다면 그는 은혜를 받을 자격이 없다. 받은 은혜도 취소된다. 만 달란트 빚졌다가 탕감받은 사람은 신앙인을 말한다. 자신을 믿음이 있는 사람이라 생각하는 사람은 자신이 만 달란트 탕감받은 사람보다 더 많은 것을 탕감받았다는 것을 안다. 그렇다면 신앙인이 자신에게 백 데나리온 빚진 사람을 용서하는 것이 마땅하지 않을까? 그런 사람 490명이라도 용서해야 하지 않을까?

18:35 너희가...형제를 용서하지 아니하면 나의 하늘 아버지께서도 너희에게 이와 같이 하시리라. 예수님이 아주 엄하게 말씀하셨다. 참으로 무서운 경고다. 용서는 그런 마음이 솟아나 하는 것이 아니다. 의무다. 자신이 만 달란트 용서받은 사람이기에 당연히 백 데나리온 빚진 자를 용서해야 한다는 의무다. 그것이 상식이다. 우리가 사람을 용서한다고 우리의 빚을 용서받을 자격이 생기는 것은 아니다. 그러나 최소한 용서해야 한다. 우리가 용서할 때 하나님께서도 우리를 긍휼히 여기셔서 용서하신다. 우리가 누군가를 용서하는 것은 힘들지만 대박장사다. 힘들더라도 돈을 쓸어 담는 장사는 밤을 새면서 한다. 우리의 용서는 어떤 대박 장사보다 더 큰 대박이다. 그런데도 힘들다고 용서하지 않는 사람을 많이 본다. 자신이 용서받은 것을 모르기 때문이다. 그런 사람은 용서받지 못한다.

19 장

19:1-22:46 예루살렘 여정의 말씀. 십자가를 지시기 위해 예루살렘에 가시는 길이다. 그 여정은 매우 중요하다. 이 여정은 예수님의 십자가의 여정이라 할 수도 있다. 이 여정에서의 첫 가르침은 놀랍게도 결혼에 대한 이야기다.

19:3 어떤 이유가 있으면 그 아내를 버리는 것이 옳으니이까. 바리새인들은 예수님께 올가미를 씌우려고 질문하였다. 당시 이혼은 헤롯 안티파스 때문에 첨예한 논쟁 거리였다. 바리새인들 중에도 의견이 분분했다. 그들의 질문에 예수님께서는 성경에 기록된 결혼의 이상에 대해 말씀하셨다(6절).
가부장제도였던 당시 남자들은 쉽게 이혼할 수 있기를 원했다. 그러한 경향은 유대인들에게도 있었다. 그래서 엄격한 학파(샴마이 학파)에서는 간음이외에는 이혼이 안 된다고 가르쳤으나 자유로운 학파(힐렐학파)에서는 아내가 음식을 태우기만 하여도 이혼할 수 있다고 가르쳤다.

19:6 하나님이 짝지어 주신 것을 사람이 나누지 못할지니라. 결혼은 하나님 앞에서의 일이다. 그러니 이혼하지 말아야 한다고 가르치셨다.

19:7 어찌하여 모세는 이혼 증서를 주어서 버리라 명하였나이까. 그들은 예수님께서 인용하신 말씀이 모세가 전한 말씀과 배치된다 생각하였다. 그들은 오해하였다. 말씀은 결코 서로 배치되지 않는다. 남자의 절대권위가 유지되던 그 당시 모세는 남자들이 여성과 함부로 이혼하지 못하도록 하며 약자인 이혼 된 여인이 다른 사람과 결혼할 권리를 주기 위해 '이혼증서'를 주어야만 이혼할 수 있다고 가르쳤다. 그런데 사람들은 이러한 법까지도 악용하여 이혼증서만 주면 이혼해도 되는 것으로 남용하였다.

19:8 너희 마음의 완악함 때문에. 모세가 그들에게 그렇게 말한 것은 결혼에 대한 '이상'이 아니라 '허용'으로서 사람의 완악함 때문이라고 설명하셨다. 그러기에 '허용'에서 더욱 확장 해석할 것이 아니라 해석하기 위해서는 다시 '이상'에서 생각해 보아야 한다. '완악함' 때문에 이혼하지 않으면 더 많은 문제를 만들어 낼 수도 있다. 그래서 결혼 자체가 목적은 아니기 때문에 여성인권을 위해 허용하는 측면이 있다. 그러나 그것은 허용일 뿐 결혼의 고난을 이겨내는 것은 매우 중요하다. 죽을 것 같으면 이혼하는 것이 좋다. 현대는 외도보다 더 많은 문제들이 있다. 그런 경우 이혼 자체를 부정하는 것이 아니다. 그러나 할수만 있으면 결혼을 지키는 것이 좋다. 결혼생활에는 많은 고난이 따른다. 그 고난을 이겨내야 한다. 세상 나라에서는 결혼이 자신들의 행복을 지키기 위해 이겨야 한다면 천국에서는 가정을 지키는 것이 하나님의 명령이며 고난을 이김으로 천국을 살아가는 중요한 길이기에 이겨야 한다. 이혼하지 않고 가정을 지키는 것은 천국인이 이 땅에서 지고 가야 하는 십자가다. 그것이 어떤 사람에게는 분명히 고난일 것이다. 그러나 그것으로 천국을 이루어 갈 수 있다. 앞에서 말한 용서가 매우 큰 고난이지만 용서함으로 천국을 실현해가는 것과 마찬가지다. 매우 힘들지만 어찌하여야 천국을 이루어 갈 수 있을지를 생각해야 한다.

19:9 음행한 이유 외에 아내를 버리고 다른 데 장가 드는 자는 간음함이니라. 배우자가 간음한 경우 그와 이혼해야 한다는 것이 아니라 이혼이 허용되는 것이다. 이 경우에도 더 좋은 것은 이혼하지 않고 함께하는 것이다. 왜 그렇게 이혼을 금지하고 있는 것일까? 결혼은 하나님의 뜻으로 하였고 이혼은 사람의 뜻으로 하는 것이기 때문이다.

19:10 장가 들지 않는 것이 좋겠나이다. 예수님은 당시 바리새파의

유명한 두 학파(힐렐 학파, 샴마이 학파)보다 더욱 엄격히 이혼을 제한하셨다. 예수님이 이혼에 대해 매우 부정적으로 말씀하시자 제자들이 대답하였다. 이혼이 그렇게 어려워 만약에 성격이 괴팍한 사람이나 문제가 많은 사람과 만나 평생 사느니 차라리 '결혼하지 않는 것이 낫겠다'고 말하였다. 농담 반 진담 반 말일 것이다.

19:11 이 말. 무엇을 의미하는지는 두 가지 가능성이 있다. 첫째, 앞에서 예수님께서 말씀하신 '결혼의 이상'에 대한 것일 수 있다. 둘째, 제자들이 말한 '결혼하지 않는 것'을 의미할 수도 있다. 전자 일 가능성이 높다. 예수님께서 말씀하신 결혼의 이상을 지키며 사는 것이 어떤 사람에게는 진짜 힘들 수 있다. 그러나 그래서 더욱더 하나님을 의지하여 그것을 지켜야 한다는 것을 의미하는 것으로 보인다. **받지 못하고**. 이해하지 못하고. **타고난 자라야 할지니라**. 하나님께서 이해력을 준 사람만이 가능하다.

19:12 고자. 제자들의 농담 반 진담 반 이야기에 예수님은 진지하게 가르침을 이어가셨다. 제자들이 꺼낸 화두인 비혼에 대한 가르침으로 이어졌다. '고자'로 번역한 단어는 '생식적으로 자녀를 낳지 못하는 사람'을 의미한다. 태어날 때부터 불구인 경우, 거세하여 사람이 그렇게 만든 경우, 소명을 이루기 위해 자발적으로 비혼하여 아기를 낳지 않은 상태로 있는 경우가 있음을 말한다. 그러나 '스스로 된 고자'는 저마다의 소명에 따라 하는 것이지 단순히 이혼하기 어려워하는 것이 아니다. 결혼이나 비혼은 장난이 아니다.

19:13 어린 아이들을 데리고 오매. 사람들이 자신의 자녀들을 데리고 와서 예수님께서 '축복기도'를 해 주시기를 원하였다. 그것을 본 제자들이 그들을 꾸짖었다. '예수님은 그렇게 낮은 자를 위해 안수하는 하찮은 일을 하고 계실 분이 아니다'고 생각하였다. 당시 아이들은 작은 자의 대명사다. 아이들은 무시되었다. 유명한 사람이 와서

안수해 달라고 하여도 시원찮은 판에 어린 아이들을 데리고 와서 안수해 달라고 하니 제자들은 순간적으로 모욕으로 생각했던 것 같다.

19:14 어린아이들을 용납하고. 아이들이 세상에서는 무시되고 거절되지만 천국에서는 동일한 존귀한 존재인 것을 말씀하셨다. 이것은 어린아이만을 말씀하는 것이 아니다. 오늘날에 세상에서 무시받고 거절 받는 모든 사람에 대한 말씀이다. 이 세상에서 고난을 받는 마이너리그 삶을 살고 있다고 천국에서도 마이너리그 대접을 받는 것은 결코 아니다. 그들은 동일하게 천국인으로 환영받는다.

19:16 무슨 선한 일을 하여야 영생을 얻으리이까. 그는 젊고 부요한 사람이었다. 젊어 부요한 것을 보면 아마 집안이 좋을 것이다. 그는 '영생'에 대해 관심까지 가졌다. 완전히 금수저 사람이다.

19:17 생명에 들어가려면 계명들을 지키라. 오직 하나님만이 선하신 분이며 하나님의 법을 지킴으로 선함에 동참하게 되며 영생에 이르게 될 것을 말씀하셨다.

19:20 모든 것을 내가 지키었사온대. 예수님이 말씀하신 십계명들을 다 지키고 있는데 또 무엇이 부족한지 물었다.

19:21 네 소유를 팔아 가난한 자들에게 주라. 성경 어디에도 '가진 것을 다 팔아 가난한 자들에게 주어야 한다'는 구절은 없다. 오직 이 사람에게만 요구하셨다. 이 사람에게는 그것이 가장 필요하였기 때문일 것이다.

19:23 부자는 천국에 들어가기가 어려우니라. 세상나라에서 부자를 선호할 뿐 아니라 천국을 가르치는 신앙에서도 부자는 하나님의 복을 받은 사람으로 생각하곤 하였다. 그런데 예수님께서 부자가 천국에 들어가는 것이 어렵다고 아주 강력하게 말씀하셨다.

19:24 낙타가 바늘귀로 들어가는 것이 부자가 하나님의 나라에 들어가는 것보다 쉬우니라. 이 말씀은 수사적인 표현이다. 그러나 농담이나 과장이 아니라 정확한 표현이다. 당시 보통 사람들이 생각하기에 가장 큰 동물인 낙타를 등장시키고 또한 가장 작은 구멍인 바늘 구멍을 등장시켜 부자가 천국에 들어가는 것이 그렇게 어렵다고 말씀하신다. 장애물은 재물만이 아닐 것이다. 사람들이 의지하는 모든 것이다. 하나님을 의지해야 들어갈 수 있는데 다른 의지할 것이 있어 그것을 의지함으로 천국에 들어가지 못하는 것이다. 그래서 세상에서 소망이 없는 어린아이가 세상에 소망이 많은 부자 청년보다 더 좋은 조건이 되는 것이다. 낙타가 바늘 구멍으로 들어갈 수 없듯이 부자가 천국에 들어갈 수 없다. 그렇다면 모든 부자가 들어갈 수 없는 것일까? 제자들 중에는 부자가 많이 있었다. 베드로, 요한, 마태 등 많은 이들이 부자였다. 그렇다면 그들도 지금 예수님께서 말씀하시는 부자에 포함될까? 아닙니다. 예수님이 말씀하신 부자는 '하나님을 의지하지 않는' 부자다. 곧 자신들의 돈을 의지하는 부자다. 부자는 자신이 가진 돈으로 많은 것을 할 수 있다. 그러다보니 하나님을 의지하지 않고 돈을 의지하는 경향이 생길 수 있다. 바로 그런 부자를 의미한다.

19:26 사랑으로는 할 수 없으나. 사람으로는 구원을 얻을 수 없다. 부자여도 할 수 없다. 그러나 하나님은 하실 수 있다. 그러기에 부자는 자신이 아니라 하나님이 하시는 것에 의존해야 한다. 자신의 힘이 아니라 하나님의 힘을 의지하는 것을 배워야 한다. 매달려야 한다. 자신이 부요하다고 그냥 가만히 있으면 안 된다. 고난이 없다고 하나님을 찾지 않으면 안 된다. 누구보다 절규하며 찾아야 한다.

19:27 우리가 모든 것을 버리고 주를 따랐사온대. 베드로는 제자들이 주를 위하여 버린 것을 이야기하였다. 제자들은 세상 사람들이 소망을 두고 있는 것을 버리고 예수님을 좇아 가고 있었다. 그러기에 그들이

무엇을 얻을 수 있는지를 물었다.

19:28 세상이 새롭게 되어 인자가 자기 영광의 보좌에 앉을 때.
지금은 열두 지파의 세상 힘이 있지만 그때는 열두 제자라는 새로운 힘이 통치하게 될 것이다. 이 땅에서 믿음으로 산 믿음의 백성이 통치하게 될 것이다. **내가 진실로 너희에게 이르노니.** 강조하여 약속하신다. 모든 신앙인은 이 약속을 확실하게 믿어야 한다.

19:29 내 이름을 위하여. '예수님을 위하여'와 같은 말이다. **집이나 형제...전토를 버린 자마다 여러 배를 받고 또 영생을 상속하리라.** '여러 배'는 '백 배'로 된 사본도 많다. 그들이 이 땅에서 포기한 것은 참으로 소중한 것이다. 그들이 예수님을 위하여 그것을 포기하였으면 '백 배'(가장 큰 배)와 '영생'을 받는다고 말씀하신다. 엄청난 투자다. 그들이 포기함으로 세상에서는 여러 고난을 받겠지만 미래에는 엄청난 약속을 받았다.

20 장

20:1 이른 아침. 아침 6시다. 포도원 주인은 인력 시장에 나가 품꾼을 데려와 일을 시켰다.

20:6 십일시. 오후 5시다. 아침 9시에 주인은 다른 품꾼을 데려왔다. 12시와 오후 3시에 심지어는 오후 5시에 그곳을 또 갔다. 그곳에는 여전히 일을 잡지 못한 사람들이 있었다. 주인은 그들을 긍휼히 여겨 데려와 일을 시켰다. 그들은 기껏해야 한 시간 일을 하게 될 것이다.

20:9-10 오후 5시에 온 사람이 한 데나리온을 받았다. 그러자 먼저

온 사람들은 더 많은 것을 기대하였다. 그런데 그들도 한 데나리온을 받았다. 그러자 그들이 원망하였다. 주인은 그들의 원망이 잘못되었음을 말하였다.

20:14 네 것이나 가지고 가라. 주인은 오전 6시에 온 사람에게 한 데나리온을 약속하였고 약속대로 주었다. 그러기에 그들이 불평할 것은 전혀 없다. 일하지 못하는 사람들이 많은데 그들이 먼저 선택받은 것은 매우 행복한 일이다. 그들에게 약속대로 주었고 조금 일한 사람에게도 역시 같은 한 데나리온을 준 것은 주인이 주인의 돈으로 쓴 것이며 그것은 전적으로 주인에게 맡겨진 일이다. 먼저 온 일꾼들이 참견할 일이 전혀 아니다.

20:15 내가 선하므로 네가 악하게 보느냐. 직역하면 '내가 선하므로 너의 눈이 악하냐?'이다. 주인이 그들에게 한 데나리온을 주고 정오에 온 사람에게는 반 데나리온을 주었으면 그들은 아무 불평도 하지 않았을 것이다. 그런데 주인이 긍휼을 베풀어 정오에 온 사람에게도 한 데나리온을 주고 심지어 오후 5시에 온 일꾼에게도 한 데나리온을 주었다. 주인이 선을 베푼 것이다. 그것을 보고 제일 일찍 온 사람이 불평을 하고 심지어는 정오에 온 사람도 불평을 하였다. 그들의 눈이 시기와 좁쌀 같은 마음으로 이글거렸다.

이 이야기는 천국 상급이 모두에게 똑같다는 것을 말씀하기 위한 것이 아니다. 천국 상급은 분명히 다를 것이다. 그렇다면 이 이야기는 무엇을 말할까? 하나님의 긍휼이 풍성하시다는 것을 말씀한다. 하나님은 우리가 생각하는 것보다 훨씬 더 긍휼이 풍성하시다. 우리가 상상도 할 수 없었던 은혜를 베푸신다. 오후 5시에 온 사람에게 한 데나리온을 줄 것을 누구도 상상할 수 없었을 것처럼 그러하다. 먼저 은혜를 얻고 누리면서 그것이 기득권이 되지 않도록 해야 한다. 천국인은 늘 악한 눈이 아니라 선한 눈을 가져야 한다. 인색한 마음이 아니라 넉넉한 마음을 가져야 한다.

20:19 예수님의 고난은 우아한 고난이 아니라 처절한 고난이다. 조롱받고 채찍질 당하시며 십자가에 못 박히시는 고난이다. 십자가에서 죽으실 것에 대해서는 처음 말씀하셨다. 이제 제자들에게 구체적으로 말씀하시면서 준비하게 하신다.

20:21 세베대의 어머니가 자신의 두 아들(야고보와 요한)이 예수님이 다스리는 그 나라의 좌우에 앉게 해 달라고 청탁하였다. 핵심 3명의 제자 중에 항상 베드로가 대표성을 가지고 있었는데 야고보와 요한이 천국에서 중요한 자리를 차지하도록 요청한 것이다.

20:22 너희가 구하는 것을 알지 못하는도다. 세베대의 아내가 요청하는 천국에서의 높은 자리는 곧 세상에서의 더 큰 고난을 의미한다. 그래서 예수님은 '내가 마시려는 잔'을 마실 수 있느냐고 물으셨다.

20:23 너희가 과연 내 잔을 마시려니와. 모든 것을 아시는 주님은 그들이 그렇게 '주님의 고난의 잔'을 마실 것이라 하셨다. 야고보는 12제자 중 첫 순교자가 된다. 요한은 제일 오래 살아 제일 많이 고난을 받는다.

20:27-28 으뜸이 되고자 하는 자. 신앙인도 욕망을 가져야 한다. 세상 사람들이 욕망을 가지고 있기에 강한 추진력으로 살아간다. 신앙인도 강한 욕망을 가져야 한다. 진정한 '으뜸이 되는 것'에 대한 욕망이다. 그래서 세상에서 더욱더 종이 되려는 욕망이다. 예수님도 강한 욕망을 가지셨다. 많은 사람(신앙 공동체)을 구원하시고자 하는 강한 욕망을 가지셨다. 그래서 그 힘든 '자신의 목숨을 대속물로 주는' 길을 가시는 것이다.

20:30 소리 질러...주여 우리를 불쌍히 여기소서. 예수님께서 구 여리고 성을 떠나실 때에 큰 무리가 따랐다. 성문 밖에 맹인 두

사람이 앉아 있었다. 그들은 예수님께서 지나가신다는 말을 듣고 소리질렀고 이에 주변 사람들이 맹인들을 꾸짖었다. 그러나 맹인들은 더욱더 큰 소리로 '주여 우리를 불쌍히 여기소서'라고 부르짖었다. 그들은 메시야를 불렀다. **다윗의 자손이여.** 그들이 예수님을 다윗의 자손이라 부르는 것을 통해 볼 때 그들은 예수님에 대해 상당히 무엇인가를 아는 것 같다. 예수님은 메시야로서 다윗의 자손으로 오시는 분이며 창 3:15절에 약속된 구원자다. 맹인들은 메시야되신 예수님을 간절히 불렀다.

20:31 잠잠하라. 사람들이 꾸짖으며 '잠잠하라' 하였을 때 그럼에도 불구하고 또 소리를 지르기 위해서는 사람들에게 맞아 죽을 각오를 하였을 것이다. 그렇게 간절히 부르짖었다. 그들의 간곡한 부르짖음에 예수님께서 응답하셨다. 앞의 외침을 들으셨으나 이제야 대답하시는지 아니면 듣지 못하셨는지는 모르겠다. 그러나 맹인들의 간절함이 통한 것은 분명하다. **주여 우리를 불쌍히 여기소서.** 이 구절은 후에 기독교 역사에서 가장 중요한 기도 중에 하나가 된다. 이것을 '예수기도'라고 이름을 붙였다. 길게 기도하지 못하여도 자신의 비참함을 알고 그 비참함에서 구원하실 분은 오직 예수님 한 분 뿐임을 알아 깊이 그리스도를 구하는 기도다. 우리는 우리의 비참에서 구원함을 얻도록 예수님을 찾아야 한다. 우리는 한 순간도 예수 그리스도가 아니고는 깊은 비참함 속에서 헤어나올 수 없는 존재라는 것을 알아야 한다. 어떤 행복한 순간에도 한 순간이라도 하나님을 떠나면 비참한 존재다. 그리기에 항상 예수님을 간절히 찾는 사람이 되어야 한다.

20:32 그들을 불러 이르시되. 맹인들을 부르셨다. 예수님과 일행은 지금 예루살렘으로 길을 출발한 상태다. 예루살렘으로의 출발은 비장한 마음으로 출발하신 것이다. 제자들에게는 십자가를 말씀하셨다. 그렇게 중요한 일을 출발하셨다. 그 길이 맹인의 개인적인 요청 때문에 막혀서는 안 될 것 같다. 주변에는 수많은 사람이 따르고 있는데 지극히 작은 자인 맹인이 예수님을 세우면 수많은 사람이 모두

함께 세워지는 것이니 그것은 결코 일어나면 안 될 일처럼 보였다. 게다가 지금까지 예수님은 이미 많은 사람들을 고쳐 주셨다. 멈추면 안 되는 또 다른 이유도 있었다. 여리고에서 예루살렘까지의 길은 강도가 많기로 유명한 곳이다. 그 길은 직선 길이가 25km이기 때문에 구부러진 길을 생각한 30km가 넘었을 것이다. 계속 오르막이다. 1050m의 산을 오르는 길이다. 빨리 걸어도 6시간에서 8시간이 걸렸다. 힘을 비축해야 한다. 중간에 멈출 수 없는 곳이다. 그러니 지금 맹인을 치료하는데 시간을 빼앗길 여유가 없다. 마음이 바쁘다.

사람들은 중요한 사람이 되거나 중요한 일을 할 때 작은 것에 대해 놓치곤 한다. 그러나 오늘 본문의 맹인을 치료해 주신 주님의 마음을 닮아야 한다. 어느 순간에도 아무리 작은 일이라도 긍휼을 놓치면 안 된다. 작은 자를 향한 긍휼은 누구도 알아주지 않겠지만 하나님을 바라보며 천국을 살아가는 천국인은 결코 놓쳐서는 안 되는 중요한 일이다.

20:33 주여 우리의 눈 뜨기를 원하나이다. 맹인이 원하는 것은 신앙적인 어떤 것이기 보다는 지극히 개인적이고 일반적인 것이다. 그러나 그들이 복이 되는 것은 예수님께 요청하였다는 것이다. 그들이 요청한 내용이 아니라 그들이 요청한 대상 때문에 그들은 복된 사람이 된다.

20:34 예수를 따르니라. 사람들이 하나님께 요청하는 것이 헛된 것이 많다. 하나님은 멸망의 기차에서 그들을 구원하기를 원하시는데 사람들은 하나님께서 그들이 타고 있는 기차가 더 빨리 달려가고 자신이 그 기차의 앞 칸에 타게 해 달라고 간청하곤 한다. 그래서 그들의 간청은 무의미한 것이 되고 악한 것이 되곤 한다. 맹인이 눈을 뜨는 것은 천국에 가는 것과 상관없을 수 있다. 눈 뜬 많은 사람이 구원함을 얻은 것은 아니다. 그런데 이 맹인들은 눈을 떠 보게 되었을 때 집으로 가지 않고 바로 예수님을 따라갔다. 놀라운 일이다. 보게

되면 보고 싶은 것이 많을텐데 그들은 눈을 뜨게 되었다는 것보다 눈을 뜨게 해 주신 예수님을 더욱 보게 되었다. 그래서 그들이 보기를 원하였던 욕망은 참으로 귀한 것이었다는 것을 증명한다. 우리들의 욕망이 귀한 것이 되어야 한다. 그것이 채워졌을 때 그것으로 악한 일을 하는 것이 아니라 그것으로 귀한 열매를 맺을 수 있는 그런 귀한 욕망이 되어야 한다.

21 장

21:2 나귀 새끼. 벳바게 마을에 가서 나귀 새끼를 데려오도록 심부름을 시키셨다. 나귀 주인과 미리 약속을 한 것일 수도 있고 아니면 왕이나 때로는 랍비가 징집을 하는 권리를 가지고 있었는데 왕으로서 징집을 하시는 것일 수도 있다. 아직 사람이 타지 않은 나귀 새끼를 타시기 위해 어미 나귀도 함께 데려오라 하셨다. 예수님께서 다른 곳에서는 짐승을 타신 것이 나오지 않는다. 왜 갑자기 예루살렘에 다 와서 나귀를 가져오도록 하실까?

시온의 딸아 크게 기뻐할지어다 예루살렘의 딸아 즐거이 부를지어다 보라 네 왕이 네게 임하시나니 그는 공의로우시며 구원을 베푸시며 겸손하여서 나귀를 타시나니 나귀의 작은 것 곧 나귀 새끼니라"(슥 9:9) 이 말씀에 대한 성취를 위해 하신 것이다. 예수님은 이제 안식 후 첫날 마지막 한 주를 시작하시면서 예루살렘 성에 입성하신다. 예루살렘은 하나님께서 특별히 거주하시는 성이다. 예루살렘 성은 예수님의 성이기도 하다. 예수님은 성의 주인으로서 왕으로 선포하며 예루살렘 성으로 들어가고자 하셨다. 말은 왕의 힘을 상징한다면 나귀는 왕의 겸손함을 상징한다. 나귀는 힘이 세지만 말보다 작고 온순하며 소심하다. 특히 나귀 새끼는 더욱더 평화의 상징이다. 예수님은 예루살렘의 왕으로 성에 들어가시지만 힘으로 통치하는 왕이 아니라 평화의 왕으로 들어가신다. 그래서 나귀 새끼를 타고 입성하시고자 하셨다.

21:7-8 나귀와 나귀 새끼. 나귀 새끼는 예수님이 타기 위함이요 옆의 나귀는 어미 나귀로서 처음 사람을 태우는 나귀 새끼가 놀래지 않도록 엄마 나귀가 옆에서 돕는 역할을 하였을 것이다. 예수님은 만 왕의 주이시기에 나귀 새끼가 놀래지 않도록 하실 수 있었을 것이다. 그러나 예수님은 그 부분도 나귀 새끼의 본래 특성대로 놔두셨다. 그래서 어미 나귀가 옆에서 나귀 새끼를 돌보도록 하셨다. 그 작은 것 하나도 예수님은 자신의 체면이나 영광이 아니라 자연의 이치에 따르셨다. 모든 것을 통치하시는 예수님께서 모든 것의 통치를 받으셨다. 겸손히. **자기들의 겉옷을 그 위에 얹으매.** 사람들은 예수님이 타실 나귀를 꾸몄다. 자신들의 귀한 겉옷으로 나귀 안장을 만들었고 길에 자신들의 겉옷과 나뭇가지를 깔았다. 이제 곧 유월절이라 수많은 사람이 그 길을 가고 있었다. 예수님을 따라온 무리와 유월절이라 예루살렘으로 모여든 인파까지 수많은 사람들이 그렇게 예수님을 왕으로 환호하였다.

21:9 호산나 다윗의 자손이여. '호산나'는 '주여 우리를 구하소서'라는 뜻이다. 이것은 발전하며 기도보다는 찬양의 의미를 더 갖기도 한다. 그래서 '찬양합니다'라는 단순한 찬양의 소리이기도 하다. 군중들이 예수님과 함께 하면서 '호산나'한 것은 가장 잘 어울리는 외침이다. 예수님은 그들을 구원하실 분이기 때문이다. 예수님의 오심은 참으로 하늘의 하나님께 찬송할 이유가 된다.
예수님은 의도적으로 온 성이 소동할 정도로 소란스럽게 예루살렘에 입성하신 것으로 보인다. 그러나 속 마음은 대중들과 많이 다르셨다. 사람들은 예수님이 이제 무엇인가 대단히 놀라운 일을 할 것이라 생각하였다. 메시야에 대한 기대도 가지고 있는 것으로 보인다. 갈릴리에서 많은 것을 본 사람들은 더욱더 환호하였을 것이다. 그러나 예수님은 구원자로서 '대속'하시기 위해 예루살렘으로 들어가시는 것이다. 구원자이기는 하지만 방식이 완전히 달랐다. 사람들은 천국으로의 구원이 아니라 세상 나라에서 더 잘사는 구원을 선호한다. 그럼에도 불구하고 주님은 오늘날에도 여전히 천국으로 우리를 부르시는 사역을 하고 계신다. 우리의 '호산나' 외침은 진정 주님의 구원을 향한 것인가?

21:12 성전 안에서 매매하는 모든 사람들을 내쫓으시며 돈 바꾸는 사람들의 상과 비둘기 파는 사람들의 의자를 둘러 엎으시고. 예수님의 마지막 월요일에 성전 청결 사건이 있었다. '상황이 매우 격하다는 것을 볼 수 있다. 예수님의 마지막 일주일의 여정이다. 안식 후 첫날(주일) 여리고에서 예루살렘으로 오셔서 '예루살렘 입성'을 통해 의도적으로 메시야의 입성을 드러내셨다. 그리고 월요일에 일어난 성전 청결 사건은 매우 혁명적 사건이다. 엄청난 시위요 파격적인 일이다. 예수님은 왜 성전에서 이렇게까지 하고 계실까? 성전에서 물건을 매매하는 것은 예수님 당시 오랜 전통은 아닌 것으로 보인다. 기드론 계곡 쪽에서 매매가 주로 이루어졌는데 언젠가부터 성전 안에서 매매가 이루어지기 시작한 것으로 보인다. 성전은 천국의 가장 핵심이다. 그런데 성전에서 천국이 아닌 세상 나라의 일(거짓의 일)에 관심을 갖게 하는 것이 벌어지고 있었으니 그것에 대해 확실하고도 분명한 경고를 하신 것이다.

21:13 내 집은 기도하는 집이라. '기도'는 조금 더 넓게는 '예배'다. 성전은 예배를 위해 있다. 성전은 성전에 임재하시는 하나님이 중심이 되며, 하나님을 예배하는 것이 중심이 되어야 한다. 그 일에 모든 관심이 집중되어야 한다. **너희는 강도의 소굴을 만드는도다.** 사람들이 성전을 마치 강도들이 숨는 곳이며, 빼앗은 것을 숨겨두는 소굴로 만들었다. 강도들은 소굴에서 그들이 강탈한 것을 보면서 기뻐한다. 소굴에서 그들이 잘못한 것을 후회하지 않는다. 그것처럼 예배자들과 종교 지도자들이 성전에서 자신들의 욕심을 채우고 자신들의 이익을 챙기고 있었다. 그들이 하나님께 집중하여 회개할 것이 무엇이고

진정으로 예배하기 위해 무엇을 해야 하는지를 잊은 채 자신들의 장사에 집중하였다. 성전이 시장이 되었다.

21:18 이른 아침에. 성전 청결하러 들어가시던 날 아침이다. 시간적으로 앞의 청결 사건보다 앞섰지만 이곳에 위치한 것은 마태는 무화과나무에게 재앙을 선포한 시간(월)과 실제로 말라 죽은 사이의 시간(화)을 한 군데로 모았기 때문이다.

21:19-20 무화과나무. 예수님은 성전청결을 위해 이른 아침 예루살렘에 들어가실 때 '길가에서 무화과나무'를 보셨다. 볼품없는 무화과라도 먹을까 하셨으나 무화과나무는 잎사귀만 많을 뿐 열매는 없었다. 열매 없는 무화과나무를 보시고 예수님은 '이제부터 영원토록 네가 열매를 맺지 못하리라'고 선언하셨다. **곧 말랐나이까.** 말씀대로 곧(24시간 후) 무화과나무가 말랐다. '곧'은 보통 '바로'를 의미하지만 나무의 경우 24시간이면 꽤 '바로'에 해당할 것이다.
무화과나무의 열매 없는 모습은 열매 없는 이스라엘 백성을 그대로 투영한다. 열매 없는 백성이 미래에 어떻게 될 것인지 실물로 가르치시기 위해 무화과나무를 책망하셨다. 열매가 없이 있다가 미래에 잘리는 것이나 지금 말라 죽는 것이나 전혀 차이가 없다. 그 나무의 미래를 미리 보여주신 것일 뿐이다. 중요한 것은 '열매가 없으면 멸망한다'는 사실이다. 나무나 사람에게 열매는 선택이 아니라 필수다. 예수님은 사람을 위하여 지금 십자가의 길을 가고 계신다. 사람에게 영생이라는 열매를 맺도록 하기 위함이다. 예수님은 영생을 주시기 위해 처절한 고난의 길을 가시는데 백성이 세상 나라에 정신이 팔려서 천국 열매 없는 삶을 살고 있으면 안 된다. 천국열매는 모든 성도의 본질적 모습이다. 성숙한 신앙인만 맺는 것이 아니다. 우리는 천국인의 이름을 가질 뿐만 아니라 열매도 맺어야 한다.

21:23 대제사장들과 백성의 장로. 예수라는 사람이 성전에서 물건을

파는 사람들을 내쫓았다는 소식을 듣고 성전 관리자들이 왔다. 전현직 대제사장들과 장로는 성전에서 최고위급 사람으로 성전관리의 책임을 가진 사람이다. 그들은 예수님께 '대체 무슨 권리로 성전에서 장사하는 사람들을 내쫓았는지' 물었다.

21:25 **요한의 세례**. 그들에게 요한의 세례에 대해 물으셨다. 요한의 세례는 공적인 권리를 누구에게 받은 것은 아니다. 그는 회개에 대한 표시로서 기존 유대인에게 세례를 주었다. 당시 유대에는 없는 방식의 세례다. 회개의 세례는 오직 이방인이 신앙인이 될 때만 행했었다. 그것이 하늘로부터 받은 권리인지 아니면 요한이 자기 멋대로 그렇게 하고 있는 것인지를 물으셨다. 그들은 상식의 오류에 빠졌다. 하나님으로부터 라고 말하면 세례요한을 받아들이지 않은 것에 대한 책임이 있고 세례요한이 말한 예수님의 권위를 받아들여야 할 것이요. 만약 사람으로부터라고 말하면 '사람들이 세례요한을 존경하기에' 사람들로부터 비난받을 것이 두려워 그들은 결국 '모른다' 대답하였다.

21:28 부모가 한 아들에게 포도원에 가서 일하라 하였다. 사본에 따라 큰 아들과 작은 아들의 역할이 바뀐 곳이 많지만 그런 혼란은 중요한 것은 아니다. 이야기의 핵심은 한 아들은 '아니오'하였으나 일을 하러 간 것이고, 다른 한 아들은 '네' 했으나 일하러 가지 않은 것을 말한다.

21:31 말은 '네'하고 행하지 않은 사람보다 '아니오'하였으나 나가서 일을 한 아들이 결국 '아버지의 뜻대로 한 아들이다. 이것은 지극히 상식적이어서 그들은 쉽게 대답하였다. 그러나 그것이 실제로는 세례요한과 연결된 것이었음을 예수님이 말씀하셨다.

21:32 요한이 가르친 것에 대해 위정자들이 거부하였다. 그들은 하나님의 말씀에 '네'하고 있던 사람들이다. 그런데 정작 세례요한이 왔을 때 그들은 '행동'하지 않았다('아니오'했다). 그들이 그렇게

중요하게 여기던 메시야의 오심에 대해 회개하며 준비하지 않았다. 그런데 '아니오'라고 말하는 것으로 보였던 세리와 창녀들이 반응하였다. 그들은 세례요한에게 나가 회개하며 세례를 받았다. 자신들의 이익에 매이지 않고 조금만 떨어져 생각해보면 지극히 상식적인 일이다. 그들도 바로 대답할 수 있는 신앙의 상식이다. 그런데 자신들의 편가름과 이익과 탐욕 때문에 거짓의 길을 가고 있었다. 신앙의 상식을 어기면서 살고 있었다.

21:33 '집 주인'은 하나님, '포도원'은 이스라엘 백성, '농부'는 이스라엘의 교회 지도자를 상징한다. 하나님께서 교회 리더들에게 이스라엘 백성을 잘 양육하도록 하셨다. 이스라엘 백성은 하나님의 것이다. 단지 잠시 지도자들에게 맡기신 것이다. 하나님께서 교회 지도자들에게 이스라엘을 맡기신 것은 그것을 잘 가꾸도록 하기 위함이다. 그것을 잘 가꾸어 열매를 맺어야 한다. 천국 백성으로 잘 양육하는 열매다. 천국 백성으로 잘 양육할 때 그것이 하나님께 드리는 열매가 된다.

21:34 **자기 종들을 농부들에게 보내니**. 주인이 보낸 '종들'은 선지자들을 의미한다. 그런데 농부(소작농)들은 그 종들을 심히 때리고 죽였다. 하나님께 가져 갈 열매를 그들의 열매로 만들기 위해서다.

21:41 **열매를 바칠만한 다른 농부**. 농부를 바꾸시는 것이다. 리더를 바꾸신다. 이스라엘의 종교지도자는 그 위치를 잃어버리고 이제 예수님의 제자들이 그 자리를 차지하게 될 것이다.

21:42 **모퉁이의 머릿돌**. 그들이 쓸모 없다고 '버린 돌'은 실제로는 가장 중요한 '모퉁이의 머릿돌'이다. '모퉁이의 머릿돌'로 번역된 것은 오역이다. '머릿돌'(정초석)은 기초석과는 전혀 관련이 없기 때문이다. 이것은 둘 중에 하나 또는 둘 다를 의미한다. 첫째는 당시 건물을 지을 때 가로 세로의 벽면이 만나는 모퉁이의 제일 밑의 돌이다. 이

돌은 튼튼해야 한다. 잘 생긴 것이 문제가 아니라 크고 튼튼해야 한다. 둘째는 아치형의 문이나 건축물에서 V자 형태(아랫쪽이 좁은 사다리꼴 모양)의 돌(Capstone)이다. 나는 그것을 '중심돌'이라 번역한다. 사다리꼴 모양 돌은 이상해서 건축자들이 버린 돌이기 쉽다. 그러나 그것은 중심돌로 삼기에는 매우 유용하다. 그들이 세상 나라 관점으로 버린 돌이 실제로는 하나님께서 받으시는 돌이다. 그들이 버린 예수 그리스도는 하나님께서 세상을 구원하는 가장 중요한 기초돌이다. 그들이 버린 신앙의 사람들은 하나님께는 교회를 세워가시는 기초돌이 된다. 중심돌이 된다. 그런데 그들이 그렇게 못 생겼다고 말하며 필요없다고 버렸으니 그들의 구박과 핍박은 고스란히 그들에게 돌아갈 것이다.

21:43 그 나라의 열매 맺는 백성이 받으리라. 오직 '그 나라의 열매 맺는 백성'이 천국의 구성원이 될 것이다. 유대인이라고 또는 이방인이라고 천국 백성이 되는 것이 아니다. 오직 '그 나라의 열매 맺는 사람'이 천국 백성이다.

21:44 그들이 너무 크다고 버린 그 돌이 돌부리가 되어 그것에 걸려 넘어지고, 아치 형 위에 놓인 그 돌은 그것이 그들의 머리에 떨어질 때 그들은 박살 날 것이다. 그들이 버린 돌은 그들이 넘어지고 무너지는 부메랑이 될 것이다.

22 장

22:2-3 혼인잔치. 왕이 '아들을 위하여 혼인 잔치'를 한다면 대단한 행사다. 그 결혼식은 모든 사람이 가고 싶어할 것이다. 그런데 이상한 일이 벌어졌다. 초청받은 사람들이 '잔치 참여를 싫어'하였다.

'왕'은 하나님, '혼인 잔치'는 천국, '초청받은 사람들'은 이스라엘 백성이다. 왕의 아들 혼인식에 초청받은 사람이 초대에 응하지 않는 것은 참으로 이상한 일이다. 그것은 반역이다. 그들은 어찌하여 초청에 응하지 않았을까?

22:5-6 그들이 돌아보지도 않고. 그들은 저마다 '자기 밭으로' '자기 사업'으로 갔다. 자신들의 일에 바쁘게 살고 있다. 그들은 왕에 대해서도 왕국의 영광에 대해서도 다 잃어버린 듯하다. 그들이 왕을 인정하고 왕국의 영광을 기억하고 있었다면 그 초청을 결코 거절하지 않았을 것이다. 서로 가려고 할 것이다. 그들은 왕과 왕국에 대한 가치를 잃어버린 것이 분명하다.

당시 이스라엘 백성들이 그러했다. 왕의 잔치에 초대받았다는 것은 그들이 매우 존귀한 사람들이라는 것을 의미한다. 그들은 아브라함 때부터 특별히 복음을 받아들인 백성이다. 그들은 하나님의 백성으로 살아온 특별한 사람들이었다. 그래서 먼저 초대를 받았다. 예수님은 유대인들에게 먼저 복음을 전하셨다. 그런데 그들은 예수님의 천국 복음 초대를 거절하였을 뿐만 아니라 예수님을 죽이기까지 할 것이다.

22:7 왕의 초대를 거절하고 죽이기까지 한 그들은 이제 더이상 특별한 사람들이 아니다. 살인자일 뿐이다. 왕은 자신의 아들 결혼 초대 거부는 자신의 통치 거부라는 것을 안다. 그래서 왕은 군대를 보냈다. 그 초대를 거절한 사람들은 결국 왕이 보낸 군대에 의해 진멸되었다. 왕에게 진멸된 그들은 천국에 들어가지 못함을 의미한다.

22:8-9 만나는 대로 혼인 잔치에 청하여 오라. 이제 모든 사람에게 천국 문이 열렸다.

22:10 악한 자나 선한 자나 만나는 대로 모두 데려오니. 그들이 이전에 악한 자인지 선한 자인지 상관없이 어떤 특별한 사람인지 그렇지 않은지에 상관없이 모든 사람들을 초청하였다. 예수님은 이제

새시대를 선포하고 계신다. 이스라엘의 지도자들이 죽은 나무가 되었을 때 그들에게 연연하지 않으시고 다른 이들을 부르신다. 그래서 그들의 거절은 오히려 복음이 더 많은 사람들에게 전해지는 계기가 된다. 이것은 오늘날 교회가 모든 사람들에게 문을 연 것과 같다. 교회는 아무리 악한 사람에게도 문이 열려 있다. 모두 초청한다. 그래서 교회에 많은 다양한 사람이 오고 있다.

22:12-13 예복. 잔치에 '예복을 입지 않고' 온 사람에 대해 말한다. '어찌하여 예복을 입지 않고 여기 들어왔느냐'. 이것은 예복을 입지 않으면 잔치에 참여할 수 없다는 것을 의미한다. 예복을 입지 않은 사람을 '어두운 데에 내던지라'고 말씀한다. '예복'은 결혼식 때 입는 특별한 옷이기 보다는 '깨끗한 옷'이다. 그것이 잔치에 참여하는 최소한의 예다. 그가 깨끗한 옷으로 갈아입지 않은 것은 잔치에 대한 가치를 무시한 것이다. 깨끗한 옷으로 갈아입는다는 것은 삶의 변화를 의미한다. 열매를 맺는 삶으로의 변화다. 이전에 아무리 악한 사람이었어도 잔치에 참여하고자 한다면 이제 바뀌어야 한다. 모든 사람이 잔치에 초청받았으나 모든 사람이 들어갈 수 있는 것은 아니다. 오직 예복을 입은 사람 즉 천국 열매 맺는 사람만 들어갈 수 있다. 오늘날 교회에 다니고는 있지만 참 많은 사람이 예복을 입고 있지 않다. 예복을 입지 않으면 결코 천국에 들어갈 수 없다.

22:16 당신은 참되시고 진리로 하나님의 도를 가르치시며. 이것이 진실이다. 그러나 그들은 진실의 마음이 아니라 올무에 걸리게 하기 위해 떡밥을 치고 있다. 물론 예수님은 이들의 이러한 음흉한 속셈을 잘 아셨다. 그러기에 그들의 속셈에 넘어가지 않으신다.

22:17 가이사에게 세금을 바치는 것이 옳으니이까. 그들은 예수님을 잡을 묘수를 찾아냈다. 로마에 내는 세금에 대한 질문이다. '세금을 내지 말아야 한다'는 바리새인과 '세금을 내야 한다'는 헤롯당이 함께

왔다. 예수님이 어떤 대답을 하든 결국은 한 쪽의 공격을 받을 것이다. 세상은 그렇게 자신들의 지혜로 진리의 길을 가고자 하는 사람들을 옭아매고자 한다.

22:18 예수께서 그들의 악함을 아시고. 그들이 답을 원한 것이 아니라 예수님을 잡아들이기를 원한다는 것을 아셨다. 세상은 답을 요구하는 것 같지만 실상은 그렇지 않을 때가 많다. 그래서 세상 속에서 신앙인으로 살고자 할 때는 깨어 있어야 한다.

22:19 데나리온. 세금에 대해 설명하시면서 예수님은 그들에게 은화를 가져오라 하셨다. 데나리온 동전에는 한 쪽에는 황제의 얼굴이 다른 한 쪽에는 로마 신의 얼굴이 주조되어 있었다.

22:21 가이사의 것은 가이사에게, 하나님의 것은 하나님께. 은화에 황제의 얼굴이 주조되어 있으니 황제에게 바치라는 위트가 있는 말씀이다. '하나님의 것은 하나님께'는 무엇을 의미할까? 동전에 하나님의 형상이 주조된 것은 없다. 그렇다면 이것을 듣는 사람들은 무엇을 생각하였을까? 사람이 하나님의 형상으로 창조되었으니 사람을 생각하는 사람이 많았을 것이다. '은화'보다 더 중요한 것은 '사람'이다. 사람은 자신이 하나님의 형상 따라 창조되었기 때문에 하나님께 드리는 거룩한 마음을 가져야 한다. 그러면서 또한 세상 나라에 살고 있기도 하기 때문에 세상 나라의 세금도 내야 한다. 세상 나라의 세금은 하나님 나라의 세금과 동등하지 않다. 하나님께 드려야 하는 우리의 모든 삶의 부분적 모습으로 세상의 세금이 있다. 매우 위트 있는 이야기이지만 이것은 진리를 담고 있는 말씀이기도 하다.

22:23 사두개인. '사두개인'은 '부활이 없다'고 생각하는 사람들이다. 구약 성경은 부활에 대해 분명하게 말한다. 당시 유대인들은 대부분 부활에 대해 확실하게 믿었다. 그러나 사두개인들은 부활이 없다 생각하였다. 그들은 구약이 아니라 모세오경만 성경으로 받아들였다.

모세오경에서 말하지 않는 것을 받아들일 수 없다고 생각하였다. 사두개인들은 종교 정치 권력을 가진 사람들이었다. 그들은 유대인의 종교 자산을 가지고 있었으나 실제로는 성경 전체를 받아들이지도 않음으로 천사나 영의 존재 등을 믿지 않았으며 매우 현실적인 사람들이었다.

22:25 그들은 수혼제도를 근거로 하여 부활이 잘못된 것임을 주장하였다. 칠 형제가 일찍 죽어 결국 한 여인이 칠 형제와 다 결혼한 경우 부활한다면 그 여인은 누구의 아내가 되는지 물었다. 그렇게 되면 일처다부가 되기 때문에 부활은 잘못된 교리라는 것이다. '한 여인이 결혼하자마자 칠 형제가 죽는 이야기'는 주전 3세기에 기록된 것으로 보이는 외경인 토비트에도 나온다. 사람들은 이런 이야기에 많이 익숙해 있었던 것으로 보인다. 부활을 믿는 사람들에게는 매우 어려운 문제였다. 그래서 그것을 무기 삼아 예수님께 질문의 형식을 빌려 공격하였다. 그들은 사실 매우 편협한 생각을 가지고 있었다. 이것저것 다 떠나서 당시 유대인들은 일부다처인 사람들이 많이 있었다. 일부다처에 대해서는 전혀 문제를 삼지 않으면서 일처다부에 대해서만 문제를 삼는 것 자체가 그들이 얼마나 편협한 생각을 가지고 있는지를 알 수 있다.

22:29 질문으로 예수님을 공격하는 사두개인들의 태도는 괘씸한 모습이다. 그러나 예수님은 그들을 향하여 넉넉한 마음으로 대하셨다. 그들의 의도를 알기에 상대하지 않아도 되겠지만 예수님은 그들의 질문을 기회로 삼아 부활에 대해 가르치셨다. 그들이 성경을 오해하였다. 무엇보다 하나님의 능력을 알지 못하였다. 그들이 그것을 진짜 난제로 생각하였다면 모든 문제를 풀 수 있는 '하나님의 능력'을 의지하여 신뢰하면서 가야 하는데 그렇지 못하였다. 그래서 성경에 대한 오해는 풀리지 않았다.

22:30 부활한 몸은 결혼과 가정이 없는데 결혼이 있을 것이라는

전제를 가지고 있었기 때문에 그들은 문제를 풀 수 없었다.

22:32 사두개인들은 많은 문제를 가지고 있었다. 이사야와 다니엘 성경에 부활에 대해 명확하게 이야기한다. 그러나 예수님께서는 오경만 받아들이는 그들의 입장에서 오경을 사용하여 설명해 주셨다. 하나님께서 죽은 자의 이름을 말하며 '아브라함의 하나님'이라 말씀하신 것이 아니고 지금 살아 있는 자의 이름을 말하는 것이라 말씀한다.

22:36 어느 계명이 크니이까. 율법 중에 무엇이 가장 큰 계명인지 물었다. 그의 질문은 매우 중요한 질문이다. 예수님은 그의 질문에 마지막으로 대답해 주셨다.

22:37 마음. 정적인 측면이다. **목숨.** 의지적인 측면이다. **뜻.** 지적인 측면이다. 사람의 인격적인 모든 것인 '지정의'를 다하여 사랑하는 것을 의미한다.

22:39 네 이웃을 네 자신 같이 사랑하라. 이웃을 사랑해야 하는데 그 사랑의 바탕은 자신을 사랑하는 것이다. 자신을 사랑하지 못하는 사람은 이웃을 사랑할 수 없다. 자신을 사랑하는 것이 이기주의가 되지 않기 위해서는 '이웃을 자신 같이'사랑해야 한다.

22:40 온 율법과 선지자. 성경을 말한다. **강령.** 직역하면 '걸려있다'이다. 말씀이 하나님을 사랑하고 이웃을 사랑하는 것에 걸려 있다는 뜻이다. 사랑을 놓치면 말씀을 놓치게 된다. 모든 율법을 지킬 때 이것을 잘 생각하여 지켜야만 말씀의 정신을 살리며 잘 지킬 수 있다. 말씀이 무엇을 말하는지 잘 모를 때 말씀의 강령인 '하나님 사랑과 이웃 사랑'이 중요하다. 이것을 중심으로 하여 살피면 말씀을 잘 지킬 수 있다.

22:42 그리스도에 대하여 어떻게 생각하느냐. 예수님은 조금 더 직접적으로 자신의 본 모습을 알리고자 하셨다. 그래서 '그리스도(메시야)'가 '다윗의 자손'이라는 지극히 상식적이고 영광스러운 칭호에 대해 예견을 하고 바리새인들에게 물으셨다. 사람들은 역시 메시야의 가장 유명한 칭호인 '다윗의 자손'을 답으로 내 놓았다.

22:43 다윗은 시편 110편에서 그리스도를 '주'로 부른다. 그렇다면 조금 더 생각해 보아야 한다. 메시야는 다윗의 자손으로 올 것임을 성경이 말하였다. 그런데 그것은 다윗의 계열에서 온다는 것이며 왕으로 오신다는 것을 의미한다. 다윗이 메시야를 '주'라 칭하였으니 그렇다면 메시야는 다윗보다 먼저 계신 분이다. 다윗과는 차원이 다른 분이다. 사람들은 예수님을 '다윗의 자손'이라 칭하였고 바리새인들은 그것이 못마땅하였다. 그러나 예수님은 실제로는 다윗의 자손을 넘어 '다윗의 주'가 되시는 분이다.

22:45 다윗이 그리스도를 자신의 '주'라 칭하였으니 자신의 자손을 넘어 다른 무엇이 더 있음을 의미하는 것이라 말씀하셨다.

23 장

23:3 말하는 바는 행하고. 그들이 가르치는 것을 유대교로 혼동하는 사람들도 있는데 그렇지 않다. 유대교란 예수님께서 부활하신 이후에도 여전히 예수님을 알지 못하는 유대인들의 믿음을 말하는 것이지 그 전까지는 유대교란 없고 오직 하나님을 믿는 한 믿음만 있었다. 그 믿음안에서 바리새인들은 가르치는 자의 역할을 하던

사람이다. 그러기에 그들이 가르치는 것을 따르는 것은 중요하다.

23:3 그들이 말하는 바는 행하고...그들이 하는 행위는 본받지 말라.
서기관과 바리새인들에게는 매우 수치스러운 평가다. 예수님은 왜
서기관과 바리새인들에 대해 그렇게 심한 평가를 하셨을까?

23:5 모든 행위를 사람에게 보이고자 하나니. 예수님은 그들이 하는
행동들이 옳은 것이든 그른 것이든 '사람'에게 보이려고 하는 것이라
평가하셨다. 얼마나 심하면 '모든' 행위가 그렇다고 말씀하실까? 다수
사람의 다수 행동이 사람 눈치만 의식하면서 행동하였기 때문에
그렇게 말씀하셨을 것이다. 그들은 왜 사람을 의식하였을까? 하나님께
영광이 되기 위해 사람들에게 칭찬을 듣고자 한 것이 아니다.
자신들의 영광을 위해 사람들의 눈치를 보면서 살았던 것이다. **경문
띠를 넓게 하며 옷 술을 길게 하고.** 경문(성경 구절(출 13:1-10, 11-
16; 신 6:4-9, 11:13-21)을 기록한 양피지를 넣은 작은 가죽 상자)은
하루 세 번 기도할 때 반드시 착용해야 하는 것이다. 경문 띠를 넓게
하고 옷 술을 길게 하는 것은 그러한 것이 더 잘 보이게 하기
위함이다. 경건한 사람이라는 것을 다른 사람들에게 보여주기
위함이다. 하나님을 향한 마음이 없으면서 사람들이 존경하기 때문에
하나님을 향한 마음이 더 많은 것처럼 행동하는 것을 우리는 위선이라
한다. 속과 겉이 다르기 때문이다. 그들은 종교적 위선을 행하고
있었다. '종교적 위선'은 어떤 위선보다 큰 거짓이다. 그들은 하나님
앞에 있어야 하는데 사람 앞에 있다. 종교적 위선을 행하는 이유는
그것이 사람들에게 쉽게 존경받는 방법이기 때문이다. 쉽게 돈을 번
사람은 그것이 마약처럼 중독이 되는 것처럼 쉽게 사람들의 인정을
받으면 계속 중독이 된다. 실제로 믿음의 길을 걷기 위해서는
어려움이 있는데 위선으로 종교적 길을 가면 실제로 가는 것만큼
인정을 받으니 계속 쉽게 그렇게 행하는 것이다. 결국 그는 믿음과
반대 방향으로 계속 가게 된다.

23:6-7 '잔치의 윗자리'와 '회당의 높은 자리' 그리고 '시장에서 문안 받는 것'과 '랍비'라 칭함을 받는 것을 두고 예수님께서 서기관과 바리새인들이 '사람들에게 인정받는 것을 좋아했다' 말씀하며 경고하셨다.

23:8 랍비라 칭함을 받지 말라. '랍비(나의 위대한 자)'는 가장 존경하는 선생에게만 붙이는 칭호다. 오늘날 '박사'정도 될 것 같다. 랍비가 되면 자신만의 학교를 세울 수 있었다. 오늘날 대학 교수가 될 수 있는 것과 같았다. 사람들은 예수님을 '랍비'라 부를 때가 많았다. 이렇게 인정을 받는 것은 좋은 일일 것 같다. 그런데 예수님은 왜 금하셨을까? **너희 선생은 하나요.** 랍비라고 부를 때 하나님이 아니라 사람에게 초점을 맞추기 쉽기 때문이다. 우리의 진정한 랍비는 오직 한 분이다. 만약 사람의 위대함 때문에 하나님이 가려진다면 그 사람은 위대한 것이 아니라 참으로 가련한 사람이다. 우리는 오직 하나님만을 영광해야 한다.

23:9 아버지. 육신의 부모에 대한 것을 말하는 것이 아니라 영적 '아버지'를 말하는 것으로 위대한 스승에 대해 존경을 담아 표현하는 칭호를 두고 하는 말이다.

23:10 지도자. 앞의 칭호와 같이 영광스러운 칭호에 대한 것이다. 세 가지 칭호는 모두 과한 칭호요 칭찬을 두고 하는 말이다.

23:11 큰 자는 너희를 섬기는 자가 되어야 하리라. 섬기는 자가 되는 것은 힘든 일이다. 힘들지만 그래서 가치가 있다. 그래서 진정으로 큰 자인 것이다.

23:12 자기를 높이는 자는 낮아지고. 신앙인은 높고자 하면 낮아져야 한다. 교회사를 보면 '자기를 낮추는 자'보다 '자기를 높이는 자'가 더

많은 것 같다. 신앙인들이 예수님의 말씀을 정면으로 어기고 있다. 천국인으로 사는 것이 아니라 세상 나라 사람으로 살기 때문이다. 성도가 교회 목사를 부르는 제일 우스운 칭호가 '당회장'이다. '당회장'이라는 것은 당회가 있는 경우 당회할 때 의장이라는 뜻이다. 당회를 하고 당회에서 결정한 것에 대한 대표성을 가질 때 빼고는 당회장이라는 단어를 사용하지 않는 것이 맞다. 그런데 많은 교회에서 기도할 때나 평상시에도 '당회장'이라고 부르는 것을 보았다. '종님'도 우습다.

23:13-32는 '칠 화'에 대해 말한다. 5장에 나온 '팔 복'과 대조된다. '일곱 개의 화'가 키아즘 구조(A B C D C' B' A')로 되어 있다. 그래서 첫번째와 마지막인 일곱 번째가 짝을 이루며 중요한 주제다. 가운데에 해당하는 4번째의 것도 중심적 내용이다.

23:13 화 있을진저. 감탄사이고 의성어다. 그래서 '아~'라고 번역해도 된다. 이 단어를 통해서는 애통, 고통, 책망, 분노, 경고 등을 말한다. 오늘 본문에서는 책망과 비애의 마음이 함께 담겨 있는 것으로 보인다. 경고하시면서 분명히 아파하고 계신다. **천국 문을 사람들 앞에서 닫고.** 서기관과 바리새인들은 교회의 리더다. 그들은 사람들을 천국에 안내하는 사람들이다. 그런데 예수님 당시에 그들은 정반대로 '천국 문을 사람들 앞에서 닫고 들어가지 못하게 하고' 있었다. 그들이 예수님을 거부하고 다른 사람들이 예수님을 거부하도록 하고 있었기 때문이다. 사람들을 천국으로 안내하는 가장 행복한 위치에 있었던 교회의 리더들이 반대로 천국에서 가로막고 있었기 때문에 그들은 가장 불행한 사람이 되었다. '화 있을진저'라고 말씀하고 있듯이 그들은 복을 놓치고 참으로 불쌍하고 재앙적인 상태였다.

23:15 지옥 자식이 되게 하는도다. 서기관과 바리새인들이 '열심히' 살았다. 그러나 그들의 열심은 복이 아니라 재앙이었다. '한 사람을

얻기 위하여 두루 다녔는데 결국은 지옥 자식이 되게하였다' 말씀한다. 일은 많이 하였는데 그 일의 열매가 복된 열매가 아니라 재앙의 열매였다. 교회도 매우 열심을 내기도 한다. 그런데 그렇게 전도한 사람을 결국은 또 한 명을 탐욕에 가득한 사람으로 만들어버린다면 그것이 어찌 복이 되겠는가? 재앙일 뿐이다.

23:16 맹세. 세 번째 화는 16절-22절에서 말하고 있다. 제일 길게 설명한다. 5장에서 지키지 못할 맹세는 하지 말아야 한다고 말씀하셨다. 그런데 이 당시 사람들은 여전히 맹세를 하면서 빠져나갈 궁리를 생각했다. 그래서 무엇을 두고 맹세했는지 세분화했다.

23:17 맹인들이여. 빠져나갈 방법을 찾았다. 그래서 '성전의 금'으로 맹세하면 지켜야 하지만 '성전'으로 맹세하면 지키지 않아도 되는 괴상한 논리가 만들어졌다. 그러한 시도는 '맹인'의 행위라 말씀한다. 교회의 지도자로서 그들은 성경을 더 잘 가르칠 특권을 가진 사람들이었다. 그러나 그들은 오히려 성경을 더 잘 안 지킬 수 있는 방법을 만들어냈다. 그래서 불행한 사람이 되었다.

23:23 십일조. 성경은 곡식과 포도와 기름의 십일조를 드리라 말한다(신 14:23). 그것을 기초로 하여 미쉬나에서는 야채(박하와 회향과 체)도 십일조를 드려야 한다고 가르쳤다. 야채는 흔하고 저렴하였다. 그러한 것의 십일조를 내려면 매우 신경을 써서 주의해야 했다. **정의와 긍휼과 믿음은 버렸도다.** 4번째 화다. 서기관과 바리새인들이 말씀의 중심이 되는 '정의와 긍휼과 믿음'을 버리고 대신 적은 양의 채소의 십일조를 정확히 내는 것에 더 신경을 썼다. 사소한 부분에 신경을 쓰다가 중요한 것을 놓쳤다. 십일조가 사소하다는 것이 아니다. 예를 들면 집 텃밭에서 나는 채소의 십일조를 아주 조금도 틀리지 않고 정확히 계산하기 위해 신경을 쓰다가 그 채소를 수확할 때 길을 지나가던 가난한 이웃집 여인에게 '긍휼'을 베풀어야 하는 것을 잊은 것과 같은 상황에 대한 말씀이다.

23:24 하루살이는 걸러내고 낙타는 삼키는도다. '하루살이'도 '낙타'도 먹을 수 없는 부정한 음식이다. 그런데 하루살이를 먹지 않는 것에는 엄청 신경 쓰면서 낙타 먹는 것에 대해서는 신경을 쓰지 않는다면 이상한 모습이다. 당시 사람들은 포도주를 먹을 때 율법에 부정한 동물을 먹으면 안 되기 때문에 하루살이 같은 날파리가 있는 것에 많은 신경을 썼다. 그런데 정작 또한 부정한 동물인 보통 가장 큰 동물인 '낙타'를 먹는 것에는 신경을 쓰지 않는다 말씀하셨다. 어찌 낙타를 모르고 먹을 수 있겠는가? 그런데 때로는 그렇게 분명한 진리를 아무 거리낌도 없이 범하고 있는 모습에 대해 말씀하신 것이다. 그러한 것을 통해 볼 때 그들이 하루살이를 걸러낸다고 율법을 지키고 있는 것이 아니라는 것을 알 수 있다. 낙타를 먹고 있기 때문이다. 중요한 법을 지키지 않고 있기 때문이다. 이러한 모습을 교회 내에서 많이 본다. 작은 것은 지키는 것 같은데 중요한 것을 지키지 않는 모습이다. 그런 사람은 실제적으로는 믿음이 없는 사람들이다. 그래서 예수님은 경고하시면서 슬퍼하셨다.

23:25 겉은 깨끗이 하되 그 안에는 탐욕과 방탕으로 가득하게 하는도다. 키아즘 구조에서 5화는 3화와 짝으로서 비슷하다. 이 당시 그릇의 정결에 대해 많은 논쟁이 있었다. 힐렐 학파는 그릇의 '속만 깨끗하면 된다'고 주장하였다. 반면 샴마이 학파는 그릇의 속과 겉이 다 깨끗해야 한다고 주장하였다. 만약 어느 한쪽이라도 깨끗하지 못하면 모든 것이 깨끗하지 못한 것이라 주장하였다. 정결법에 있어 그들은 그렇게 열심히 주장하고 지키고자 하였다. 그런데 정작 중요한 그들의 속 마음의 정결에 대해서 놓치고 있었다. 그릇 정결법은 잘 지키고 있으나 마음의 정결은 잘 지키고 있지 않고 죄가운데 있었다. 그들은 성경을 가르치고 있으나 정결법이 상징하는 바 중요한 것은 놓치고 껍데기만 지키도록 가르쳤다.

23:27 회칠한 무덤. 6번째 화다. 그들은 정결법에 있어 매우

열심이었다. '회칠한 무덤'은 유월절이 되면 사람들이 예루살렘으로 많이 가는데 유월절을 앞두고 무덤에 회칠을 하여 혹여나 사람들이 무덤을 접촉하여 부정해져 제사를 드리지 못하는 불상사를 막도록 하기 위한 행위였다. 서기관과 바리새인들은 그렇게 세밀한 부분까지 신경을 쓰는 열심을 가진 사람들이었다. 그러나 그들의 열심은 생명을 낳는 것이 아니라 회칠한 무덤의 내면처럼 죽음의 열매만 맺고 있었다.

23:29-30 우리가 조상 때에 있었더라면 우리는 그들의 선지자의 피를 흘리는데 참여하지 아니하였으리라. 7화에 대한 말씀이다. 그들은 과거에 선지자들의 피를 흘린 자신들의 조상들의 죄를 알았다. 자신들은 결코 그런 죄를 범하지 않을 것이라 말한다. 그러나 그들은 지금 가장 큰 선지자인 예수님을 거부하고 이제 십자가에 못 박기까지 할 것이다.

23:33 어떻게 지옥의 판결을 피하겠느냐. 결코 지옥을 피할 수 없다는 말씀이다. 오늘날 죄 가운데 있는 목회자들을 보고 '구원받을 수 없다'라고 말하면 사람들이 많이 의아해하는 것을 본다. '그래도 목사인데 어찌 그렇게 판단하느냐'라고 말한다. 그러나 내가 보기에는 분명 구원받지 못하는 목회자들이 많다. 그렇게 죄를 범하고 어찌 구원받을 수 있을까? 그것은 나의 말이 아니라 오늘 본문에서 예수님이 하시는 말씀이다. 교회 지도자는 죄를 범하여도 최소한 구원은 받을 것이라고 착각하는 사람들이 많다. 그러나 예수님은 분명 구원을 받지 못한다고 강조하여 말씀하고 있다.

23:35 아벨의 피...사가랴의 피. '아벨의 피부터 사가랴의 피까지'는 첫 순교자부터 마지막 순교자까지를 의미한다. 당시 구약 성경의 편집 순서가 첫 성경은 창세기요 마지막 성경은 역대다. 사가랴의 순교는 대하 24:20-22에 기록되어 있다. 성경에는 그렇게 복음을 전하다 순교한 이들이 있다. 뒤집어보면 그들을 죽인 죄인들이 있다. 가인도 제사를 드리는 사람이었다. 그러나 그들의 죄는 크다. 반드시 심판이

있다.

23:36 이 세대에 돌아가리라. 예루살렘의 멸망에 대한 예언이다. 예루살렘의 멸망은 교회 지도자들의 죄와 그들이 이끈 모든 죄가 모여 일어난 열매로서의 사건이 될 것이다.

23:38 예루살렘은 처절히 파멸할 것이다. 그들의 죄 때문이다. 그것이 파멸하기까지는 그들의 죄를 인식하지 못할 것이다. 그들은 자신들의 죄를 제대로 알아채지 못하고 있었다. 그러나 죄는 쌓여 가고 결국 파멸을 가져올 것이다. 죄는 반드시 파멸을 가져온다.

24 장

예수님의 마지막 가르침으로 심판에 대해 말씀하신 올리브산 가르침(24장-25장)이다.

24:1 성전에서 나와서 가실 때에. 에스겔의 환상을 연상시키고자 한 것 같다. "여호와의 영광이 성읍 가운데에서부터 올라가 성읍 동쪽 산에 머무르고"(겔 11:23) 에스겔은 하나님께서 성전을 떠나셔서 올리브산으로 가는 것을 보았다. 예루살렘의 악 때문에 하나님께서 그 성전을 떠나시고 성전은 무너진다. 예수님께서 성전을 나오시는 이야기는 예수님의 승천 이후 성전이 더 이상 기능을 상실하는 것을 상징적으로 보여준다. 그런데 제자들은 아직 여전히 성전 건물에 관심이 많았다. **제자들이 성전 건물들을 가리켜 보이려고 나아오니.** 성전 밖으로 나왔을 때 성전의 아름다운 모습이 잘 보였을 것이다. 당시 사람들은 '헤롯의 건물 특히 성전을 보지 않고는 아름다움을 논하지 마라'고 말할 정도로 성전은 멀리서도 보일 정도로 화려한

금으로 도금되어 있고 웅장하고 아름다웠다. 그곳에 가면 저절로 경건해질 것 같은 모습이었다. 그러나 성전 건물의 화려함이 그것을 지은 헤롯의 믿음을 더 자라게 한 것이 아니다. 그 안에서 성전을 관리하는 사람들이나 종교 지도자들의 신앙을 더 자라게 한 것도 아니다. 성전에 마음 빼앗긴 채 아직도 그것의 아름다움에 대해 말하고 있는 제자들에게 예수님은 매우 충격적인 예언을 하셨다.

24:2 돌 하나도 돌 위에 남지 않고 다 무너뜨려지리라. 성전이 무너질 때 성전의 지붕 부분에 도금된 금이 불로 인해 녹아 아래로 흘러내렸고 돌 사이에 금이 들어가자 그것을 빼내려고 성전의 돌들을 하나하나 다 무너뜨렸다. 지금 예루살렘 서쪽에 아주 조금 남아 있는 통곡의 벽이라 불리는 벽은 사실 성전의 벽이기 보다는 성전 뜰(경내)을 둘러싸고 있던 벽이다. 성전이 더 화려했기에 더 철저히 무너졌다. 사람들은 성전의 화려함에 취해 그들의 심판에 있을 처절한 무너짐을 잊고 있었다.

24:3 어느 때에...무슨 징조. 예수님께서 성전이 무너질 것이라고 말씀하시자 제자들이 충격 속에 있다가 이후에 올리브산에서 조용히 물었다. 제자들은 두 가지 즉 때와 징조를 물었다. 제자들의 질문에 예수님께서 대답하셨다. 예수님의 대답을 두고 매우 많은 의견이 있다. 가장 크게는 35절까지의 말씀이 예루살렘의 멸망에 대한 것만 말씀하신 것인지 아니면 예수님의 재림까지 말씀하는 것인지에 대한 이견이다. 나는 35절까지는 철저히 예루살렘 멸망이 주된 이야기이며 36절부터는 예수님의 재림에 대한 설명이라고 생각한다. 그래서 그렇게 해석할 것이다. 구절을 다 다룰 수는 없다. 그러나 선입관을 버리고 잘 살펴볼 필요가 있다. 36절을 살짝 먼저 읽어보는 것도 좋다.

24:7 대적하여 일어나겠고...기근과 지진이 있으리니. 예수님은 이스라엘에게 급박한 재난 곧 자신이 말씀하신 성전이 무너지는 때에

대해 말씀하셨다. 이 구절을 오해하여 기근이 일어나면 종말의 때라고 말하곤 하는데 이 구절의 징조(전쟁, 기근, 지진 등)는 주후 30년 - 70년 사이에 있을 징조다. 요세푸스는 그 시기에 그러한 일이 있었음을 기록하고 있다.

24:8 예루살렘의 멸망 전에 세상은 큰 일을 더 겪게 될 것임을 말씀하셨다. 그러나 그것은 '재난의 시작'이라 말씀한다. '재난의 시작'은 직역하면 '해산의 고통의 시작'이다. 여인에게 해산의 고통이 시작되면 바로 해산하는 것이 아니다. 그때부터 고통은 갈수록 더 심해진다. 귀한 아이를 낳기까지 말이다. 새로운 시대가 준비되고 있는 것을 상징적으로 말씀하는 것이다.

24:9-10 예루살렘이 멸망하기 전 기독교는 매우 미약하였으나 조용하고 강력히 전파될 것이다. 그때 기독교는 많은 핍박을 당하게 될 것임을 말씀하셨다. 예루살렘의 멸망은 이스라엘 전체에 엄청난 사건이겠지만 기독교인인 사람들에게는 그 사건보다 그 사건이 있기 전 이러한 핍박이 더 문제가 될 것을 말씀하셨다.
예수님께서 예루살렘 멸망 전에 무슨 일이 있을지 말씀해 주고 계신다. '어느 때에 이런 일이 있겠습니까'라는 질문에 '때'가 아니라 그 일이 일어나기까지 시대 속에서 기독교인이 살아가야 할 '삶'에 대해 말씀하셨다. 그들에게는 예루살렘의 멸망이 중요한 것이 아니라 그들의 삶이 중요하기 때문이다. 천국인을 향한 하나님의 심판은 예루살렘 멸망이 아니라 그 일 이전에 어떻게 살았느냐가 중요하다.

24:13 끝까지 견디면서 천국인의 삶을 살아야 한다. 해산의 고통을 참아야 한다. 베드로 전후서를 보면 해산의 고통이 얼마나 심각했는지를 볼 수 있다. 그러나 그렇게 참으며 믿음의 길을 갔을 때 위대하고 아름다운 새시대를 낳았다. 분명히 연약하여 고통 당하고 있었는데 엄청난 일의 주인공이 된다.

24:14 종말이 올 때까지 천국 복음이 전파될 것이다. 어떤 이들은 '모든 이스라엘 사람'이 믿어야 한다거나 이 구절을 오해하여 '모든 민족에게' 복음이 전해져야 종말이 있다고 말하는데 그것은 본문에 대한 오역이다. 이 구절의 '모든 민족'은 세상에 있는 숫자적으로 '모든 민족'을 의미하는 것이 아니라 보편적으로 '모든 민족'이다. 그래서 주님의 재림은 세상 모든 민족이 복음을 받아들이는 시점이 되야 오시는 것이 아니라 예수님이 승천하신 이후 항상 언제든지 오실 수 있는 긴장상태로 있다. 그래서 우리는 언제든지 올 종말을 준비하며 살아야 한다.

24:15-16 가증한 것이 거룩한 곳에 선 것을 보거든 산으로 도망할지어다. 이스라엘은 주후 66년-70년 로마에 항거하는 전쟁을 치렀다. '가증한 것이 거룩한 곳에 선 것'은 아마 이 전쟁 기간에 일어난 혼돈에 대한 것일 것이다. 이 기간 제사장들이 피를 흘리기도 하고 열심당원들이 성전 경내에 들어가는 일도 일어났다. 그때 성전은 비록 그 기능을 상실한 상태이지만 성전이었기에 '거룩한 곳'임은 분명하다. 이스라엘과 로마가 전쟁을 치르는 그때에 '도망가라'고 말씀한다. 그것은 그들의 전쟁이 아니라 이스라엘의 전쟁이기 때문이다. 기독교인들을 심판하시는 것이 아니라 이스라엘을 심판하시는 것이다. 요세푸스는 로마의 예루살렘 파괴 때 많은 유대 기독교인들이 요단강 건너 펠라로 피신하였다고 기록하고 있다.

24:17-18 작은 심판의 때에 미련을 가지면 안 된다. 인간관계에 대한 미련이나 재산에 대한 미련 때문에 심판에 연관되어서는 안 된다. 마치 자신이 감당하지 못할 보증을 서지 말아야 하는 것처럼 다른 사람의 심판에 빨려들지 않도록 해야 한다. 그래서 인간적인 정이나 재산에 대한 욕심 등에 대해 미련을 버려야 한다.

24:21-22 세상에서 일어나는 작은 심판들은 당시에는 매우 혹독하다. 매우 혹독할 것이나 하나님의 사람들에게는 더 중요한 일이 있기

때문에 '택하신 자들을 위하여 그 날들을 감하실' 것이다. 그러기에 세상의 작은 심판에 대해서 두려워하지 말고 주님의 뜻을 찾으면서 살아야 한다. 그때는 심판이 중요한 것이 아니라 하나님의 뜻이 중요하다.

24:23-24 **미혹**. 예루살렘의 멸망보다 더 무서운 것은 어쩌면 '미혹'이다. '그때에 사람이 너희에게 말하되 보라 그리스도가 여기 있다 혹은 저기 있다 하여도 믿지 말라'고 말씀한다. '거짓 선지자들이 일어나 큰 표적과 가시를 보여도' 믿지 말라고 말씀하셨다. 사람들은 표적과 기사에 너무 약하다. 주님의 이름으로 그런 일이 일어나도 너무 믿지 마라.

24:26 세상의 작은 심판(재앙)은 결코 주님의 재림이라는 큰 심판의 징조가 아니다. 어려운 시기에는 이상한 사람들이 나타난다. 그래서 그리스도가 '광야'에 있다거나 '골방'에 있다고 주장하며 그리스도의 재림을 주장할 것이다. 그러나 '믿지 말라'고 말씀하신다. 오늘날에도 수많은 이단들이 그리스도가 이미 재림하였다고 말한다. 자신들이 그리스도라고 말한다. 그러한 거짓말에 속지 말아야 한다.

24:27 **인자의 임함**. 주님의 재림은 분명한 방식으로 임할 것이다. 번개가 치는 순간 동편과 서편이 동시에 보는 것처럼 인자가 임하면 세상 모든 사람들이 함께 보게 될 것이다. 예수님의 재림이 어느 한 장소에 국한되는 것이 아니다. 은밀히 오시는 것이 아니다. 예수님이 오실 때는 모든 사람이 다 알 수 있도록 오실 것이다. 우리가 모르는 사이에 주님이 오실 리가 없다.

24:28 조금 어려운 구절이다. 당시 시체가 있는 곳에는 그것을 먹기 위해 당연히 독수리들이 모여들었던 것처럼 예수님이 재림하실 때는 당연히 모든 사람들이 알게 될 것이라는 것을 강조하여 말하는 구절이다. 아니면 독수리들이 모여들면 당연히 시체가 있는 것을

예상할 수 있는 것처럼 예수님이 오시면 당연히 모든 사람들이 알 수 있게 된다는 의미일 것이다. 예수님의 오심에 대한 보편성과 당연성에 대한 설명이다.

29-35절은 학자들마다 해석의 차이가 많다. 이것이 예루살렘의 멸망에 대한 것인지 아니면 예수님의 재림에 대한 것인지를 결정해야 한다. 34절을 보면 분명히 예루살렘의 멸망에 대한 이야기라고 볼 수 있는데 용어들이 재림을 가리키는 것 같이 들린다. 그래서 어렵다. 나는 오늘 본문을 예루살렘의 멸망에 대한 이야기로 해석한다. 그런데 오늘날 감성으로 읽으면 용어들이 마치 예수님의 재림을 말하는 것처럼 보일 것이다. 오늘 본문은 다양한 구약 성경에 대한 인용이라는 것을 아는 것이 중요하다. 인용구들이 본래 성경에서 무엇을 의미하였는지를 살펴보면 이 용어들이 재림 용어가 아니라는 것을 알 수 있다.

24:29 해가 어두워지며 달이 빛을 내지 아니하며. 이 구절을 문자적으로 보지 말아야 한다. 이사야 13:10, 에스겔 32:7 등을 보면 이러한 표현은 '제국이나 도시의 멸망'에 대한 표현법이다. 그러기에 오늘 본문에서는 예루살렘의 멸망에 대한 표현이다.

24:30 인자가 구름을 타고 능력과 큰 영광으로 오는 것을 보리라. 이 구절은 더욱더 재림처럼 보인다. 그러나 다니엘 7:13-14에서 볼 수 있듯이 이것은 '강력한 반전'을 의미한다. 예루살렘의 멸망은 기존의 이스라엘의 메시야 거부에 대한 하나님의 심판이 드러난 사건이다. 기독교는 기존의 세력(유대교)에 짓눌려 있었으나 예루살렘의 멸망은 완전히 새로운 시대를 알리는 사건이다. 예루살렘 멸망이라는 재앙은 하나님의 심판을 의미한다. 기독교는 '인자가 구름을 타고 능력과 큰 영광으로 오는 것'에 나타나듯이 예루살렘의 재앙이 오히려 강력한 하나님의 나라의 변곡점이 될 것이다.

24:31 그가 큰 나팔소리와 함께 천사들을 보내... 택하신 자들을 모으리라. '천사'는 하나님께서 보내신 영적인 존재로 번역하기도 하지만 하나님께서 보내시는 사람인 '사자(일하는 자)'로 번역해도 된다. 예루살렘의 멸망은 기독교인들이 전세계로 흩어지는 결정적 계기가 된다. 세계로 흩어져 하나님 나라를 전하며 하나님의 백성들에게 복음을 전하는 것을 말하는 말씀이다. 이 구절은 당시 세계로 흩어지는 신앙인들에게 큰 힘이 되었을 것이다.

24:32 무화과나무...잎사귀를 내면 여름이 가까운 줄을 아나니. 예수님은 제자들에게 예루살렘 멸망의 때가 가까이 왔을 때 시대를 분별해야 한다고 말씀하셨다. 무화과나무는 늦은 봄부터 잎이 생긴다. 그래서 무화과나무의 잎사귀가 생기면 '여름이 가까운 줄'을 알 수 있다. 잎사귀를 보고 계절을 분별하는 것처럼 시대의 흐름을 보고 시대를 분별할 줄 알아야 함을 말씀하셨다. 시대를 볼 줄 알아야 한다.

24:33 인자가 가까이 곧 문 앞에. '인자'는 '그때'로 번역해도 된다. 앞에서 말씀하신 일들이 일어날 때 예루살렘의 멸망의 때가 가까이 온 것을 알고 준비해야 한다는 말씀이다. 예루살렘의 멸망이라는 재앙이 가까워지면 사람들은 재앙에 초점을 맞출 것이다. 그러나 예수님은 예루살렘의 멸망이라는 재앙을 미리 말씀하심으로 재앙이 아니라 신앙인이 준비해야 하는 것이 따로 있음을 말씀하셨다.

24:34 이 세대가 지나가기 전에. '세대'는 보통 30-40년을 의미한다. 예수님은 제자들에게 그 세대에 일어날 예루살렘 멸망에 대해 말씀하셨다. 제자들이 자신들의 세대에 일어날 재앙을 알아야 했듯이 오늘날 우리들은 우리 세대의 일을 알아야 한다. 예루살렘 멸망만이 아니라 오늘날 우리 시대에도 많은 사건이 있다. 재앙이 있다. 우리의 재앙을 만났을 때 우리는 무엇을 해야 할까?

24:35 내 말은 없어지지 아니하리라. 예루살렘의 멸망이라는 재앙을 생각해 보라. 참으로 엄청난 일이었다. 많은 이들이 고향을 떠나야 했다. 그러나 그 재앙은 지나가면 끝이다. 그때의 사람들이 하나님 앞에 심판 받을 때 무엇으로 심판받을까? 그들의 재앙을 만나 재앙을 잘 이겼는지, 편안하였는지 등이 아니다. 그곳에서 '말씀을 지키며 살았는지'만 평가받을 것이다. 재앙은 있다가 사라지지만 말씀은 영원하다. 그러기에 재앙을 만났을 때 우리의 관심은 재앙이 아니라 말씀이어야 한다.

세상의 작은 심판에 대해 말씀하신 후 큰 심판 곧 주님의 재림에 대해 말씀하신다.

24:36 그 날과 그 때는 아무도 모르나니. 예수님이 분명 '모른다'고 하셨다. 그런데도 교회 역사는 많은 사람이 그 때를 알고자 하였고 예언하였다. 그러한 것은 모두 거짓이다. 재림의 때를 특정하여 말하는 사람들은 모두 예수님의 말씀을 부인하는 거짓 선지자다.

왜 재림의 때가 극비 사항일까? 재림의 때를 아는 것이 더 좋을 것 같지만 실상은 그렇지 않기 때문일 것이다. 주님 재림의 때를 알면 그 전에는 방탕하게 살다가 재림의 때에 가서 회개한다고 하는 사람들이 있다. 사실 주님의 때를 알아도 그때에 가서 회개하는 것이 아니라 오늘 회개하며 주님의 길을 가는 것이 중요하다. 재림의 때를 알거나 모르거나 오늘을 동일하게 살아야 한다. 그런데 그러한 믿음의 길의 중요성을 모르는 사람들이 헛된 생각을 하는 것이다. 사실 이 땅에서 믿음의 길을 가는 것이 중요하다는 것을 아는 사람은 주님의 재림의 때를 아는 것과 모르는 것이 그리 큰 차이가 나지 않는다. 모든 때가 중요하기 때문이다. 어쩌면 오히려 주님의 재림의 때를 모르기 때문에 늘 오늘 재림이 있을 수 있다는 것을 알기 때문에 하루를 힘을 다하여 더 살게 될 것이다.

24:38 홍수. 노아 홍수의 때도 '방주에 들어가던 날까지 사람들이 먹고 마시고 장가들고 시집가고 있었다' 말씀한다. 주님이 재림하시는 날까지 사람들은 지극히 일상적인 일을 하고 있을 것이다.

24:40-41 지구 멸망론을 이야기하는 사람도 있는데 걱정하지 않아도 된다. 주님 오실 때까지 이 세상은 지극히 평범한 일을 하고 있을 것이다. 밭일을 하고 맷돌질을 하는 것처럼 평범한 일을 하고 있을 때 주님이 재림하실 것이다. 두 여자가 함께 밀을 갈고 있는 모습은 그 날에도 밀을 갈고 있는 사람들이 있을 것이라는 뜻이 아니라 그렇게 일상적인 일을 하고 있다가 한 사람은 '데려감'을 당하고 다른 사람은 남겨질 것이라는 말씀이다. 이 말씀을 '휴거'로 오해하면 안 된다. 이 말씀에서 '데려감을 당한 사람'을 구원받은 사람으로 해석할 수도 있고 또는 멸망의 심판받는 사람으로 해석할 수도 있다. '데려감'이라는 단어가 함께하다는 의미도 있기 때문에 구원받은 사람을 의미하는 것으로 보는 것이 더 나을 것 같다. 그런데 이 데려감이 휴거라는 영화처럼 어떤 기간을 가지고 있는 것이 아니라 영원한 갈림과 영원한 심판이 바로 있을 것이다.

24:42 깨어 있으라. 예수님의 재림을 언제 생각하였는가? 매일 주님의 재림 가능성이 있는 것처럼 우리는 매일 주님의 재림을 생각하며 살고 있어야 한다. 공동기도문과도 같은 찬송가는 다행히 마지막 절이 주님의 재림을 기억하게 하는 것이 많다. 그때 주님의 재림을 갈망하며 마음을 담아 기도하며 찬송해야 한다.

24:45-46 재림을 생각하여 깨어 준비한다는 구체적인 모습은 어떤 것일까? 시한부 종말론을 주장하는 사람들을 보면 그들은 모든 것을 멈추고 모여서 재림을 기다린다. 그것이 얼마나 말씀에 어긋난 것인가. 깨어 재림을 기다리는 사람은 '열심히 일하는 사람'이다. 주인이 올 때에 '때를 따라 양식을 나누어 주고 있는 자'가 충성되고 지혜 있는 종이라 말씀한다. 주인이 맡긴 것을 가지고 맡긴 사람들을 잘 돌보고

섬기는 것이 주인이 오실 것을 알고 있는 청지기의 마땅한 자세다.

24:48-49 주인이 더디 오리라. 재림을 준비하지 못한 악한 종을 보라. 충성스럽지 못한 종은 주님의 재림을 '더디 오리라'고 생각한다. 주님의 재림을 생각하지 않는 것이다. 그래서 그는 '동료들을 때린다'고 말한다. 이것은 싸움을 말하는 것이 아니라 자신에게 맡겨진 수하의 사람을 난폭하게 다루는 것을 의미한다. '술친구들과 더불어 먹고 마신다'고 말한다. '술친구'는 '술꾼'으로 번역함이 좋다. 술에 찌든 사람들과 함께하며 인생을 낭비하는 것을 말한다. 주님의 재림을 생각하지 않고 자신만 생각하고 자신의 감정대로 살고 있는 모습이다. 그들은 결코 재림을 준비하지 못하고 있다. 그래서 재림의 때에 슬피 울게 될 것이다.
재림을 준비하지 않으면서 '믿는다'하는 사람이 있다. 그는 믿는 사람이 아니다. 믿으면서 그렇게 행동하면 더 나쁜 사람이다. 악한 종이 주인이 오지 않을 것이라 생각한 것이 아니다. 악한 종도 주인이 올 것이라 생각하였다. 그러나 '더디'올 것이라 생각하였다. 그래서 청지기 신분을 망각하였다. 오실 왕 앞에 설 준비를 하지 못하였다. 오늘날 재림을 믿는다 하면서도 재림을 준비하지 않고 있으면 그는 반드시 지옥에 갈 것이다. 오늘 본문의 악한 종처럼 말이다.

25 장

25:1 등을 들고 신랑을 맞으러 간 열 처녀. 우리에게 주님의 재림을 잘 준비해야 함을 말하는 비유다. 함께 맞으러 갔으나 결과는 처절하게 다르다. '충분한 준비' 차이 때문이다. '신랑을 맞으러 나간 열 처녀'는 누구일까? 당시 결혼식이 두 번에 걸쳐 있었다. 먼저 신랑이 신부를 데리러 신부 집에 갔다. 일반적으로는 신부 집에서

결혼식을 하고 다시 신랑 집으로 와서 잔치를 하였다. 신랑이 신부 집에 갈 때 신랑 행진 대열이 있었고, 신랑의 부모 집에 갈 때 또 행진 대열이 있었다. 신랑의 행진이 두 번 있었는데 이 비유의 배경이 첫 번째 행진이라면 신부 집에서 손님들은 잔치를 하고 있고 신랑을 기다리는데 신부 들러리들이 밖에 나가 신랑을 기다리는 모습이다. 신랑의 두 번째 행진이라면 신부를 데리고 신랑 부모의 집으로 가는 것으로 조금 더 늦은 저녁이 될 수 있다. 신부 집에서 신랑이 신부집에 주는 돈 때문에 실랑이가 벌어지곤 하였는데 그것이 더 늦어질 수 있는 이유가 되었다. 그런 경우라면 이 처녀들은 신랑의 친구나 하인일 것이다.

25:3-4 미련한 자들은 등을 가지되 기름을 가지지 아니하고. 등만 준비한 처녀는 '미련한 자들'이요 등과 기름을 준비한 처녀는 '슬기 있는 자들'이라고 하셨다. 여기에서 다섯 처녀는 '기름을 준비하지 않았다' 하지만 정확히 말하면 '기름을 충분히 준비하지 않았다'이다.

25:5 다 졸며 잘새. 무슨 이유인지 나와 있지 않으나 신랑의 행진이 늦어졌다. 신랑이 얼마나 늦게 왔는지 기다리던 처녀들이 졸았다. 결혼식을 준비하고 있으니 조금은 긴장하였을 것이다. 그런데 모두 잠을 자는 것을 보니 신랑의 행진이 예상 시간보다 많이 늦어진 것 같다.

25:6 보라 신랑이로다. 아무리 더디 오셔도 주님이 오신다는 사실은 분명하다. 지난 2000년간 오지 않으셨어도 우리 시대에 오실 수 있다. 오늘 오실 수도 있다. 아무리 더디게 오셔도 주님이 오시는 것은 변함이 없다. 그기에 주님 오심을 우리 모두 준비해야 한다.

25:8 우리 등불이 꺼져가니 너희 기름을 좀 나눠 달라. 기름을 충분히 준비하지 않은 처녀들은 그들의 등에도 처음에는 기름이 있었으나 신랑이 올 때까지 계속 사용할 충분한 기름을 준비하지

않았다. 그들의 예상과 달리 신랑이 늦게 왔기 때문이다. 신랑이 오면 처녀들이 등불을 가지고 가서 행진을 환하게 밝혀야 한다. 그런데 신랑이 그렇게 늦게 올 줄 모르고 충분한 기름을 준비하지 않음으로 인해 그들은 정작 신랑이 왔을 때 그들의 등불을 밝힐 수가 없게 된다.

25:10 그들이 사러 간 사이. 등불을 밝히지 못하면 들러리로서 전혀 필요가 없기 때문에 기름을 사러 갔다. 그 사이에 신랑이 와서 들어가고 '혼인 잔치의 문'은 닫혀버린다.

25:12 내가 너희를 알지 못하노라. 기름을 사러 갔다 온 처녀들이 문을 열어달라고 한다. 신랑은 그들을 알지 못한다고 단언한다. 보통 잔치에서는 이런 일이 일어나지 않을 것이다. 혹 신부 들러리들이 실수를 하여 충분한 기름을 준비하지 못했어도 이렇게 매몰차게 말하지는 않을 것이다. 그러나 주님은 비유에서 매몰차게 말씀하셨다. 예수님의 재림 때 매몰찰 것이기 때문이다.

열 처녀 비유 이야기에서 제일 충격적인 사실은 그들이 기름을 준비는 하였지만 충분히 준비하지 못하여 결국은 잔치에 들어가지 못하였다는 사실이다. 그들은 신랑을 기다리고 있었다. 게다가 등과 어느 정도의 기름도 준비하고 있었다. 그러나 충분하지 못하여 결국은 잔치에 참여하지 못하였다. 재림을 준비하되 어느 정도까지 준비해야 충분하다 할 수 있을까? 나는 '힘을 다해' 준비해야 '충분히'라고 말할 수 있다 생각한다. '충분히'라는 단어는 주관적이다. 어떤 사람은 조금 준비하고도 충분히 준비했다고 생각한다. 그래서 충분히 준비했다고 생각해도 부족한 경우도 많을 것이다. 예수님이 재림하실 때 우리가 잔치에 참여하는 것은 어느 것보다 더 중요한 일이다. 그렇다면 우리는 잔치에 참여하는 일에 힘을 다하여 준비해야 하지 않을까? 충분히 준비해야 하지 않을까? 넘치고 또 넘치도록 준비해야 한다.

25:14 천국과 재림에 대한 지혜를 위해 예수님께서 '달란트' 비유로 말씀하셨다. 어떤 사람이 종들에게 자기 소유를 맡김에 대해

말씀하셨다.

25:15 달란트를 주고 떠났더니. '은 한 달란트'(달란트가 화폐에서 사용될 경우 대부분 은 달란트다. 금 달란트의 경우 금이라고 밝힌다. 이 본문은 금인지 은인지 밝히지 않기 때문에 은 달란트다. 18절의 '돈'도 헬라어로 '은'을 의미한다.)는 한 사람의 20년 노동의 품삯(6000 데나리온)이다. 인생은 무엇인가 매우 큰 것을 '맡아서' 관리해야 하는 것으로 설명한다. 한 달란트라 하여도 오늘날 가치로 6억(20년 임금)이 되니 매우 큰 가치다. 한 사람으로 산다는 것은 그렇게 매우 큰 가치를 가지고 있다. 그것은 맡겨진 것이다. 그래서 자기 마음대로 하면 안 되고 주인의 뜻을 살펴야 한다. 다시 결산할 때가 있을 것이기 때문이다.

25:18 땅을 파고. 그는 땅에 보관하였다 가져왔다. 땅은 가장 안전한 보관장소다. 그가 돈을 횡령한 것이 아니다. 그러나 주인은 그를 매우 책망한다.

25:19 결산할새. 하나님께서 주신 내 인생을 어떻게 살았는지 결산할 때가 있다. 주인이 '오랜 후에' 왔다. 이 땅에서의 삶이 때로는 오랜 기간이다. 그래서 사람들이 자신에게 맡겨진 것을 '맡겨진 것'이라는 것을 잊곤 한다. 그것에 대한 책임을 가지고 있다는 것도 잊어버린다. 긴 시간은 많은 것을 지우는 지우개 역할을 한다.

25:21 적은 일에 충성하였으매 내가 많은 것을 네게 맡기리니. 인생을 잘 살면 영원한 나라에 참여하게 된다. 지극히 작은 이 땅의 삶이 지극히 큰 영원한 삶과 이어지는 것을 볼 수 있다. 우리는 이 땅에서의 삶에 더욱더 힘을 다해야 한다.

25:24 굳은 사람. '엄한 사람'이라는 뜻이다. 그는 주인을 매우 엄한

사람으로 생각하였다. 그래서 행여나 그 돈에 손해를 끼치면 안 된다 생각하였다. **심지 않은 데서 거두고 헤치지 않은 데서 모으는.** 그는 주인이 씨를 뿌리지 않고 수확을 하려하고, 키질을 하지 않고(또는 씨를 흩뿌리지 않고) 곡식을 거두려는 사람이라고 생각하였다. 그것은 씨도 안 뿌리고 남의 밭에서 수확을 하고 곡식을 수확하지도 않고 남의 창고에서 곡식을 가져가는 그런 난폭한 사람이라는 것을 의미한다. 그는 주인을 많이 몰랐고 나쁘게 오해하였다.

25:26 악하고 게으른 종아. 그를 '악한 종'이라 말한다. 그는 사실 하나님을 무서워하여 그렇게 산 것이 아니라 자기 멋대로 살기 위해 하나님을 향해 열매 없는 삶을 살았을 뿐이다. 그는 '게으른 종'이다. 그는 하나님께서 무엇이든 하실 수 있기 때문에 자신이 무엇을 할 필요가 없다고 말하지만 실제로는 '자기를 위하여 바빠서' 하나님의 일을 향하여 열매가 없는 게으른 자이다. 세상 일을 위해서는 무엇이든지 하면서 하나님을 향하여서는 아무 열매도 없는 사람이다.

25:30 무익한 종을 바깥 어두운 데로 내쫓으라. 인생을 잘못 살면 영원한 나라에 참여하지 못하게 된다. 천국을 준비하는 사람들이 때로는 이 땅의 삶(인생)을 가벼이 여긴다. 그것은 매우 잘못이다. 진정 천국을 갈망한다면 지금 이 땅에서의 삶을 잘 살기 위해 더욱 힘써야 한다.
달란트를 땅에 묻은 사람처럼 수동적인 삶이 아니라 그 돈으로 장사를 한 사람처럼 능동적 삶을 살아야 한다. 사람은 절망적 상황속에 있다. 가만히 있으면 죄로 인하여 멸망의 길을 가게 되어 있다. 그러기에 사람은 그 속에서 움직여야 한다. 하나님의 영광을 위하여 움직여야 한다. 자신의 죄와 싸우기 위해 움직여야 한다. 인생을 살다보면 안전이 가장 좋게 느껴질 때가 많다. 교회에서도 일을 하지 않고 있으면 욕을 먹지 않고 일을 하다보면 욕을 먹는다. 그래서 교회에서 욕을 먹지 않는 사람이 가장 나쁜 사람이라 할 수도 있다. 사람들에게 비난을 듣지 않으려면 아무것도 안 하면 된다. 그러나 그것은 하나님께 죄가 된다. 달란트를 땅에 묻은 사람처럼 될 것이다. 안전하였지만 사실은 가장 안전하지 않은 자리다.

주인은 그리 무자비하지 않다. 하나님의 영광을 위하여 일을 하다 돈을 잃어도 주인은 결코 책망하지 않았을 것이다. 주인은 씨를 뿌리지 않고 수확하는 분이 아니다. 하나님은 모든 것이 씨를 뿌려야 열매를 맺게 하셨다. 그러니 인생도 씨를 뿌려야 열매를 맺는 것이 당연하다. 신앙인은 움직여야 한다. 죽을 때까지 움직여야 한다. 하나님의 영광을 위하여, 이웃을 사랑하기 위하여, 자신의 죄를 이기기 위하여 부단히 움직여야 한다.

25:31 인자가 영광으로...올 때. 예수님께서 '자기 영광'으로 오시는 재림의 때에 최후 심판이 있을 것이다. 그 날에 '영광의 보좌'에 앉으셔서 심판하신다.

25:32 모든 민족을 그 앞에 모으고 각각 구분하기를. 심판의 날 예수님을 아는 사람이든 모르는 사람이든 '모든 민족'이 심판을 받게 된다. 모든 사람이 두 부류로 구분되는데 그 안에는 교회의 사람들도 포함될 것이다. 그 안에도 염소로 구분되는 사람도 있을 것이다. 우리 문화에서는 양과 염소가 확연히 구분되지만 이스라엘 지역에서는 양과 염소가 색깔이나 모든 면에서 잘 구분되지 않는 경우도 많다. 주님 오시면 양인 줄 알았던 사람이 염소로 구분되고 염소인 줄 알았던 사람이 양으로 구분되기도 할 것이다. 중요한 것은 명확하고 완전하게 구분된다는 것이다.

25:35 내가 주릴 때 너희가 먹을 것을 주었고. 심판하실 때 여러 기준이 있을 것이다. 오늘 본문에서는 한 가지만 강조하여 말한다. 기준은 '예수님을 어떻게 대했느냐'이다. 31절-46절에서 길게 반복하여 설명하고 있다. 매우 강조하고 있다. 교회 내의 작은 자에게 나누어 주고 섬기는 것이 얼마나 중요한지를 명심해야 한다.

25:37 우리가 어느 때에 주께서 주리신 것을 보고 음식을 대접하였으며. 큰 영광을 가지고 재림하신 예수님이 사람들에게 그들이 지상에서 예수님께 먹을 것을 주었다고 말씀하시자 그들은 매우 놀라워했다.

25:40 내 형제 중에 지극히 작은 자 하나에게 한 것이 곧 내게 한 것이니라. '내 형제 중 지극히 작은 자 하나'는 모든 천국인(신앙인)을 의미한다. 마태복음에서 '형제' '작은 자'는 신앙인을 의미하는 경우가 많다. 성도를 사랑하는 것이 중요한 이유는 신앙인 안에는 그리스도가 계시기 때문이다. 신앙인을 대하는 그것이 바로 예수님을 대하는 것이다. 그것이 환대이든 적대이든 말이다. 또한 성도를 사랑하는 것이 중요한 것은 그것은 생과사를 넘나들기 때문이다. 그들이 죽음의 길로 건너갈 수도 있다. 사랑할 때 그들이 영생의 길을 가도록 돕는 것이다. 그러니 얼마나 중요하겠는가?

25:42 내가 주릴 때에 너희가 먹을 것을 주지 아니하였고. 영벌에 들어가는 사람은 예수님이 주린 것을 보고도 주지 않았으니 그 죄가 매우 크며 그러기에 그들은 '영벌'에 처해 마땅하다고 말씀한다.

25:45 작은 자 하나에게 아니한 것이 곧 내게 하지 아니한 것이니라. 그들이 세상에서 얼마나 착한 일을 많이 했는지 안 했는지가 중요한 것이 아니다. 세상에서 착한 일을 많이 했다고 자랑스럽게 생각하는 비신앙인들이 있는데 그것이 좋은 일이긴 하지만 지극히 작은 일이다. 그들에게도 진짜 중요한 것은 예수님을 향한 섬김이다. 그들이 교회 다니는 신앙인들에게 하지 않은 것이 고스란히 영광의 주님께 하지 않은 것이 된다.

25:46 영벌...영생. 영벌을 받는 사람과 영생을 받는 사람으로 나뉜다. 영벌이기 때문에 다시는 기회가 없다. 영원한 구분이다. 영생이

얼마나 행복하고 놀라운 것인지, 영벌이 얼마나 비참한 것인지 사람들은 옛날 이야기처럼 듣는 경향이 있다. 이것을 제대로 아는 사람은 없을 것이다. 그러나 우리는 할 수 있다면 이것을 가슴에 새기고 또 새겨야 한다. 다 이해되지 않아도 명심하고 또 명심해야 한다. 영생은 참으로 영광스러운 것이요 영벌은 참으로 비참한 것이기 때문이다. 우리는 영생에 참여하는 사람이 되어야 한다.

26 장

26:2 유월절...십자가에 못 박히기 위하여 팔리리라. 예수님이 자신의 임박한 죽음을 알리셨다. 유월절 어린양은 그동안 예수님을 상징하며 사용되었다. 이제 예수님은 자신을 드림으로 유월절 모든 어린 양의 상징을 성취하실 것이다. 인류의 죄를 대속하시기 위해 유월절의 어린양으로 잡히시고 죽으실 것을 말씀하셨다.

26:3-5 산헤드린 사람들은 예수님이 유월절에 예루살렘에 오면 잡기에 가장 좋은 때인데 대중들의 봉기가 무서워 어쩔 수 없이 그 날에 잡는 것을 포기해야 하는 상황이었다. 그런데 가룟유다가 와서 자신들의 편이 되어준다 하여 그들은 소란 없이 유월절에 예수님을 잡을 수 있게 된다.

26:6 시몬의 집에 계실 때에. 마태는 예수님의 죽으심을 설명하기 위해 4일 전(지난 토요일 밤) 베다니에서 있었던 연회에서 마리아의 향유 옥합 사건을 삽입하였다. 예수님께서 예루살렘에 들어오시기 전날 밤 베다니의 나병환자 시몬의 집에서 잔치를 하셨다. 집주인 시몬은 아마 이전에 예수님이 그의 나병을 치료해 준 사람으로 보인다. 그는 예수께서 자신의 집에 오신 것을 매우 감사하면서 흥분된

마음으로 잔치를 하였을 것이다. 제자들도 예루살렘에 올라가면 무엇인가 대단한 일이 있을 것이라 생각하고 있었다. 모두가 즐겁고 흥분된 마음으로 잔치를 하고 있었을 때 예수님은 아니셨던 것으로 보인다. 예수님은 잔치에 맞게 그들과 즐겁게 대화하셨을 것이다. 그러나 예수님은 십자가의 길을 가고 계셨다. 그것이 얼마나 힘들고 아픈 일인지를 잘 아셨다. 그래서 예수님의 얼굴에는 수심도 있었을 것이다. 마리아가 그것을 조금은 알아보았을까?

26:7 한 여자...향유...머리에 부으니. 그녀는 앞쪽으로 비스듬히 엎어져서 식사하시는 예수님의 머리에 향유를 부었다. 보통 당시 유대 문화에서 잔치 때에 귀한 손님에게 향유 몇 방울을 떨어트려 집안에 향기가 가득하게 하였고 존경을 나타내었다. 그런데 마리아의 행동은 그런 것과 매우 달랐다. 마리아는 옥합에서 몇 방울을 떨어트린 것이 아니라 옥합을 깨트려 그 옥합에 있는 모든 것을 드린다는 의사를 분명히 하였고 다 부었다. 이 향유는 '나드 향유'로서 매우 비싼 향유였다. 3000만원이나 되었다. 그것을 단 번에 다 사용하였다.

26:8-9 제자들이 보고 분개하여. 냄새를 맞는 순간 사람들은 그것이 무슨 향유인지 바로 알아차렸다. 인도산 나드 향유로서 최고가의 향유였다. 자그마치 일 년 연봉에 해당하였다. 그러면 3000만원이다. 3000만원을 단 한 번에 다 쏟아부었으니 사람들이 놀랄만도 하다. 제자들은 자신들의 돈도 아니면서 이 여인이 단 번에 3000만원을 다 소비하여 예수님의 머리에 붓는 것을 보고 화를 냈다. 그들은 '비싼 값에 팔아 가난한 자들에게 주는 것'이 훨씬 더 낫겠다 생각하였다. 나드 향유가 3000만원이라는 것은 여인도 알고 제자도 안다. 그것은 여인의 것이었기 때문에 소중한 것을 말하면 여인에게 훨씬 더 소중한 것이다. 그런데 제자들은 아까워 분개하는데 여인은 왜 예수님의 머리에 그것을 다 부어 소비하였을까? 마음의 차이 일 것이다. 그들의 마음이 무엇을 보고 있었느냐의 차이다.

26:10 그가 내게 좋은 일 하였느니라. 여인이 좋은 일 하였는데 제자들이 여인을 괴롭게 한다고 말씀하셨다. 아니 왜 예수님은 이렇게 낭비에 가까운 소비를 두둔하시는 것일까?

26:12 내 장례를 위하여 함이니라. 예수님은 마리아가 6일 후에 있을 자신의 죽음을 위하여 이 일을 하고 있다고 말씀하셨다. 마리아는 예수님의 죽으심을 구체적으로 몰랐을 것이다. 이해하지 못하였을 것이다. 그러나 어느 누구보다 더 잘 준비하였다. 알고 준비한 사람보다 더 훌륭하게 예수님의 죽으심을 최고의 존경과 헌신으로 준비하였다. 예수님은 이 여인이 자신의 '죽음'을 슬퍼하고 있다는 것을 보셨다. 여인은 예수님의 죽으심을 들었고 슬펐으며 자신이 가지고 있던 가장 귀한 것을 드려 자신의 마음을 표현하고 있다. 그 마음을 아시기에 예수님은 그의 엄청난 소비를 칭찬하셨다.

26:13 복음이 전파되는 곳...그를 기억하리라. '이 복음이 전파되는 곳' 즉 예수님의 수난과 죽으심의 은혜가 선포되는 곳에서 늘 이 여인의 이야기도 함께 전해질 것이라 말씀하셨다. 제자들은 아직도 예수님의 죽으심에 대해 심각하게 생각하지 않고 있었다. 그러나 마리아는 예수님의 죽으심이라는 지극히 엄청난 일과 아픔에 자신의 모든 것으로 반응하였다. 헌신하였다. 예수님의 마음과 하나가 되었다. 가시는 그 길이 참으로 힘든 길이었기에 마리아는 자신이 할 수 있는 모든 것으로 위로하고 그 길을 함께하고자 하였다.

26:14-15 가룟 유다...은 삼십을 달아 주거늘. 가룟유다는 예수님을 은 삼십(120 데나리온)에 팔기로 약속하였다. 1200만원 정도 되는 돈이다. 적은 돈은 아니지만 그래도 자신의 스승을 배신할 정도로 큰 돈도 아니다. 그는 대제사장을 찾아가는 적극성으로 배신하였다. 가룟유다가 왜 배신하였는지는 나오지 않는다. 그는 돈에 욕심이 많은 사람이었다. 적은 돈이라도 돈에 욕심이 생겼을 수도 있다. 아니면 자신이 그동안 생각한 예수님과 지금의 모습이 같지 않았기 때문일

가능성도 높다. 그는 사람들이 생각하는 것처럼 강한 힘을 가지고 큰 일을 하는 메시야를 생각했을 수 있다. 그런데 예수님이 자신의 죽음에 대해 이야기하자 더이상의 희망을 보지 못하고 적은 액수의 돈이라도 받고 손절하고 있는 것일 수 있다. 가룟유다가 예수님을 따라다닐 때 재정 담당으로 일을 잘 처리하였다. 일이 많고 바빴을 것이다. 그러나 그것은 자신의 목적에 맞을 때의 이야기다. 자신의 목적에 맞지 않다고 생각되자 과감히 예수님을 적은 액수에 팔아 넘기고 있다.

26:17 무교절의 첫날. 유월절을 의미한다. 무교절(니산월 15일-21일)은 유월절(14일)과 다르지만 사람들은 이 둘을 하나로 생각하는 경향이 많았다. 그래서 유월절을 '무교절의 첫날'로 부르기도 하였다. '유월절 음식'은 유월절(14일 낮)에 잡아서 무교절이 시작하는 때(14일 해 지고 바로 시작되는 15일 저녁)에 먹었다. 그런데 예수님은 무교절의 첫날인 14일 저녁(목요일)에 유월절 음식을 먹으신 것으로 보인다. 유월절에는 수많은 사람들이 예루살렘에 모이기 때문에 성전에서 유월절 양을 다 잡을 수 없어 본래는 14일에 잡고 15일에 먹었으나 하루를 더하여 하루 일찍 13일에 잡고 14일에 먹는 경우도 많았다.

예수님과 제자들이 유월절(14일. 목요일) 저녁에 유월절 식사를 하심으로 오히려 때를 더 정확히 이루신다. 본래 유월절 양을 유월절에 잡았다. 그러기에 유월절인 14일 저녁(이스라엘의 하루는 해지는 저녁부터 시작)에 잡히셔서 14일 낮에 십자가에 못 박히시는데 십자가에 못 박히신 시간은 사람들이 전통적으로 유월절 양을 잡는 시간이다.

모든 역사의 모든 유월절 양은 예수님을 예표한다. 유월절 양 자체는 아무것도 아니다. 양의 피가 할 수 있는 것은 세상에 아무것도 없다. 그러나 그 양의 피는 예수 그리스도의 피를 예표하기 때문에 귀하였다. 그 예식이 중요하였다. 이제 모든 유월절 양의 피의 진짜가 되시는 예수님이 양이 잡히는 그 시간동안 십자가에 매달리셔서 잡히심으로 모든 것을 성취하실 것이다. 더 이상 유월절 양은 필요가 없다.

26:18 예수님은 목요일 저녁(14일)에 식사를 위한 자리를 준비하게 하셨다. 유월절에 예루살렘에서 큰 방을 준비하는 것은 하늘에서 별 따기와 같았다. 예수님은 미리 마가의 다락방을 준비시키신 것 같다. 예수님은 자신의 죽음을 아셨고 철저히 준비하셨다. 이 모든 일에 주도적이셨다.

26:21-22 **너희 중의 한 사람이 나를 팔리라.** 함께 유월절 식사를 할 때 예수님이 '너희 중의 한 사람이 나를 팔리라'고 하셨다. 가히 폭탄이었다. 원자폭탄보다 더 강력한 폭탄이었을 것이다. 제자들은 즉시 매우 큰 혼돈에 빠졌다. '그들이 몹시 근심하여' 각각 말하기를 '나는 아니지요?'하며 물었다.

26:25 **네가 말하였도다.** 유다가 자신이 그 사람이냐고 물었을 때 예수님은 '네가 말하였도다'라고 분명하게 말씀하셨다. 아마 가룟유다만 들을 수 있게 조용히 말씀하셨을 것이다. 예수님은 가룟 유다가 자신을 팔 것이라는 것을 아셨다. 그러나 막지 않으셨다. 예수님은 자신의 죽으심을 알았으나 오히려 그 죽으심을 철저히 계획 가운데 준비하셨다. 그 길이 대속의 길이요 사랑의 길이었기 때문이다.

26:26 **떡...내 몸이니라.** 예수님은 유월절 식사를 하시면서 무교빵은 빨리 출애굽하기 위해 먹은 것이 아니라 이제 '자신의 몸'으로서 주셨다. 이후 모든 신앙인들은 이 빵을 먹음으로 제자들이 주님과 함께 했던 마지막 날 밤을 상기할 것이다. 그 자리에 참석하게 된다. 주님의 피로 세운 새언약을 기억하고 주님의 구원에 동참하게 될 것이다. 주님은 모든 신앙인들을 위해 그렇게 자신의 몸과 피를 주시는 새로운 의식을 만드셨다. 모든 시대를 바라보며 완벽하게 준비하셨다.

26:29 포도나무에서 난 것을 이제부터 아버지의 나라에서 새것으로 너희와 함께 마시는 날까지 마시지 아니하리라. 주님은 그들의 연약함을 아셨기 때문에 미리 말씀하셨다. 유월절 식사는 유월절 예식법을 따라 먹었을 것이다. 5번째 잔은 '엘리야의 잔'이라 부르며 잔을 채우기는 하지만 마시지 않는다. 그런데 예수님은 그 잔을 채우고 '마시지 않겠노라' 말씀하시면서 천국에서 함께 마시게 될 잔이라 말씀하셨다. 제자들이 연약하지만 그들은 이후에 천국에서 함께 잔을 마시게 될 것이다. 제자들은 아주 큰 혼돈 속에 믿음 없이 있었으나 감사한 것은 주님께서 그들의 믿음 없음을 아시고 그들이 낙심하지 않도록 미리 그 믿음 없음을 말씀하여 주셨다는 사실이다. 믿음 없음을 다시 극복하고 믿음 있는 사람으로 거듭나게 될 것까지 말씀해 주셨다. 그래서 제자들의 혼돈은 절망의 혼돈이 아니라 믿음을 얻기 위한 과정의 혼돈이 되었다.

26:31 너희가 다 나를 버리리라. 앞에서 예수님을 파는 한 사람을 말씀하셨을 때 놀랐는데 이번에는 모든 제자가 예수님을 버린다고 하시니 이번에는 또 얼마나 놀랐을까? 수석 제자라 할 수 있는 베드로가 자신만은 결단코 예수님을 버리지 않을 것이라 다짐에 다짐을 더하였다. 그러나 예수님은 또 충격적인 말씀을 하셨다. ' 닭 울기 전에 네가 세 번 나를 부인하리라' 그 밤이 지나기 전에 한 번도 아니고 세 번이나 부인한다고 말씀하셨다. 이런 충격적인 말씀이 어디 있을까?

26:35 죽을지언정 주를 부인하지 않겠나이다. '죽을지언정'이 강조된 문장이다. 참으로 죽을지언정 어찌 예수님을 부인하고 버릴 수 있을까? 그러나 그들은 모두 그렇게 하게 될 것이다. 제자들이 이렇게 말하고 있을 때 예수님은 살포시 웃으셨을 것이다. 지금 그들의 마음이 사실 그런 마음이라는 것도 아셨기에 그러하셨을 것이다. 단지 그들이 연약하여 실패할 뿐이다. 그렇다. 우리는 연약하다. 그리고 그것을 예수님이 아신다. 그러니 실패를 절망하지 마라. 시간 속에서 실패를

넘어 생명으로 나가라.

26:36 겟세마네...기도. '겟세마네(기름 짜는 곳)'라는 이름을 통해 볼 때 그곳은 올리브 나무가 많은 곳으로 보인다. 칠흑같이 어두운 그날 밤 예수님은 '기도'하기 위해 겟세마네를 찾으셨다. 가장 중요한 일을 앞두고 예수님은 기도하셨다. 마지막 행동으로 기도를 선택하셨다. 우리의 가장 중요한 순간에 기도가 있어야 한다는 것을 기억하라.

26:37-38 고민하여 죽게 되었으니. '고민하고 슬퍼하사'와 '죽게 되었으니'가 강조된 문장이다. 예수님께서 매우 힘들어하셨다. 우리가 '힘들어 죽겠다'는 말은 보통 많이 힘들다는 의미로 때로는 가볍게 쓰지만 예수님은 매우 진지하게 있는 그대로 강조하여 하신 말씀이다.

26:39 할만 하시거든 이 잔을 내게서 지나가게 하옵소서. 예수님이 이제 마셔야 하는 잔(고난, 하나님의 분노)은 참으로 상상도 할 수 없는 엄청난 일이다. 다른 방법이 있다면 그것을 찾기를 소원하셨다. 그것이 기도하실 때 주님의 있는 그대로의 마음이셨다. 그러나 예수님은 주기도문으로 제자들에게 가르치셨던 것처럼 '아버지의 원대로 하옵소서'라고 말씀한다. '아버지의 뜻'이 강조된 문장이다. 예수님은 기도하며 자신의 마음을 그대로 고백하시면서도 하나님의 뜻대로 되기를 원하셨다. 기도는 그렇게 하나님의 침묵(음성으로 말씀하시지 않지만) 가운데 대화가 된다.

26:40 깨어 있을 수 없더냐. 예수님께서 간절히 한 시간 기도하고 오셨을 때 제자들은 자고 있었다. 그들은 기도하지 않고 있었다. 그들도 처음에는 기도하였을 것이다. 그들은 예수님의 기도 소리를 들었다. 예수님이 얼마나 처절히 기도하시는지 들었을 것이다. 그래서 그들도 슬펐다. 그러나 거기까지 였다. 그들은 슬퍼서 마음의 공허감 속에 자신도 모르게 스르르 잠이 들었다.

26:41 시험에 들지 않게 깨어 기도하라. 그들이 깨어 기도하지 않음으로 곧 시험에 들게 될 것이다. **마음에는 원이로되 육신이 약하도다.** 제자들은 슬픔 가운데 잠이 들었다. 제자들의 상태는 충분히 이해할 수 있는 '육신이 약한' 상태였다. 그러나 예수님은 어떻게 졸지 않고 기도하셨을까? 신적인 힘 때문일까? 제자들보다 더 주무셨기 때문일까? 아니다. 예수님은 '육신이 원하는 것'을 이기고 '마음이 원하는 것'을 따라 기도하셨다. 육체적인 피곤으로 하면 예수님이 더 힘드실 것이다. 마음의 아픔으로 하면 예수님이 더 힘드시고 기진맥진 하셨을 것이다. 그러나 잠에 떨어지지 않으셨다. 제자들도 마음은 기도하고 싶었다. 예수님이 저렇게 슬퍼하며 기도하시는데 어찌 그들이 자고 싶은 마음이 들었겠는가? 그러나 그들의 마음은 '육신의 원하는 것'에 굴복하고 마는 작은 것이었다. 그렇다면 작은 그들의 마음을 돕도록 더욱더 깨어 기도해야 하는데 그것도 하지 못하였다. 결국 그들이 할 수 있는 것은 '잠'뿐이었다. 마음이 원하는 것을 할 수 있도록 깨어 있어야 하고 기도해야 한다.

26:42 두 번째 나아가 기도하여. 두 번째 나가실 때는 첫 번째보다 하나님의 뜻에 맞추시는 모습이다. 이 문장에서는 '마시다'에 강조가 된 문장이다. 앞에서는 지나가기를 원하였지만 두 번째 기도에서는 잔을 '마시는 것'에 많이 다가가 있으셨다. 세 번째도 같은 내용이셨다. 그러나 세 번째는 '아버지의 뜻대로 마시겠나이다'라고 기도하셨을 것 같다. 기도하심으로 하나님의 뜻에 온전히 자신의 마음을 맞추셨다. 그런 기도가 성공한 기도다.
우리는 주님처럼 기도에 성공해야 한다. 기도할 때 하나님께서 한 마디도 음성으로 말씀하시지 않았어도 하나님의 뜻을 깨닫고 하나님의 뜻에 우리의 마음까지 완벽하게 일치시킬 때 우리의 기도는 성공한 것이다. 주님이 기도에 성공하심으로 십자가를 지시게 된다. 우리의 기도도 성공할 때 다양한 일을 하게 될 것이다. 기도의 성공은 자신들이 원하는 뜻대로 되는 것이 아니다. 하나님의 뜻을 이루어 가는 사람이 가장 복된 사람이다.

26:45 이제는 자고 쉬라. 세 번째 기도를 하고 나신 후 제자들에게 오셔서 '이제는 자고 쉬라'고 하신다. 46절에서 '일어나 함께 가자'라고 하시기 때문에 제자들에게 '계속 자라'는 의미로 말씀하신 것은 아닌 것이 분명하다. 이것을 대부분 영어성경은 앞의 경우처럼 '의문형'(자고 있느냐?)으로 번역한다. 헬라어는 때로는 평서문을 의문문으로 사용할 수 있다. 아니면 아주 강한 반어법일 것이다. '그냥 자 버려라'. 제자들은 기도에 실패하였다. 기도 시간은 가진 것 같은데 기도에 실패하였다. 가장 중요한 순간에 기도에 실패한 것이다. 겟세마네에서 기도에 실패함으로 그들은 십자가 앞에서 실패한다. 십자가에 달리신 주님을 뒤로하고 하나님의 뜻을 전혀 모르고 완전히 분리되어 길을 갔다.

26:47 '큰 무리'가 예수님이 계신 곳을 급습하였다. 제자들 중에 그들 편도 있었다. 밤중이라 예수님을 놓치지 않도록 가룟유다와 서로 신호까지 맞췄다.

26:50 네가 무엇을 하려고 왔는지 행하라. 예수님은 잡히실 때 마치 자신을 잡으라고 명령하시고 이에 군사들이 잡는 것 같은 모습이다. 잡히시는 수동적 행동이지만 그 일에 능동적으로 행하시는 것이다.

26:51 칼을 빼어. 적의 숫자가 많음에도 불구하고 용감한 제자가 칼을 빼어 맞섰다. 여기 까지는 세상에서 벌어지는 일반적인 모습이다. 이것이 당연하다고 생각한다. 칼을 뺀 베드로는 칭찬받을 것 같다. 용감하다고. 그러나 예수님은 뭐라하실까?

26:52 칼을 도로 칼집에 넣으라. 칼을 가지는 자는 칼로 망하느니라. 예수님은 오히려 베드로에게 책망 비슷하게 말씀하셨다. 예수님을 부당하게 체포하려는 사람들에게 베드로가 용기를 내 맞선 것인데 예수님은 왜 베드로에게 이런 말씀을 하신 걸까? 베드로가 하나님의

뜻을 놓쳤기 때문이다. 예수님이 부당하게 잡히는 것이기에 상식적으로는 베드로가 잘 한 것이다. 그러나 상식은 하나님의 뜻을 그대로 반영하지는 못한다. 죄와 연약함 때문에 우리는 하나님의 뜻을 더 물어야 한다. 그런데 베드로는 겟세마네 기도에서 실패하였다. 그래서 지금 하나님의 뜻을 분별하는데 실패한 것이다. 지금은 칼을 뺄 때가 아니다. 그것이 하나님의 뜻이 아니기 때문이다. 우리는 무슨 일을 할 때 하나님의 뜻을 잘 살펴야 한다. '칼을 가지는 자는 칼로 망한다'는 말씀을 잘 생각해 보아야 한다. 이것이 모든 칼을 부정하는 것은 아닐 것이다. 그러나 일반적인 부분으로는 깊이 생각해 볼 필요가 있다. 칼로 싸워 이길 때 10번 중에 9번을 이겨도 어떤 때는 진다. 칼로 싸우는 싸움은 매우 치명적이다. 열 번 이겨도 한 번 지면 목숨을 잃는다. 그렇게 치명적인 싸움은 좋지 못하다. 싸워서 내가 이겨도 상대방에게 치명적인 상처가 되는 싸움은 하지 않는 것이 좋다. 싸울 때는 죽이려 싸우지 말고 살리기 위한 싸움을 해야 한다. 죽이는(칼) 싸움은 가능하면 피하라. 허물 많은 세상이기에 죽이는 싸움들이 많다. 그래서 원한이 쌓인다. 할 수만 있으면 살리는 싸움을 하라.

26:53 열두 군단...할 수 없는 줄로 아느냐. 예수님의 체포는 힘의 논리에 따른 것이 아니었다. 예수님은 천사들을 부르셔서 적들을 모두 한 순간에 무찌를 수 있으셨다. '열두 군단'은 72000명이다. 천사 한 명만 있어도 그곳의 로마군인과 제사장이 보낸 사람들을 이길 수 있을 것이다. 예수님은 지금 자신이 힘이 없어 잡히시는 것이 아님을 말씀하셨다. 예수님은 겟세마네 기도에서 하나님의 뜻을 아셨고 하나가 되셨다. 그래서 그 뜻에 온전히 순종하고 계신 것이다.
예수님만 그런 힘을 가지고 계신 것이 아니다. 모든 신앙인도 그런 힘을 가지고 있다. '겨자씨만한 믿음만 있어도 산을 옮길 수 있듯'이 우리의 믿음은 모든 것을 할 수 있다. 우리도 예수님처럼 하나님의 뜻을 이루기 위하여 함부로 사용하지 않을 뿐이다. '우리가 힘이 있으나 그 힘을 사용하지 않을 뿐'이라는 사실에 대해 사람들은 신포도처럼 합리화라고 생각할 것이다. 그러나 신앙인은 그렇지 않다는 것을 알아야 한다. 우리는 합리화가 아니다. 실제로 그런 것이다. 신앙인에게 힘의 부족 문제는 끝났다. 그리스도께서 우리를 위해 목숨까지 주셨는데 무엇이 아까우시겠는가? 단지 필요 없기 때문일 뿐이다. 우리의 힘은 칼을 뺄 때가 아니라 칼 집에 있을 때 아름답다. 더 힘을 발휘한다. 신앙인은 칼이 없는 사람이 아니라 칼 집에 있는 사람이다. 단지 뽑지 않을 뿐이다.

26:54 성경이 어떻게 이루어지겠느냐. 예수님이 힘이 있으시기에 체포되는 것을 피할 수는 있지만 그러면 성경의 말씀이 성취될 수 없다. 예수님은 성경의 성취를 위해, 하나님 아버지의 뜻의 성취를 위해 자발적으로 체포되셨다.

26:56 제자들이...예수를 버리고 도망하니라. 예수님은 힘이 있으시나 '말씀을 이루기 위해' 체포되신다 말씀하셨다. 그러나 '제자들은 예수를 버리고 도망'갔다. 오늘날도 그러할 것이다. '신앙인이 모든 것을 할 수 있으나 하지 않는 것일 뿐이며 칼이 없는 것이 아니라 칼집에 있다'고 말하면 비웃으며 떠나가는 사람들이 많을 것이다. 그러나 신앙인이라면 지금 예수님의 말씀이 빈 말씀이 아니라는 것을 안다. 오늘날 우리들의 칼집 안의 힘이 허언이 아니다. 믿음이다. 그 진리와 당당함을 놓치면 세상에서 힘이 있고 없음 때문에 힘을 위해 싸우고 힘을 위해 망할 것이다.

26:57 대제사장 가야바에게로 가니. 대제사장이 보낸 사람들이 겟세마네에서 예수님을 잡았다. 그리고 대제사장의 집으로 끌고 왔다. 가야바의 유골함이 1990년에 발견되었다. 그들은 예수님을 재판하였다. 산헤드린 회의 장소는 성전에 있다. 대제사장의 집에서 모이는 것은 불법이다. 야밤에 재판을 하는 것도 불법이다. 그렇지만 그들은 그런 모든 불법을 알면서도 예수님을 잡아 죽이는 것이 급선무라 생각하여 모여 재판하였다. 사람들의 재판은 불합리한

경우가 많다. 그래서 법을 집행할 때 죄소한으로 집행해야 한다. 사형제도가 필요한 것 같지만 많은 나라에서 꺼리는 이유가 재판하는 인간의 연약함 때문이다. 99명을 잘 판단했어도 1명을 억울하게 재판하여 사형에 처한다면 그것은 씻을 수 없는 오점이기 때문이다. 그래서 법 집행을 최소로 해야 하고 조심하고 또 조심하면서 해야 한다.

26:58 멀찍이 예수를 따라. 베드로는 붙잡히신 예수님을 따라오는 용기를 보여주고 있다. 그러나 그의 용기는 거기까지 였다. 베드로는 멀찍이 있을 때는 용기 있는 사람으로 보였다. 다른 사람이 보기에도 스스로가 생각하기에도 그러했을 것이다. 그러나 가까이 갈수록 그는 '부인-맹세 부인-저주 부인'으로 발전해 갔다.

26:59 거짓 증거를 찾으매. 사람들은 법 집행을 진리를 위하지 않고 자신들의 이익을 위한 것으로 전락시킬 때가 많다. 공회는 예수님을 공정하게 재판하기 위해서가 아니라 '죽이려고' 재판하였다.

26:60-61 성전을 헐고 사흘 동안에 지을 수 있다. 실패로 돌아가던 증언 중에 예수님이 성전에 대해 하신 말씀을 들었다. 그들은 큰 죄목을 찾아냈다고 생각하였다. 그들은 예수님이 반성전적이라 말한다. 그들의 주장은 일면 맞고 일면은 틀리다. 예수님은 헤롯이 지은 그 거대한 성전과 그 건물의 거대함에 마음을 빼앗긴 사람들을 향하여 경고하시곤 하였다. 성전은 오직 그 안에 임재하신 하나님 때문에 위대하며 그 성전 시대도 이제 끝날 것이다. 새로운 성전에 대한 주장은 그리스도에 대한 이야기로 연결된다. "말하여 이르기를 만군의 여호와께서 이같이 말씀하시되 보라 싹이라 이름하는 사람이 자기 곳에서 돋아나서 여호와의 전을 건축하리라"(스가랴 6:12) 메시야가 새로운 성전을 지을 것이라 말씀하고 있다.

26:63 그들의 질문은 또한 일면은 맞고 일면은 틀리다. 예수님은

메시야이지만 또한 그들이 생각하는 전쟁의 승리자 메시야는 아니다. 그래서 예수님은 완곡어법으로 그들의 말이 맞다고 확인해 주셨다.

26:64 인자가 권능의 우편에 앉아 있는 것과 하늘 구름을 타고 오는 것을 너희가 보리라. '권능'은 하나님 아버지에 대한 우회적 표현이다. 예수님은 자신이 하나님의 우편에 앉으셔서 만물을 다스리시고 권능을 가지고 이 땅에 오셔서 재판하시는 것을 그들이 보게 될 것이라 말씀하셨다. 이 땅에서 예수님을 재판한 그들이 보게 될 것이다.

26:65 신성모독. 예수님이 자신의 지극히 큰 영광에 대해 말하자 대제사장은 '신성모독'이라 주장하였다. 실상은 자신들이 하나님을 조롱하고 있는 엄청난 죄를 범하고 있다는 것을 모르고 있다.

26:67-68 예수님은 그들의 놀잇감이요 먹잇감이었다. 침 뱉으며 때렸다. 눈을 가리고 때린 후 누가 때린 줄 알아맞히라 하였다. 그것을 모르니 선지자가 아니요 나아가 메시야는 더욱더 아니라고 조롱하였다. 한 사람의 입이 예수님께 침을 뱉었다. 그가 지금 무슨 짓을 하고 있는지 상상이나 할 수 있었을까? 한 사람이 예수님의 뺨을 때렸다. 그 손은 불행히도 세상에서 가장 뼈아픈 죄를 범하고 있다. 오늘날 사람들은 다행히 이 시대에 예수님이 살아 계시지 않기 때문에 예수님의 뺨을 때리는 손은 되지 않을 것이다. 그러나 여전히 분명히 그런 엄청난 죄악의 일은 일어나고 있다.

26:69 너도 갈릴리 사람 예수와 함께 있었도다. 예수님은 공식 재판을 받고 있었고 베드로는 뜰에서 자신도 모르게 작은 재판을 받고 있었다. 한 여종이 베드로가 예수님의 일당이라고 말하였다. 두려운 마음으로 매우 조심스럽게 예수님의 재판 상황을 예의주시하고 있던 베드로는 자신을 의심하는 말을 듣고 깜짝 놀랐을 것이다.

26:72 베드로가 맹세하고 또 부인하여. 강하게 부정하기 위해

'맹세'하였다. 예수님이 그렇게 맹세하지 말라 하였는데 베드로는 거짓말을 하면서 맹세하였다. 자신을 악으로부터 보호하기 위한 것이니 그의 거짓 맹세가 합리화될 수 있을까? 아니다. 그는 잘못하고 있었다.

26:74 저주하며 맹세하여. 그는 '저주'하며 예수님을 부인하였다. 베드로가 저주한 대상이 자신인지 아니면 예수님인지 본문에는 안 나와 있다. 아마 예수님이었을 것이다. 교회사에서는 기독교인들을 분별하기 위해 예수님을 저주하도록 시키기도 하였다. 그런데 베드로가 지금 자신의 목숨을 지키기 위해 저주하며 예수님을 부인하고 있다.

26:75 생각나서 밖에 나가서 심히 통곡하니라. 위험 가운데 자신을 보호하기 위해 정신없이 예수님을 저주하며 부인하였기는 하였는데 정신 차리고 보니 자신이 이미 예수님을 부인하였다는 사실을 깨달았다. 그때 예수님의 말씀도 생각났다. 베드로는 심히 통곡하였다. 자신의 믿음 없음에 심히 통곡하였다. 얼마나 아팠을까? 우리 중에 많은 사람이 이러할 것이다. 많은 이들이 믿음이 없다. 믿음이 없는 상태이면서도 믿음이 없다는 것을 모르고 있는 것보다는 지금 베드로처럼 믿음 없음을 깨닫는 것이 더 유익하다. 그래야 고칠 수 있기 때문이다.

27 장

27:1 새벽에. 밤에 재판한 것이 불법이라는 것을 알았기 때문에 그들은 '새벽에' 다시 공회 사람들을 불러 예수님을 죽이는 일에 대해 결정하였다.

27:2 빌라도에게 넘겨주니라. '빌라도'에게 데리고 간 이유가 무엇일까? 이 당시의 정치상황을 알 필요가 있다. 헤롯 대왕이 주전 4년에 죽은 이후 그가 통치하던 지역은 그의 세 아들에게 분할 통치되었다. 자신이 헤롯 대왕의 적자로 여겼던 아켈라오는 사마리아와 유대지역 그리고 이두매 지역까지 통치하였다. 헤롯 안티파스가 갈릴리와 페레아 지역을 통치하였고 헤롯 필립2세가 빌립보 가이사랴를 수도로 하여 갈릴리 호수 동부와 북부지역을 통치하였다. 다른 분봉왕들은 예수님 당시에도 계속 통치하였지만 아켈라오는 그의 성격이 포악하여 10년 통치한 시점에 로마에 의해 폐위당하고 로마에서 직접 총독을 보내 통치하였다. 예루살렘은 유대 지역으로 헤롯의 다른 아들들이 아니라 로마에서 보낸 빌라도가 통치하고 있었기에 빌라도에게 허락을 받아야 했다. 성전의 일과 종교적 일 등을 통제하던 이스라엘의 최고 기관 산헤드린의 결정이 있었고 예루살렘 지역을 통치하던 로마의 총독 빌라도에게 재판받기 위해 예수님이 보내졌다.

27:3 유다가 그의 정죄됨을 보고. 가룟 유다는 가까이에서 예수님의 재판을 보았던 것 같다. '스스로 뉘우쳐'라고 말한다. 이것은 '회개'와는 다르다. 단순히 마음을 바꾸는 것을 의미한다. 그는 자신이 예수님을 파는 돈을 받은 것에 대해 잘못이라고 생각하게 된 것으로 보인다. 마음에 매우 큰 혼란과 공포감을 느끼게 된 것으로 보인다.

27:4 네가 당하라. 가룟유다는 자신에게 돈을 준 사람들에게 돈을 다시 돌려주기를 원했다. 그러자 그들은 돈을 받지 않으며 '가룟유다가 예수님의 피에 대한 값을 받아야 한다'고 말하였다.

27:5 은을 성소에 던져 넣고. '성소'는 제사장만이 들어갈 수 있는 장소이다. '돈을 성소에 던졌다'는 것은 피값의 그 돈은 제사장들의 것이요 책임을 제사장들에게 돌리기를 원하는 무언의 행위다. **목매어 죽은지라.** 유다는 그렇게 돈을 던지고 나가서 자신의 목숨을 스스로

끊었다. 그는 자신이 받은 돈을 돌려주어 일어나고 있는 일을 되돌리고 싶었을까? 그것은 불가능하다는 것을 자신도 알았을 것이다. 결코 되돌릴 수 없는 일 앞에 무기력한 자신을 깨닫고 결국 죽음으로 모든 것을 잊고자 하였다. 그가 보고 있는 상황은 참으로 비참함 그 자체였다. 그는 어찌할 줄 몰랐다. 그래서 스스로 자신의 눈을 감겼다. 그러나 조금만 지나면 예수님의 부활이 있을 것이다. 안타깝게도 그는 부활이라는 놀라운 빛을 보지 못하고 어둠 속에 있다 삶을 마쳤다. 끝내 빛을 보지 못하였다. 가룟유다는 자신의 생각이 강한 사람으로 보인다. 그는 죽음으로 자신의 죄를 책임지고 싶었을지도 모른다. 그러나 자살은 결국 또 하나의 극단적 이기주의에 불과하다. 그는 예수님을 팔 때도 자신의 생각대로 팔았고 지금 죽을 때도 자신의 생각대로 죽었다. 그 자리에 예수님이 있지 않다. 우리는 자기 자신 안에서 선한 것을 발견할 수 없다. 오직 그리스도 안에서 빛을 보아야 한다.

27:11 네가 유대인의 왕이냐. 대제사장과 장로들은 자신들이 재판할 때는 예수님을 신성모독으로 사형에 해당한다고 말하였다. 그러나 자신들의 그러한 법으로는 빌라도에게 사형을 이끌어 내지 못할 것 같아 예수님이 '유대인의 왕'이라 주장하였다 하며 로마의 황제에게 대항하였다는 죄목으로 기소하였다.

27:15-16 바라바라 하는 유명한 죄수. 유월절이 되면 애굽에서의 해방을 상기하기에 이스라엘 백성들은 로마 권력 아래 있는 것에 대해 아픔을 생각할 것이다. 어쩌면 그러한 마음을 달래기 위해 빌라도는 사람들의 마음 회유 정책으로 명절에 사람을 놓아주는 전례를 만들었던 것으로 보인다. 바라바는 단순 강도가 아니라 어쩌면 똑똑하고 유명한 민중 봉기 자 이거나 의적단이었을 수 있다. 여하튼 그는 사람들에게 인기가 있었던 것으로 보인다.

27:17 바라바. '바라바'의 전체 이름은 '예수 바라바'였을 것이다. 다른

여러 사본에는 그의 이름을 '예수 바라바'로 기록하고 있다. 그런데 후기 사본을 기록하면서 '예수'라는 이름이 그에게 붙은 것이 싫어서 뺀 것으로 보인다. 빌라도는 이렇게 요구하였을 것이다. "바라바라 하는 예수냐, 그리스도라 하는 예수냐?" 바라바는 아마 '의적 홍길동'정도로 이해할 수 있다. 그렇게 완전한 의적단은 아니어도 당시에 이스라엘의 부요한 단체나 로마인들을 향하여 강도질을 함으로 사람들에게 어느 정도 인기가 있었던 것으로 보인다.

27:21-22 그들은 바라바를 선택하고 예수님을 버렸다. 그들은 미래의 천국을 말하는 사람이 아니라 당장 그들의 마음을 시원하게 하는 사람을 선택하였다.

27:24 **손을 씻으며.** 빌라도는 이스라엘의 지도자들이 '시기' 때문에 예수님을 고소한 것이라 생각하였다. 그래서 놓아줄 방법을 찾기도 하였다. 그러나 결국 예수님을 사형시키도록 하였다. 빌라도가 예수님을 사형에 처한 것은 진리에 따른 것이 아니라 '민란이 나는 것'을 두려워했기 때문이다. 민란이 나서 시끄럽게 되면 그것이 로마 정부에 들어가 자신의 위치가 어렵게 되기 때문이다. 그는 결국 '무리 앞에서 손을 씻음'으로 자신은 예수님의 피(죽음)에 대해 무죄하다고 선언하였다. 그러나 그가 그렇게 선언한다고 무죄가 되는 것이 아니다. 사형시키는 것은 그의 책임이었기 때문이다. 예수님을 팔고 받은 돈에 대해 가룟 유다는 '성소에 던지며' 자신의 죄값을 제사장에게 돌리고자 하였다. 제사장들은 그 돈을 받지 않음으로 가룟 유다에게 핏값을 돌리려고 하였다. 빌라도는 손을 씻음으로 예수님의 피에 대해 이스라엘 백성들에게 돌리려고 하였다. 그러나 그들이 죄가 없지 않다. 그것이 죄라고 생각하면 그것을 행하지 말아야 하는 것이지 다른 사람에게 돌린다고 자신의 죄가 사라지는 것이 아니다. 사람들은 저마다 자신들의 목적과 이익만 생각하면서 죗값은 치르고 싶지 않아 죗값 돌리기를 하였다. 그러나 그것 또한 죄다.

27:25 그 피를 우리와 우리의 자손에게 돌릴지어다. 사람들은 자신들의 당장의 기분을 위해 엄청난 말을 하였다. 사람들은 그렇게 대중심리에 취해 엄청난 죄를 범하곤 한다.

27:26 채찍질. 이 당시 로마의 채찍질은 악명이 높았다. 영화 '패션 오브 크라이스트'를 보면 온 몸이 피투성이인 예수님의 모습이 나온다. 그 모습이 참으로 잔혹하다. 그러나 실제로는 더 심하였을 것이다. 로마의 채찍은 뼈와 금속 조각이 가죽끈에 매달린 스타일로 채찍질은 살갗을 다 찢어 심지어는 내장이 드러나게 하고 뼈를 싸고 있는 것을 다 벗겨 뼈가 옷을 벗는 것으로 표현하기도 하였다. 온 몸 구석구석에서 속 뼈가 다 드러났다.

27:27-29 온 군대를 그에게로 모으고. '온 군대'는 당시 빌라도가 안토니아 성채에 거주하였다면 그 군대 수는 600명 정도였을 것이고 헤롯 대왕 궁전에 거처를 두고 있었다면 200명 정도의 숫자일 것이다. 아마 헤롯 궁전에 거주하였을 것이기에 200명 정도가 모두 예수님을 장난감 삼아 희롱한 것으로 보인다.

27:31 끌고 나가니라. 예수님이 십자가의 가로 막대(세로 막대는 현장에 세워져 있었다)를 지고 가신 거리는 헤롯 왕궁에서 골고다까지 직선거리로 300m이니 곡선거리를 생각하면 400m정도 된다. 31절-33절까지 나와 있는 십자가의 길을 오늘날 '비아돌로사'라 하여 14처소를 전례 이야기와 상상의 산물로 구분하여 놓았지만 성경은 십자가를 지고 가시는 주님에 대해서는 거의 묘사하지 않는다. 오늘 본문은 십자가를 지고 가시는 주님의 아픔이 아니라 사람들의 희롱에 대해 집중적으로 말하고 있다. 주님의 아픔은 상상을 초월하는 고통이었지만 그것보다 더 큰 문제는 사람들의 조롱이었다. 그때나 지금이나 사람들이 조롱하는 것이 문제다.

27:32 시몬이란 구레네 사람. 예수님이 십자가를 지고 골고다에 가실 때 채찍질로 인하여 심한 부상 가운데 있었다. 결코 제대로 몸을 가눌 수 없을 지경이었다. 로마군은 구경꾼 중 시몬을 붙들어 예수님이 지시고 가던 나무를 들게 하셨다. 로마병사가 보기에도 예수님은 결코 그것을 들고 가실 힘이 없어 보였던 것이다. 이상한 것이 있다. 보통은 행인이라 해야 한다. 그날 우연히 십자가를 진 사람의 이름을 누가 기억하고 있겠는가? 그러나 공관복음서 저자들은 성경을 기록하며 모두 그 이름을 기록하고 있다. 그것은 그의 가족이 초대교회에 이름을 남긴 사람이 되었다는 것을 의미한다. '억지로' 지고 가게 하였다. 시몬은 매우 싫었을 것이다. 예루살렘까지 1500km정도 떨어진 아주 먼 곳에서 왔다. 어쩌면 평생 한 번의 기회를 봐서 온 것일 수 있다. 그런데 운이 없게도 로마 병사에 잡혀서 죄수의 나무를 지게 되었다. 아주 먼 거리를 유월절을 지키기 위해 왔는데 피가 묻으면 그는 성전에 들어갈 수 없다. 로마의 징집권 행사로 시몬은 참으로 운 없게 십자가를 지게 되었다. 그러나 그가 나중에 제자가 된 것을 통해 유추할 수 있는 것은 그가 십자가를 지고 골고다까지 이르렀고 그 과정을 지켜보면서 변하였을 것이라는 사실이다. 그는 그 과정에서 예수님을 만난 것으로 보인다. 모든 사람들이 희롱하고 있고 그 자신도 마음이 매우 불편하였으나 그가 성전 제사에 참석하는 것보다 훨씬 더 중요한 것을 하였다는 사실을 어느 시점에 깨닫게 되었을까? 그는 참으로 가장 중요한 순간을 포착하였다. 참으로 위대한 순간 포착이다. **십자가**. 예수님이 들고 가시던 '십자가'는 사실 '막대'를 의미한다. 세로 기둥은 골고다 언덕에 이미 세워져 있고 예수님은 가로 막대를 들고 가셨을 것이다. 막대의 무게는 10-15kg정도로 추정된다. 생각보다 많이 가볍다. 그런데 예수님은 그것조차도 들고 가실 수 있는 힘이 없으셨다.

27:39-40 지나가는 자들...모욕. 행인들이 예수님을 모욕하였다. 그들은 예수님에 대해 약간의 지식을 가지고 있는 것으로 보인다. 어설픈 약간의 지식으로 예수님을 비난하는데 사용하였다. 십자가는

육신적인 고통도 고통이지만 정신적인 수치를 위해서도 고안된 사형도구이다. 몸을 드러내고 십자가에서 죽는 모습이 그대로 길을 가는 사람들에게 노출되었다. 가장 고통스러운 순간이 사람들에게 노출됨으로 가장 수치스러운 시간이 되기도 하였다. 물론 지나가는 사람들은 저마다 한마디씩 거들었다.

27:41-42 대제사장들도...함께 희롱하여. 종교 지도자들이 예수님을 희롱하였다. '남은 구원하였으되 자기는 구원할 수 없도다'라고 조롱하였다. 예수님의 위대한 구원사역은 그렇게 사람들의 조롱의 대상이었다. 사람들은 모르면서 자신들의 생각과 입장에서 마음대로 비난하였다. 예수님이 십자가에 못 박히시는 이 순간은 구약성경의 모든 의식법을 완성하는 것이며 역사에서 가장 중요한 순간이다. 그렇게 중요한 순간에 사람들은 그 중요성과 은혜를 깨닫지 못하고 비난하고 조롱하고 있었다. 오늘날에도 여전히 그러하다. 하나님의 구원의 중요한 순간들이 지나가고 있다. 그런데 그 구원을 비난하며 지나가는 사람들이 많다.

27:44 강도들도 이와 같이 욕하더라. 죄수들은 아마 단순 강도가 아니라 정치적 반역자들일 가능성이 높다. 그들은 뜻을 펼치지 못하고 억울하게 죽으니 '한'으로 가득하였을 것이다. 한으로 가득한 그들은 자칭 메시야라 하는 예수에 대해 들어보았을 것이다. 구원자가 되어야 할 메시야가 자신들의 옆에서 무기력하게 죽어가고 있으니 자신들의 한을 괜히 예수님께 쏟아부었다.
누가가 한 강도의 회심에 대해 기록하고 있다. 한 편의 강도가 회심하여 예수님께서 '그가 예수님과 함께 낙원에 있을 것이라' 말씀하셨다. 그는 분명히 구원받은 사람이 되었다. 강도가 십자가에 못 박힌 후 예수님 옆에 있을 수 있었던 시간은 길지 않다. 오전 9시부터 오후3시까지. 언제 그렇게 회심의 말을 할 수 있었을까? 최소한 오후 시간일 것 같다. 하여튼 그에게 주어진 마지막 6시간 중

어느 순간에 그는 '별'을 잡았다. 그의 인생에 가장 중요한 순간이다. 그가 평생 나라의 해방을 위해 폭력을 쓰며 노력하였으나 아무것도 잡지 못하고 십자가에서 죽어가고 있었다. 그러나 그는 마지막 순간에 예수님을 믿었고 그 순간 그는 영원토록 가치 있는 가장 중요한 것을 잡았다. 그가 한으로 가득하였으나 마지막 순간에 예수님을 살필 수 있는 마음이 있었기에 가능했을 것이다.

27:45 육시...어둠...구시. 12시부터 오후 3시까지 3시간 동안 온 땅에 '어둠'이 임하였다고 말씀한다. 그 시간은 철저히 죄를 짊어진 모습이다. 홀로 외로이 칠흑 같이 어두운 곳에 던져진 모습이다. 사람의 형상을 입어 이 땅에 오신 그 분의 평범한 사람의 형상으로 마지막 모습이다. 몸에 걸친 모든 옷은 벗겨져 수치스러운 모습이었고 채찍으로 맞은 몸은 피 범벅이었으며 군데군데 뼈까지 드러난 가장 비참한 모습이었다. 가장 처절하고 비참한 모습으로 모든 인간들의 처절한 죄를 다 짊어지셨다. 결코 짧지 않은 3시간이다.

27:46 예수님은 하나님 아버지께서 죄인(죄를 짊어진)을 향하여 고개를 돌리신 상황을 보면서 절규하셨다. 처음이자 마지막의 '거리감'이셨을 것이다. 예수님의 마지막은 그렇게 하나님께로부터까지 고개 돌림(외면)을 당하신 외로운 모습이다. 예수님의 마지막 모습에는 모든 것이 없었다. 힘도 남지 않았고 옷도 전혀 입혀 있지 않았다. 하나님으로부터 버림까지 받으셨다. 그러나 한 가지만 있었다. '엘리'(나의 하나님)라는 고백이다. 예수님이 하나님을 향하여는 항상 '아버지'라는 친밀한 단어를 사용하셨다. 그러나 복음서에서 처음으로 '하나님'이라 부른다. 그런데 '나의 하나님'이다. 사람으로서의 마지막 모습은 모든 것을 빼앗겼으나 하나님을 향한 고백(나의 하나님)은 끝까지 남았다. 하나님을 향한 믿음이요 고백은 굳건하게 남아 있다. 이것이 보물이다.

27:47 이 사람이 엘리야를 부른다. 예수님께서 '엘리 엘리 레마(라마) 사박타니'라고 하셨을 때 사람들은 예수님이 인용하신 시편 22편 1절의 말씀도 이해하지 못하였다. 그들은 '엘리'(나의 하나님)를 '엘리야'로 들었다. 예수님이 힘이 없으셔서 발음이 부정확할 수도 있지만 큰 소리로 말씀하셨기에 충분히 알아들을 수 있었을 것이다. 그러나 그들이 선입관을 가지고 있었기 때문에 마지막 순간의 엘리야의 도움이라는 전설적 이야기 때문에 '엘리야'로 들었을 것이다. 그들은 예수님을 그렇게 철저히 오해하고 있었다. 무지로 똘똘 감싸여 있었다.

27:50 영혼이 떠나시니라. '떠나시니라'는 단어속에는 예수님의 '의지'가 담겨 있다. 예수님은 죄인으로 죽으시는 것이었으나 그 죽음에 자발적이고 능동적으로 참여하셨다. 우리는 이제 예수님 안에서 의인으로 죽는 것이다. 그렇다면 우리의 죽음은 더욱더 자발적으로 능동적일 수 있다. 나의 죽음이 주 안에서 그렇게 능동적으로 하나님께 가는 순간이 되기를 기도한다.

27:51 성소 휘장이 위로부터 아래까지 찢어져 둘이 되고. 예수님께서 십자가에서 마지막 숨을 거두셨을 때 찢어졌다. 이 휘장은 성소와 지성소 사이에 있던 휘장일 것이다. 이 휘장은 성소와 지성소를 구분하는 막이다. 대제사장만 이 휘장을 통과하여 일 년에 한 번 대속죄일에 지성소로 들어갈 수 있다. 높이가 20m, 너비가 10m, 두께가 10cm인 어마어마한 휘장이다. 실로 짰기 때문에 찢어질래야 찢어질 수 없는 구조다. 매우 두껍기 때문에 칼로 자를 수도 없다. 그러나 주님의 몸이 쪼개짐(죽으심)으로 대속이 이루어져 하나님과 사람 사이에 가로막혔던 것이 제거되었다. 이제 더 이상 제사장만 들어갈 수 있는 지성소는 필요 없다. 모든 곳이 하나님을 만나는 거룩한 지성소가 될 것이다. 마침 3시에 오후 제사를 드리던 제사장들은 이것을 눈 앞에서 보았을 것이고 유월절 양을 잡으면서 성소 밖을 가득 메우고 있던 사람들은 성소 안에서 들린 큰 굉음을

듣고 다 놀랐을 것이다.

건물성전의 시대가 끝났다. 이제 그 백성들이 함께 모일 때(교회) 하나님께서 그곳에 특별히 임재하시는 성전이 된다. 구약의 의식법도 완성되었다. 그것은 그림자요 실체인 예수님이 단번에 제사를 드림으로 더이상 예표로서 짐승의 피를 흘릴 필요가 없기 때문이다.

땅이 진동하며 바위가 터지고. 땅이 진동하고 지진이 일어나 바위가 터졌다. 무덤이 갈라졌다. 그것은 죽음의 종말을 의미한다. 그 때까지 이 땅에 살다 죽은 모든 사람들은 죽음의 영향 아래 있다 할 수 있다. 물론 그들 중에 신앙인은 죽었을 때에 하늘에 올라갔을 것이다. 그러나 그들은 실효적으로 죄가 사함을 얻지 못하고 있는 상태로 그리스도의 죄사하심을 기다리고 있었을 것이다. 그래서 그리스도의 죽으심은 모든 죄를 사하시는 일로서 모든 죽음을 깨트리는 것이었던 것이다.

27:52 무덤들이 열리며. 예수님의 죽으심은 죽음의 정복이요 끝이다. '무덤이 열린다'는 것은 주님이 죽음을 이기셨음을 의미한다. 이제 사람의 죄 때문에 죽음이 사람 위에 권세 부리는 일은 없을 것이다. 죽음이 아니라 그리스도가 권세를 가지고 계신다. **자던 성도의 몸이 많이 일어나되.** 예수님이 죽으셨을 때 일어난 일에 대한 것이 아니라 대속의 죽으심으로 미래에 일어날 일을 말하는 것이다. 미래의 일이지만 대속의 죽으심으로 인하여 결과적으로 일어나는 일이기 때문에 이곳에서 말하고 있다. 예수님이 죽으셨을 때 성도가 부활하는 것도 아니고, 예수님이 부활할 때 성도가 부활하는 것이 아니다. 예수님이 재림하실 때 성도가 부활한다. 그러나 그 모든 것은 예수님의 죽으심으로 다 확증된 것이다. 그래서 마치 죽으심으로 바로 일어난 것처럼 묘사하고 있다.

27:53 무덤에서 나와서. 그리스도의 죽으심은 또한 부활을 보증한다. 실제로 구약의 믿음의 사람들 중에 일부가 부활하여 일어나 예루살렘 성에 들어갔었고 이후에 하늘에 올라갔을 수도 있다. 그러나 이것은

이후에 일어날 일에 대한 상징적인 것으로 보인다. 그리스도의 죽으심과 부활이 시간적 차이를 가지고 있고 또한 예수 그리스도의 죽으심과 우리의 부활은 더욱더 많은 시간적 차이를 두고 있지만 그러나 모든 죽음은 부활과 가장 밀접하게 연결되어 있고 또한 연결되어야 하기에 이렇게 죽으심을 말하며 부활을 말하고 있는 것으로 보인다.

27:54 백부장과 및 함께 예수를 지키던 자들이...이는 진실로 하나님의 아들이었도다. 예수님이 죽으시고 일어난 지진과 자연 현상을 보고 그때까지 일어나는 여러 일들로 마음 졸이던 옆에 있던 '백부장과 함께 지키던 자들' 곧 이방인 병사들이 예수님을 '진실로 하나님의 아들이었도다'라고 고백하였다. 이방 선교의 시작을 알리는 전주곡과 같은 고백이다. 예수님의 죽으심으로 모든 사람들에게 복음이 전해질 때가 되었다. 예수님의 죽으심 이후 세계가 새롭게 시작되었다. 제2창조다. 오늘 우리는 천국인으로 그 시대를 살아가야 한다. 여전히 과거에 안주하고 있지 말고 예수님의 죽으심이라는 위대한 일로 시작된 주님의 새창조 사역에 동참해야 한다.

27:57 아리마대의 부자 요셉. 아리마대 마을 출신의 요셉이 용기를 냈다. '그도 예수의 제자라'고 말씀한다. 그는 산헤드린 사람으로 고위층이다. 예수님을 따라다닌 제자는 아니었을 것이다. 그러나 심정적으로 예수님의 가르침에 동조하는 사람이었던 것으로 보인다. 그는 이전에는 용기가 없었다. 예수님을 죽이기로 하는 재판에서 그는 반대하였지만 결국 막지는 못하였다. 그는 사람들에게 자신이 예수님의 하시는 말씀을 믿는다고 하지 못하였다. 그렇게 비겁하였다. 그러나 가장 중요한 때 용기를 냈다.

27:58 빌라도에게 가서 예수의 시체를 달라하니. 그는 빌라도에게 예수님의 시체를 달하 요청하여 장사를 지내주기로 마음먹었다. 로마는 십자가에서 죽은 죄인을 보통 나무에 매달아 놓아 동물의 밥이

되게 하였지만 이스라엘에서는 나무에 매달아 놓는 것을 반대하기 때문에 공터에 묻혔다. 예수님은 십자가에서 죄인으로 죽으셨으니 영락없이 그렇게 이름 없는 곳에 던져져 묻혀야 하는 상황이었다. 보통 이스라엘 사람들은 화장이나 미라로 보존하는 장례 문화가 없었다. 관도 없었고 보통 동굴로 된 가족 묘에 천으로 둘러 입구에 있는 안치 돌 위에 놓아 두었다가 1년-3년 정도 지나 시체가 다 썩고 뼈만 남으면 유골함에 담아 묘실 안쪽의 작은 실에 넣었다.

27:59-60 세마포...새 무덤. 예수님은 십자가에서 가장 비참한 모습으로 생을 마치셨다. 그러나 예수님은 천지의 주인으로 새시대를 여실 분이다. 예수님은 존귀히 여김을 받아 마땅하다. 요셉은 존귀히 받아 마땅한 주님을 존귀히 대접한 첫 사람이 되었다. 비싼 '세마포'로 쌌다. 자신을 위해 준비한 '새무덤'에 시신을 안치하였다. 이 무덤은 매우 비쌌을 것이다. 어디 계신들 부활하실 때 차이가 없었겠으나 굴 안의 넓은 무덤에 안치함으로 사람들은 이후에 주님이 부활하신 것을 더 잘 알 수 있었다.

요셉이 예수님의 시신을 달라고 하는 것은 매우 위험한 일이다. 자신의 정체가 탄로나고 앞으로 산헤드린에서 왕따가 될 것이 분명하다. 그가 예수님의 시신을 달라고 한 때는 유월절 양을 먹는 저녁으로 일년 중 가장 중요한 때다. 가족이 모이고 인근의 친척까지 모여 유월절 양을 먹어야 하는 가장 바쁘고 가장 중요한 때다. 그가 예수님의 시신을 만짐으로 피가 묻어 무교절 잔치를 제대로 참석할 수 없게 된다. 성전에 들어갈 수 없다. 그러나 그럼에도 불구하고 그는 모든 힘을 모아 용기를 냈다.

27:62-63 요셉이 예수님의 시신을 무덤에 안치하였다는 말을 들은 산헤드린 사람들이 급히 빌라도에게 몰려갔다. 예수님이 무덤에 안치된 그 날 저녁이다. 그들에게도 안식일이요 유월절 양을 먹는 시간이요 무교절의 첫날이기에 매우 바쁠텐데 서둘러 빌라도에게 갔다. 그들이 그렇게 서둘러 간 것은 예수님이 생전에 '부활한다'하셨다는

것을 알았기 때문이다.

27:64 시체를 도둑질하여...죽은 자 가운데서 살아났다 하면. 그들은 예수님의 무덤을 봉해 달라고 요청하였다. 그렇지는 않겠지만 만에 하나 '예수님의 제자들이 시신을 도둑질하고 부활하였다' 할 수 있으니 그것을 사전에 차단해야 한다고 말하였다. 그들의 말은 빌라도에게 효과적으로 들렸을 것이다. 시끄러운 것은 절대 안 되니 말이다.

27:66 경비병...돌을 인봉하고...무덤을 굳게 지키니라. 무덤에 고인이 사용하던 것들을 넣어 두기도 했지만 그렇다고 썩어가는 시체가 있는 곳으로 들어갈 사람은 없었다. 그래서 무덤을 표시나게 하여 돌아가게 하였지 무덤에 도둑이 들어갈까봐 지키는 법은 없었다. 게다가 '인봉'까지 하였다. 밀납 형태로 로마 관리의 도장을 찍은 것으로 그것을 훼손하면 로마에 대한 도전이기 때문에 아주 중한 벌을 받을 것이다. 그렇게 무덤을 꽁꽁 지키는 별난 일이 일어났다.

28 장

28:1 안식 후 첫날. 예수님이 십자가에 못 박혀 죽으시고 성 토요일이 지나갔다. 주일 아침 새벽 그 날은 참으로 괴롭고 마음 아픈 날이었다. 막달라 마리아와 작은 야고보의 어머니 마리아는 불쌍한 예수님 시신에 향품을 뿌리기 위해 아침 일찍 동트는 시간에 맞추어 무덤에 갔다. 예수님의 공생애 기간 항상 함께하였던 마리아에게 그날은 괴로운 날이었다. 그 슬픔을 누가 위로할 수 있을까? 그러나 실제로는 그 날은 참으로 찬란한 영광의 날이다. 주님이 부활하신 날이다. 그들이 아직 부활을 모르기 때문에 괴로운 날이었다. 여인들이 무덤에

도착하기 전 이미 예수님은 부활하셨고 여인들을 맞이하기 위해 무덤을 막고 있던 돌까지 열어놓은 상태였다. 무덤을 막은 돌이 열린 것은 부활하신 주님이 나오시기 위해서가 아니라 무덤을 찾아올 여인들을 위해 열어놓으셨을 것이다. 그런데 여인들은 아무것도 모르고 여전히 슬픔 가운데 있었다.

28:5-6 그가 말씀하시던 대로 살아나셨느니라. 여인들은 천사를 보고 두려워하였다. 천사들은 예수님이 생전에 말씀하시던 대로 부활하셨다 말하였다. 이 말을 들었을 때 여인들은 예수님이 부활에 대해 말씀하시던 모습이 순식간에 스쳐 지나갔을 것이다. 부활이 그들의 가슴에 '훅'하고 들어왔을 것이다. 부활이 가슴에 담겼을 때 그들 앞의 세상은 완전히 다르게 보였을 것이다.

28:10 갈릴리로 가라. 예수님이 승천하신 곳은 예루살렘의 올리브산이다. 그들이 성령의 오심을 기다려야 하는 곳도 예루살렘이었다. 그런데 왜 예수님은 예루살렘에 있는 제자들에게 먼저 갈릴리로 가라고 하실까? 이것은 예루살렘의 기득권자와 관련이 있는 것으로 보인다. 진리를 전해야 할 책임이 있었으나 그것을 제대로 전하지 못한 교회의 권위자들에 대해 책망하시며 새시대의 시작이 갈릴리에서부터 시작함을 말씀하시기 위함으로 보인다. 예수님께서 갈릴리 언덕(산상수훈)에서 가르치신 것으로의 귀환이다. 산은 보통 하나님의 임재의 자리로 많이 나타난다. 제자들은 갈릴리로 가서 예수님께서 친히 가르치셨던 것을 기억하고 그곳에서 하나님의 충만한 임재 가운데 새시대를 시작해야 한다. 그래서 다시 예루살렘으로 돌아올 것인데 구태여 갈릴리로 가는 것을 반복하며 강조하여 말씀하고 있다.

28:11 경비병. 여인들이 무덤에 도착하기 전 경비병들만 있을 때 부활사건이 일어난 것으로 보인다. 지진이 일어나고 놀라서 무덤의 돌이 움직여 놀라서 안을 보았을 때 시신은 없고 천사만 있었다.

경비병들은 즉각 제사장들에게 가서 일어난 일을 전하였다.

28:12-13 제자들이 밤에 와서 우리가 잘 때에 그를 도둑질하여 갔다. 대제사장들이 돈을 주어 경비병들을 매수하였다. '예수님의 제자들이 시신을 훔쳐갔다'고 말하라 하였다. 정황상 말이 안 된다. 그러나 최소한 물타기는 가능하다. 부활을 희석시키기에는 충분하다. 이해할 수 없는 놀라운 일이 일어났다. 대제사장과 장로는 그것을 더 자세히 알아볼 정신보다는 자신들의 모든 위치가 위태롭게 될 것을 걱정하였다. 결국 거짓을 꾸몄다. 경비병들은 돈에 대한 욕심 때문에 결국 그들의 말을 따랐다. 사람들이 자신들의 이익에 목매고 있었기에 결국 부활이라는 위대한 사건을 가까이에서 경험하고도 눈을 감아버렸다.

28:16-17 갈릴리에 가서...예수님을 뵈옵고. 제자들은 모두 주님을 버리고 도망갔었다. 그렇게 비겁했던 그들이 부활하신 예수님을 만났을 때 완전히 바뀌었다. 이후에 모두 순교자가 된다. 그들은 11명이다. 그들은 지금 갈릴리에 있다. 그러나 이제 더 이상 그것이 문제가 되지 않았다. 그들이 소수라는 사실, 변방의 시골 출신으로 발음도 이상한 갈릴리 지역 사람이라는 것도 문제가 되지 않았다. 그들은 이제 영원을 바라보기 때문이다. 그들에게 중요한 것은 예루살렘 출신이 되는 것이 아니라 갈릴리에서 배운 주님의 말씀을 복기하는 것이다. 그래서 갈릴리에 모여 그곳에서 다시 시작해야 했다. 그곳에서 가르치시던 주님의 말씀을 가지고 세상으로 가야 하기 때문이다.

28:18-20 모든 권세를 내게 주셨으니. 예수님은 모든 '권세'가 주님께 있다 하셨다. 그러기에 그 백성들은 이 세상에서 살아가는 걱정할 필요가 없다. 오직 제자를 삼고, 말씀을 가르쳐 지키게 하는 일만 하면 된다. 말씀이 영원하며 말씀이 우리의 삶을 영원에 잇대어지게 할 것이다. 영원에 눈을 떠야 한다. 오늘날 우리는 주님이

부활하신 주일을 지키고 있다. 주님의 제 2창조에 동참하는 것이다. 예수님이 죽으심으로 모든 것이 끝난 것 같으나 오히려 모든 것이 새로 시작되었다. 예수님은 하늘과 땅의 모든 권세로서 제자들에게 사명을 주셨다. 그 사명을 이루는 방식은 '아버지와 아들과 성령의 이름으로' 세례를 주는 것이다. 이것은 예전을 말하는 것이 아니라 실제를 말한다. '이름으로'는 '이름 속으로'로 번역할 수 있는데 이것은 하나님과 예수님과 성령 하나님 속으로 들어가는 것이며 교제하는 것을 말한다. 제자들이 세상에 들어가는 방식은 세상의 권세가 아니라 그들과 함께 하시는 예수님의 권세로 들어가는 것이다.

예수님이 오셔서 하나님 나라를 선포하셨다. 예수님은 자신이 하나님 나라의 왕으로 오셨음을 말씀하셨다. 그런데 왕이신 예수님이 죽으셨다. 그리고 부활하셨다. 제자들은 이제 예수님의 길을 따라가야 한다. 천국을 이 땅에 전한다. 천국의 권세는 세상의 권세와 완전히 다르다. 천국의 권세와 세상의 권세를 구분하지 못하고 권세라는 이름을 같은 것으로 착각하는 경우가 많다. 예수님이 우리의 죄를 대속하시기 위해 십자가를 지셨다. 그리고 우리에게도 십자가를 지고 따라오라 하셨다. 이 땅에서 천국의 권세는 돈이나 권력 심지어는 치유의 권세라 할지라도 그러한 것으로 세상에 군림하는 것이 아니다.
천국의 힘은 낮아짐이다. 오늘날 우리가 천국에 들어가는 것은 돈이나 권력 같은 것이 아니라 철저히 낮아지고 깨져서 오직 그리스도의 힘으로 가는 것이다. 사람들이 힘이 없어 천국이 확장되지 않는 것처럼 생각하기도 한다. 더 많은 힘이 있었으면 좋겠다고 생각한다. 그러나 그렇지 않다. 천국은 힘없는 사람들에 의해 그러나 아주 강력하게 확장될 것이다. 갈릴리 출신의 힘 없는 사람들에 의해 천국이 이미 힘있게 시작하였다. 그들이 전하는 천국은 아주 힘있게 확장되어 오늘날 우리에게 전달되었다.